国家哲学社会科学规划项目

本研究受国家社会科学基金项目资助（批准号15BYY174）

于秀金 著

平衡语种样本视阈下
时—体范畴的类型与共性研究

The Diversity and Universality of Tense-Aspect
Categories in Balanced Language Samples

上海外语教育出版社
外教社 SHANGHAI FOREIGN LANGUAGE EDUCATION PRESS

图书在版编目（CIP）数据

平衡语种样本视阈下时–体范畴的类型与共性研究 /
于秀金著 . -- 上海：上海外语教育出版社，2024
（国家哲学社会科学规划项目）
ISBN 978-7-5446-8175-9

Ⅰ . ①平… Ⅱ . ①于… Ⅲ . ①语法—研究 Ⅳ .
①H04

中国国家版本馆 CIP 数据核字 (2024) 第 080959 号

出版发行：**上海外语教育出版社**
　　　　　（上海外国语大学内）邮编：200083
电　　话：021–65425300（总机）
电子邮箱：bookinfo@sflep.com.cn
网　　址：http://www.sflep.com
责任编辑：杨　洋

印　　刷：启东市人民印刷有限公司
开　　本：635×965　1/16　印张 15.75　字数 257 千字
版　　次：2024 年 6 月第 1 版　2024 年 6 月第 1 次印刷

书　　号：ISBN 978-7-5446-8175-9
定　　价：52.00 元

本版图书如有印装质量问题，可向本社调换
质量服务热线：4008-213-263

目 录

第一章 绪 论

第二章 跨语言时-体范畴的语言表达类型

第三章 跨语言时范畴的类型

第四章 跨语言体范畴的类型

第八章 跨语言(非)现实与时-体-情态的显赫性格局

第九章 结 论

缩写词

A	subject of transitive verb(及物动词的主语)
ABS	absolutive(通格)
ACC	accusative(受格,宾格)
ACTI	active voice(主动语态)
ADV	adverbial(状语)
AFO	affected object(受影响的宾语)
AG	agent(施事)
ALL	allative(向格)
ANTIPASS，AP	antipassive voice(逆被动态)
ART	article(冠词)
ASP	aspect(体)
CAUS	causative(致使)
CERT	certainty(肯定)
CL	clitic(附着词)
COMPL	completive(完结的)
CONT	continuative(继续的)
CONTR	counter fact(反事实)
C3	noun class 3(第三类名词)
DEM	demonstrative(指示词)
DER	derivation(派生)
DET	determiner(限定词)

DIR	direction(方向)
DR	direct(直接的)
DS	different subject(不同的主语)
DU	dual(双数)
DUR	durative(持续的)
ERG	ergative(施格)
EVID	evidential(证据的)
EXCL	exclusive(除外的)
FARPST	far past(远过去时)
FEM	feminine(阴性)
FOC	focus marker(焦点标记)
FUT	future tense(将来时)
FV	final vowel(最后的元音)
GEN	genitive(所属格)
HAB	habitual aspect(惯常体)
IND	indicative mood(陈述性语气)
IMP	imperative mood(祈使语气)
IMPRF	imperfect aspect(未完成体)
IMPRFV	imperfective aspect(非完整体)
INDEF	indefinite(不定指)
INF	infinitive(不定式)
INGR	ingressive(起始)
INSTR	instrumental(工具格)
IRREAL, IRR	irrealis(非现实)
INTR	intransitive(不及物的)
LOC	locative(方位格)
MAS	masculine(阳性)
MIX	mixed gender(混合的性)
NARR	narrative(叙述)
NEG	negation, negative(否定)
NEU	neutral(中性)
NMLZ, NML	nominalization(名物化)
NOM	nominative(主格)

NONFUT	non-future tense（非将来时）
NONPST	non-past tense（非过去时）
NONSPEC	nonspecific（非特指）
NONVIS	nonvisible（不可见的）
O	object of transitive verb（及物动词的宾语）
OBJ	object（宾语）
OBL	oblique（旁格）
PAR	participial mood（分词性语气）
PART	partitive case（部分格）
PARTI	particle（功能词）
PERS	personal（人称代名词）
PL	plural（复数）
PNC	punctual（准时的）
POSS	possessive marker（领有标记）
PREP	preposition（前置词）
PRF	perfect aspect（完成体）
PRFV	perfective aspect（完整体）
PRG	progressive aspect（进行体）
PROH	prohibitive（禁止）
PROSP	prospective aspect（展望体）
PROX	proximate（最近的）
PRS	present tense（现在时）
PST	past tense（过去时）
PTCP	participle（分词）
REAL	realis（现实）
RED	reduplication（重复）
REM	remote（久远的）
REPET	repetitive aspect（反复体）
S	subject of intransitive verb（不及物动词的主语）
SAP	speech act participant（言语行为参与者）
SBJV	subjunctive（虚拟）
SENS	sensible（可感知的）
SEQ	sequential（连续的）

SG	singular(单数)
SIM	simultaneous action(同时发生的动作)
SPEC	specific(特指)
SS	same subject(相同的主语)
SUBJ	subject(主语)
TOD	today(今天)
TR	transitive(及物的)
U	unmarked(无标记的)
V	verb(动词)
VBZ	verbalizer(动词化)
VIS	visible(可见的)
1	first person(第一人称)
2	second person(第二人称)
3	third person(第三人称)

語種樣本

印欧语系	亚美尼亚语(Armenian);保加利亚语(Bulgarian);捷克语(Czech);丹麦语(Danish);达利语(Dari);荷兰语(Dutch);英语(English);法语(French);德语(German);印地语(Hindi);冰岛语(Icelandic);意大利语(Italian);立陶宛语(Lithuanian);波兰语(Polish);葡萄牙语(Portuguese);旁遮普语(Punjabi);俄语(Russian);西班牙语(Spanish)
汉藏语系	缅甸语(Burmese);景颇语(Jingpo);拉达克语(Ladakhi);汉语(Mandarin Chinese);曼尼普里语(Manipuri);泰语(Thai);藏语(Tibetan);壮语(Zhuang)
阿尔泰语系	保安-土语(Bao'an Tu);鄂温克语(Evenki);哈萨克语(Kazakh);蒙古语(Mongolian);土耳其语(Turkish);维吾尔语(Uyghur);乌兹别克语(Uzbek)
闪-含语系	阿拉伯语(Arabic);东唐格拉语(East Dangla);哈拉尔奥罗莫语(Harar Oromo);豪萨语(Hausa);希伯来语(Hebrew);马尔吉语(Margi);舍寇语(Sheko);索马里语(Somali);南阿高语(Southern Agaw)
南岛语系和巴布亚诸语言	阿麦雷语(Amele);安嘎塔哈语(Angaataha);安雅姆语(Anjam);阿斯玛特语(Asmat);巴甘迪语(Bagandji);布齐意普语(Bukiyip);查莫罗语(Chamorro);迪厄巴尔语(Dyirbal);艾特穆尔语(Iatmul);印度尼西亚语(Indonesian);卡姆拉语

平衡语种样本视阈下时-体范畴的类型与共性研究

南岛语系和巴布亚诸语言	(Kamula);拉武卡列韦语(Lavukaleve);莱沃语(Lewo);马达加斯加语(Malagasy);马来语(Malay);马纳姆语(Manam);毛利语(Maori);梅布莱特语(Maybrat);沃凯奥语(Wogeo);莫基尔语(Mokil);穆纳语(Muna);穆尤渥语(Muyuw);纳巴克语(Nabak);萨摩亚语(Samoan);特瓦语(Teiwa);图康伯西语(Tukang Besi);乌武鲁语(Wuvulu);奥亚语(Aua);雅浦语(Yapese);伊丁语(Yidiŋ);伊马斯语(Yimas)
尼日尔-科尔多瓦语系	巴邦贡语(Babungo);巴萨语(Basaa);基库尤语(Gikuyu);果卡纳语(Gokana);格列博语(Grebo);哈亚语(Haya);基西语(Kisi);哥达语(Kota);莱嘎语(Lega);卢巴语(Luba);马库瓦语(Makhuwa);玛士语(Mashi);米约尔尼尔语(Myene);奥里格语(Orig);帕尔语(Pare);斯瓦希里语(Swahili);雅格迪语(Yag Dii);雅穆巴萨语(Yambasa);延巴语(Yémba);约鲁巴语(Yoruba)
美洲印第安语系	阿库玛韦语(Achumawi);波洛洛语(Bororo);喀多语(Caddo);中颇莫语(Central Pomo);查米库罗语(Chamicuro);乔尔语(Chol);瓜拉尼语(Guaraní);哈尔魁梅林语(Halkomelem);希多特萨语(Hidatsa);霍卡克语(Hocąk);霍皮语(Hopi);卡里蒂亚纳语(Karitiana);基奥瓦语(Kiowa);科罗语(Koro);拉科塔语(Lakota);莫维玛语(Movima);切凯语(Q'eqchi);萨利希语(Salish);西里奥诺语(Sirionó);塔克尔玛语(Takelma);泰雷诺语(Terêna);杜鲁梅语(Trumai);钦西安语(Tsimshian);图尤卡语(Tuyuca);瓦劳语(Warao);亚瓜语(Yagua);雅基语(Yaqui);尤卡坦语(Yucatec);尤卡坦玛雅语(Yucatec Mayan);尤皮克语(Yup'ik);尤拉卡雷语(Yurakaré)
高加索语系	贝兹塔语(Bezhta);车臣语(Chechnya);格鲁吉亚语(Georgian);卡巴尔达语(Kabardian);匈兹博语(Hunzib)
达罗毗荼语系	卡拉达语(Kannada);孔达语(Konda);库鲁克语(Kurukh);库维语(Kuvi);马拉雅拉姆语(Malayalam);泰米尔语(Tamil)
尼罗-撒哈拉语系	爱内瓦语(Anywa);卡努里语(Kanuri);库努兹-努比亚语(Kunuz Nubian);兰戈语(Lango)
乌拉尔语系	爱沙尼亚语(Estonian);芬兰语(Finnish);匈牙利语(Hungarian)
南亚语系	柬埔寨语(Cambodian);蒙达语(Munda);越南语(Vietnamese)
爱斯基摩-阿留申语系	阿留申语(Aleut);因纽特语(Inuit);西格陵兰语(West Greenlandic)
科伊桑语系	孔语(!Kung)
语系未定	巴斯克语(Basque);日语(Japanese);喀雅傣尔德语(Kayardild);朝鲜语(Korean);内雅姆巴语(Ngiyambaa);内基纳语(Nyigina)

第一章

绪　论

1.1　研究对象与问题

　　事态句的信息中离不开对事态的时间进行定位和对事态的阶段或状况进行描述,即语言中的"时"(tense)和"体"(aspect),如"过去""现在"和"将来"表示时的概念,而"起始""进行"和"完成"则表示体的概念。时-体问题是语言学界的研究热点和研究难点,这从国内外学界浩如烟海的时-体相关文献中可见一斑。时-体研究相关文献也表明,学者们在时-体领域中的诸多问题上尚未达成一致,如时-体的概念或定义、跨语言时-体的类型与共性、英语和汉语时-体的类型与共性、跨语言时-体范畴与情态等其他范畴的关系,等等。本研究采用共时类型学的研究视角,提出时-体具有跨语言类型差异的理论假设,在所选取的语种样本中验证该假设,揭示英语和汉语的时-体类型,进一步探求时-体范畴与情态范畴之间的关系,构建具有跨语言普适性的时-体-情态的范畴化层级体系,以寻求跨语言时-体范畴的共性;在时-体-情态的范畴化层级体系的基础上,阐释英语和汉语的时-体共性,即英语和汉语均属于以"现实/非现实"(realis/

irrealis)为时空原型的语言,现实/非现实的下位范畴是时-体-情态。研究跨语言时和体主要有两方面的原因:第一,若将语种样本局限于特定地域语言或个别语言,难以从更宏观的角度俯瞰人类语言的时-体类型,仅从特定地域语言或个别语言中难以抽象出具有跨语言普遍性的时-体理论假设;第二,世界各语言中时意义和体意义在表征形式上倾向于纠缠在一起,并且时-体的表征形式有时还负载其他范畴意义,如情态等,该现象虽不绝对,但具压倒性倾向,造成了时-体的复杂形-义对应关系。基于多语种的考察,有利于对比各语种之间的时-体表达异同,从而揭示英语和汉语的时-体类型和共性。下面先简述一下时-体研究中的问题。

学界对时-体的概念或定义并未达成共识。以时范畴为例,Comrie (1985:9,123)提出,时是"时间定位的语法化表达",并用事态时间(event time, E)和说话时间(speech time, S)之间的关系来对不同的时进行形式化定义,如现在时为 E=S("="表重叠),过去时为 E<S("<"表前于),将来时为 S<E。Johnson(1981)和 Thompson(2005)则以参照时间(reference time, R)和说话时间 S 之间的关系来定义时,如现在时为 R=S,过去时为 R<S,将来时为 S<R。Comrie(1985)对的时定义影响深远,但将时局限为语法化表达手段的定义过于狭窄,排除了用其他手段来表达时的语言;此外,用事态时间 E 和说话时间 S 的关系来定义不同的时存在问题,甚至无法解释英语的时。比如,在"He has left to the bus station."中,此句中事态时间 E 和说话时间 S 的关系尽管是 E<S,但却不是过去时;再如"He is to leave this afternoon."的事态时间 E 和说话时间 S 的关系是 S<E,但却不是将来时。在体范畴研究领域,体的概念汗牛充栋,并没有形成一个共识的体系统,如词汇体和语法体(Olsen 1994)、动词体(Dowty 1977)、动词时间图式(Vendler 1967)、情状体和视点体(Smith 1991)、客观体和主观体(Dahl 1981)、内部体和外部体(Travis 1991),等等。

学界对跨语言时-体的类型也有争论。以体范畴为例,以往很多文献没有区分完成体/未完成体(perfect/imperfect)和完整体/非完整体(perfective/imperfective),这两种体类型在学界中基本上处于混用状态。尽管个别文献提及它们之间有差异,但并未进一步深入探究。比如,Dahl (2000:17)认为俄语的完整体/非完整体系统与语言类型学中的典型体系统不同,完整体与时间指称没有必然联系;但是 Comrie(1976:62)则主张完整体/非完整体是世界语言中的典型体类型,而完成体/未完成体不是,因为完成体在很多语言中可以与完整体/非完整体中的体自由搭配,如保加利亚语的完成体可与非完整体搭配,俄语的完整体和非完整体均可与完成意义搭配。学界对时范畴类型有过研究(Velupillai 2016),但仍有诸多问题尚待明晰,如二分时中的过去时/非过去时和将来时/非将来时。有学者认为英语是过去时/非过去时的语言,因为英语只有过去时有屈折形态变化,非过去时在概念上尽管包含现在和将来,但都采用现在时的零形态,英语没有将来时,"will/shall"只是一种情态表达手段(Lyons 1977;Comrie 1985;Trask 1999);也有学者认为英语的将来时不能用助动词"will/shall"来表达是毫无根据的,助动词"will/shall"可以承载将来时和情态,但情态是次要意义(Klein 1994;Declerck 1991,2006)。吴福祥(2005:239)认为,英语中过去时和非过去时的对立是一个语法化的语义对立,可以认为将来时不是最典型的语法化实例,但没有多少理由认定将来时不是语法范畴。其实从世界语言的时-体表达方式来看,用助动词表示将来时是比较常见的手段,如德的"warden"、冰岛语的"munu"、挪威语的"vil"、葡萄牙语的"ir"等。另外值得注意的是,在 Bybee(1985)的语言样本中,现在时和过去时用动词屈折形态来区分的语言仅占36%,而将来时用动词屈折形态来表达的则多达44%。将来时/非将来时也有争论,如 Dixon(1972)将迪厄巴尔语中的动词后缀"ɲu"和"ɲ"看作非将来时和将来时的标志,而Comrie(1985)将它们分别看作现实和非现实的情态表达语素,Bhat(1999)则提出很多藏缅语言中将来时/非将来时的标志应看作现实/非现实的情态或语气标志。不少学者认为现代汉语缺乏时的显性形态标记或屈折形态,将其称为"无时语言"(tenseless language)(Li & Thompson 1981;Trask 1999;Hu et al. 2001;Lin 2003;Smith 2005),类似的语言还有缅甸语、泰语等;也有学者主张汉语中时与体共用一个标记,持类似观点的学者有张济卿(1998a,1998b)、左思民(1999)、李铁根(1999,2002)和陈立民(2002)等。汉语没有英语中的那种表示时的形态屈折语素,那么汉语必然有其他手段来表达类似英语中的那种时概念,请看电影《鬼讯2:灵异透视》(*White Noise 2:The Light*)中的一段英语对白和对应的汉语译文。

(1)(男主人公 Abe 现场目睹了其妻子和儿子被 Henry 用手枪射杀,紧接着 Henry 开枪自杀,但 Abe 不知道事后 Henry 经抢救得以生还,数天后 Abe 去拜访 Henry 的妻子以弄清 Henry 的动机。)

Henry's wife:I can't believe how far gone he **is**. (我简直不能相信他**现在是**那么离谱儿。)

Abe："**is**"？What are you talking about？（"**现在**"？您什么意思？）

Henry's wife：What do you mean？（您什么意思？）

Abe：You said "**is**".（您说"**现在**"。）

Henry's wife：And？（怎么了？）

Abe：Don't you mean "**was**"？"How far gone he **was**"？（您是说"**曾经**"吧？他**曾经是**那么离谱儿？）

Henry's wife：You don't know？Henry's still alive.（您不知道？亨利仍然活着。）

Abe：I saw him pull the trigger.（我亲眼看见他扣下扳机的。）

Henry's wife：He survived. He is over at Belmont County.（他活下来了。他住在贝尔蒙郡。）

通常认为现代汉语没有内部屈折，英语也只是少部分不规则动词和系动词有内部屈折。上例中 Henry 的妻子用系动词的现在时形式引起了男主人公 Abe 的质疑，系动词具有词汇意义和时意义两个方面的意义。在汉语译文中，系动词的词汇义由汉语动词"是"承载，时则由时间名词"现在"和时间副词"曾经"表达。不同的时不会影响汉语动词"是"的形态，或者说假如用汉语说"我简直不能相信他是那么离谱儿"不会引起交际困难，因为汉语"是"不承载时的意义，可以出现在表示现在、过去和将来的句子中。如果将时仅局限于形态屈折语素这一种表达法，那么很多语言就没有时范畴；对体的研究也存在类似问题，如果将体局限于屈折形态手段，那么很多语言也没有体范畴。从类型学的角度讲，时和体的语言表达包括词缀、时-体助动词、时-体功能词、动词与非词缀语素的融合、逆被动态（antipassive），以及音调等方式（Dahl 1985；Dryer 1992）。因而只有将时和体定义为语义范畴，才能最大限度地使跨语言的时-体比较研究成为可能。

跨语言时-体范畴的共性也有诸多研究：如 Mueller（2013）提出，如果一种语言现在时有标志，那么过去时也有标志；Comrie（1976）主张完整体和非完整体的对立是世界语言中最基本的体系统；Ultan（1978）和 Bybee et al.（1994）主张，将来时标志具有多功能性，除了表达将来时间指称外，还表达意愿、意图和预测等情态意义；Fleischmann（1983）和 Bybee et al.（1994）认为，时标志源自体标志，并且时标志具有向情态标志演变的倾向；Dahl（1985）认为世界语言的时、体和情态之间在语言表达上没有明显的界限；Bhat(1999)考察了印度境内语言中时、体和情态三个范畴的表达方式以及相互关系，主张时、体和情态这三个范畴在语言表达上通常不会均衡凸显(prominent)。可以看出，以往研究对跨语言时-体共性的探讨除了时和体各自的共性外，更关注世界语言中时、体和情态之间的共性关系，这些共性关系不仅包含时-体-情态之间在语言表达手段上的关系，也涵盖时-体-情态三个范畴之间的共性关系。但问题是，从认知范畴化(categorization)的角度看，世界语言中时-体-情态三个范畴究竟存在何种普适性的共性关系？从语言表达手段上看，时-体-情态的表达手段是否有规律可循？英语和汉语中有关时-体-情态的争论问题能否在跨语言的视角下得到较好的解决？这些问题在以往研究中尚未见到系统性的解释。

1.2　国内外时-体研究概览

时-体研究文献诸多，分布于认知功能、语言类型学、形式句法以及语义等多个领域。考虑到与本研究的相关性，目前只简述国内外时-体的功能-类型研究成果。

1.2.1　国外时-体研究

国外时-体研究成果大致可从以下方面来综述：共时类型学视角、历时类型学视角、时间理论模型、体系统和时的定位。这些方面的时-体研究成果汗牛充栋，下面只简述有影响力或具有代表性的研究。

1.2.1.1　共时类型学视角

共时类型学视角主要根据时-体的语义差异和内部对立，考察它们在不同语言中的实现，代表性成果包括 Comrie(1976,1985)、Dahl(1985)、Bhat(1999)、Dickey(2000)和 Botne(2012)等。

Comrie(1976,1985)主张分别研究时或体，以随机样本为语料，提出完整体/非完整体和绝对时(absolute tense)/相对时(relative tense)/绝对-相对时(absolute-relative tense)。Comrie(1976：3)将体定义为"对于特定情状内部时间区域的不同观察方式",主张完整体/非完整体对立是世界语言中的典型体类型,非完整体又可分为惯常体和持续体,而持续体包括进行体和非进行体。完成体不是世界语言中的典型体类型,因为很多语言中的完成体可以与完整体/非完整体搭配。Comrie(1985:9)将时定义为"时间定位的语法化表达",说话时间是"现在"指示中心,用事件时间和说话时间的关系来解释绝对时,事件时间和说话时间重叠为现在时,事件时间先于说话时间为过去时,事件时间后于说话时间为将来时。不少其他学者也持类似观点(Lyons 1968;Hornstein 1981;Soga 1983;Higginbotham 2006,2009)。相对时指事件时间和参照时间之间的关系,参照时间指语境中的某个时间,事件时间和参照时间重叠是相对现在时,事件时间先于参照时间是相对过去时,事件时间后于参照时间是相对将来时。绝对-相对时指事件时间涉及说话时间和参照时间,如在"He had finished his work."中,绝对时是事件时间先于说话时间,相对时则是事件时间先于参照时间。Comrie(1976,1985)没有区分不同语言中可能具有的不同体类型,只将完整体/非完整体看作世界语言中的典型体类型;此外,如1.1节所提及,用事件时间和说话时间的关系来解释时也不妥,无法解释英语的现在完成时。更为关键的问题是,相对时本质上不是时的范畴,而是体的范畴。这些问题在后来文献中尚没有见到有专门研究对此进行修正。

与Comrie(1976,1985)不同的是,Dahl(1985)倡导时-体并论,对64种语言样本的时-体系统作了很细致的描写,主要有两方面的贡献:第一,基于64种语言提出时和体的表达虽然总体上缺乏明显界限,但时-体的语法表征成分具有原型意义。或者说,时-体的表达手段很多时候体现为多功能成分,其中一个功能往往是核心或原型意义,如有些语言中的完整体和过去时由同一成分来表达。完整体是比过去时更稳定和更原型的语义范畴。第二,发现世界语言中主要存在三种体:第一类是完整体/非完整体和进行体;第二类是惯常体,分为一般惯常体和过去惯常体;第三类是完成体、结果体、经历体和过去完成体。Dahl(1985)的研究很具有开拓性,但没有进一步描写完整体/非完整体和完成体/未完成体的跨语言差异,也没能指出为何存在这种体的类型差异。

Bhat(1999)主要以印度境内语言为语料,主张世界语言的时、体和情态三个范畴在表达手段上没有界限,也很难剥离开来,但不同语言在这三个范畴表达上会有所侧重,因而提出时凸显、体凸显和情态凸显三个理想化的语言类型,语言分类所依赖的标准是时、体及情态的语法化程度、强制性、系统性和渗透性。Bhat(1999)的这一理念与Dahl(1985)所主张的时-体的多功能表达手段具有原型性极为类似,也与我国学者刘丹青(2011,2012,2014)所倡导的语言库藏类型学(Linguistic Inventory Typology)中的显赫范畴及其扩张性具有相通之处。Bhat(1999)的不足之处在于,将体区分为完整体/非完整体、阶段体和定量体,忽略了完成体/未完成体;此外,将时区分为指示时(deictic tense)和非指示时(non-deictic tense),分别对应于Comrie(1985)的绝对时和相对时。如前文所提及,非指示时或相对时刻画的是事件时间和参照时间的关系,应该归入体的范畴,而非时的范畴。

Botne(2012)和Dickey(2000)着眼于时-体各自的内部语义差异,前者描写"时间距离性"(time remoteness)对时意义表达的影响,后者发现斯拉夫语西部、东部和过渡区域三组语言中形成"体的同言线"(aspect isogloss)。Botne(2012)提出,世界有些语言的过去时和将来时并不是单一的划分,而是根据距离"指示中心"(deictic center)或说话时间的远近进一步划分为多个过去时和多个将来时,多个过去时和多个将来时都采用语法化程度较高的形态语素来表达,这些语言主要包括非洲的尼日尔-刚果语言、巴布亚新几内亚语言和美洲的印第安语言,时间距离性主要与自然周期、人类生活周期和认知价值取向有关。Dickey(2000)对斯拉夫语中体的研究尤为引人注意,该研究发现,"完整性"(totality)和"时间确定性"(temporal definiteness)是斯拉夫语中体范畴的核心语义,完整体指将事态看作一个完整的格式塔整体,时间确定性指将事态看作时轴上的一个独立整体。西部斯拉夫语的完整体凸显完整性,东部斯拉夫语的完整体凸显时间确定性,过渡区域中塞尔维亚-克罗地亚语的完整体凸显西部语言的完整性,而波兰语则凸显东部语言的时间确定性。Dickey(2000)的研究为区分完整体/非完整体和完成体/未完成体提供了启示,完整体/非完整体很大程度上与是否将事态看作一个整体有关,而完成体/未完成体则与是否将事态看作有终结点有关,整体性与终结点不是同一个概念。

1.2.1.2　历时类型学视角

时-体研究的历时类型学视角主要探讨跨语言时-体的语法化程度和倾向,代表性成果有Bybee(1985)、Bybee et al.(1994)、Dahl(2000)和Hengeveld(1989,2011)等。

Bybee(1985)基于50种语言,提出完整体/非完整体的语法化程度较高,倾向采用屈折手段来表达,起始体和反复体则倾向采用派生手段来表达;时的表达极少使用派生手段,派生手段通常不可能成为时的屈折表达手段的来源。Bybee(1985:34—35)提出了一个跨语言屈折词缀距离动词词干远近的等级:配价>语态>体>时>情态>人称或数。这个等级包含了共时和历时两个角度的内容。从共时角度讲,等级上的范畴在标志上从左向右离动词词干越来越远,仅就时-体-情态而言,体的标志距离动词词干最近,其次是时的标志,再次是情态的标志,当然这是基于时-体-情态三个范畴分别采用不同的标志来表达而言的;从范畴的意义角度讲,体范畴表达事态的内部时间,时范畴则表达事态的外部时间,情态表达说话者对事态的主观态度,因而上述等级体现了认知上的距离象似性(Haiman 1983)或者靠近原则(Proximity Principle)(Givón 1991)。从历时角度讲,等级上的时-体-情态三个范畴在标志上遵循一个单方向的演变顺序,即体标志倾向向时标志演变,而时标志则倾向再向情态标志演变,这个演变倾向与(Hengeveld 1989:142)的观点一致,即体、时和情态三个范畴的标志演变遵循从低辖域到高辖域的方向,不会发生反方向的演变。

Bybee et al.(1994)的研究通常被认为是时-体-情态历时研究的经典之作,国内学者已将其译为汉语版(参见陈前瑞等 2017)。该研究考察了76 种语言中时-体语法语素的词汇来源和演变路径,提出两类所表达意义相似的时-体类别,即过去时和完整体相似,而现在时和非完整体相似。从标志的来源上看,过去时/完整体标志和现在时/非完整体标志的来源遵循两种不同的演变路径。对于过去时/完整体标志的来源而言,结束义的词汇演变为完结义标志,结果性结构演变成结果性标志,完结义标志和结果性标志继续演变为已行或完成标志,而已行或完成标志则进一步演变为过去时和完整体标志。对于现在时/非完整体标志的来源而言,动态谓词及定位性词汇演变为进行体标志,而进行体标志则进一步演变为现在时/非完整体标志。这两条时-体演变路径如下所示:

(2) a. 结束义词汇→完结义标志

　　　　　　　　　　已行或　　　过去时/
　　　　　　　　　完成标志→完整体标志
　　结果性结构→结果性标志

　　 b. 动态谓词及定位性词汇→进行体标志→现在时/非完整体标志

Bybee et al.(1994)还详细分析了将来时语法语素的发展路径,将来时语法语素具有不同的来源,如施事指向情态、位移动词和时间副词,这些不同来源在早期都倾向表达说话者的意向功能,目前阶段各语言的将来时语法语素的主要功能是表达意向意义和预测意义,将来时不像一种时间范畴,更像隐含时间意义的认识情态或施事指向情态的范畴。Bybee et al.(1994)对将来时的这种解读说明了两个问题:第一,世界语言的时-体-情态在语言表达上倾向缺乏明显界限,一个语法语素或其他手段往往体现为一个多功能成分;第二,根据 Bybee(1985)有关跨语言屈折词缀距离动词词干远近的等级,时标志具有向情态标志演变的倾向,具有表达意向意义和预测意义功能的将来时语法语素的原型意义应该仍为将来时,尚没有完全演变为意向和预测的情态标志。Bybee et al.(1994)的研究为世界语言时-体-情态的历时演变共性探索作出了重要贡献,但不足之处在于,没有明确阐述现实/非现实这对概念的跨语言不同表征以及这对概念与时-体-情态三个范畴的关系。

Dahl(2000)根据时-体语法语素的语法化程度将时-体语法语素分为"核心语法语素"(core gram)和"迂回语法语素"(peripheral gram):前者采用形态屈折方式来表达,如非完整体、完整体、过去时和将来时;后者主要采用迂回方式来表达,如完成体、结果体、惯常体、反复体和进行体。核心语法语素和迂回语法语素都有典型的表达方式,这与它们在语法化过程中所处的位置有关。在核心语法语素所表达的时-体中,完整体/非完整体和过去时/非过去时是最常见的时-体类型,其中完整体倾向与过去时搭配,而非完整体则与过去时/非过去时均可搭配。完整体与过去时/非过去时均可搭配的类型比较少见。尤为值得提及的是,Dahl(2000:17—18)主张俄语的体系统不同于语言类型学中的典型体系统,主要表现在两个方面:第一,完整体与时间指称并没有关系;第二,俄语的体系统表现出较为特别的语义,体的语义与动词的"行为类型"(Aktionsart)有关,行为类型或动作行为差异指动词的内在语义。俄语体系统的这些属性与该语言中完整体的历时来源有关,即来源于一些"定界词"(bounders)。Dahl(2000)指出了俄语的体系统与其他印欧语言的体系统的不同,但没有深究或展开讨论,也没有提及是否还存在其他具有类似俄语的这种体类型的语言。

Hengeveld(2011)考察了时和体的语法化路径,提出时-体的总体语法化趋势由体标记向时标记演变,语法成分在演变中与动词越来越不相关,跨语言体向时的演变存在以下三种路径:

(3) a. 结果→已行→过去

b. 进行→同时→现在

c. 预期→将行→将来

该演变倾向与 Bybee(1985)所主张的时-体标志的语法化倾向是一致的。

1.2.1.3 时间理论模型的构建

诸多时间理论模型的建立是时-体研究领域的重要研究成果,这类研究主要运用说话时间 S 和事态时间 E 两者的关系,或者说话时间 S、事态时间 E 及参照时间 R 三者的关系,试图建立句子的时间语义机制,影响较大的时间理论模型有 Reichenbach(1947)的 ERS 时模型、Johnson(1981)的 ERS 时-体理论、Declerck(1991)的 SE 时描写理论、Hornstein(1993)的 ERS 推导时结构模型、Olsen(1994)的 ERS 时间相交模型和 Klein(1994)的 ERS 话题时间理论。

Reichenbach(1947)的 ERS 时模型运用说话时间 S、事态时间 E 和参照时间 R 三者的关系来刻画英语传统语法中的时态,不过 Reichenbach 的时模型用新的概念替代英语传统语法中的时态,如过去完成、现在完成和一般将来分别被称为过去已行(Anterior Past)、现在已行(Anterior Present)和将来将行(Posterior Future)。用 ERS 来表示的话,E<R<S 表过去已行、E<S=R 表现在已行、S<R<E 表将来将行。Reichenbach 的 ERS 时模型存在两方面缺陷:第一,没有区分时和体,将时-体统称为时;第二,将事态时间 E 和参照时间 R 只看作时间点,忽略了事态时间 E 及参照时间 R 均可为时间段的情况,因此该时模型只能刻画英语传统语法中的七种时态。

Declerck(1991)的 SE 时描写理论和 Hornstein(1993)的 ERS 推导时结构模型是两个比较抽象的理论模型,但是两者均有不足之处。Declerck 的 SE 时描写理论将说话时间 S(编码时间)或解码时间称为"时间零点"(temporal zero-point, T_0),将事态时间 E 称为"情状时间定位"(situation time of orientation, TO_{sit}),即句子指称的情状时间在时轴上的定位。T_0 是最基本的时间定位(time of orientation, TO),句子的时有时会涉及另一个时间定位 TO(本质上是参照时间 R)。总体而言,SE 时描写理论没有区分时和体,主要用时间零点 T_0 和情状时间定位 TO_{sit} 之间的关系来描写时,并且没有说明有时句子的另一个时间定位 TO 究竟是什么时间。Hornstein

(1993)的 ERS 推导时结构模型的核心内容是：英语的基本时结构有六种，其他所有的时都是在六种基本的时结构上推导出来的。该模型不足之处在于，尽管运用了 ERS 三者的关系，但也没有区分时和体，此外，忽略了事件时间 E 和参照时间 R 均可为时段的情况，如果 E 和 R 均可为时段，能否从基本时结构得出推导时结构还有待验证。

Olsen(1994)的 ERS 时间相交模型和 Klein(1994)的 ERS 话题时间理论的优点在于均区分了时和体，但均有不足。ERS 时间相交模型对事态时间 E 和参照时间 R 的关系刻画过于笼统，参照点 R 只位于核心和结尾，忽略了 E 和 R 相交的其他阶段，如起始阶段和事态结束后阶段。ERS 话题时间理论用话题时间(topic time，TT)、情状时间(time of situation，TSit)和说话时间(time of utterance，TU)三者之间的关系来分析时与体，话题时间 TT 相当于 Reichenbach 的 ERS 时模型中的参照时间 R。话题时间理论的不足在于两点：第一，只用时段之间的关系来描写话题时间、情状时间及说话时间三者之间的关系，忽略了时点与时段、时点与时点之间的关系；第二，体的描写中只使用了完整体/非完整体的概念，没有使用完成体/未完成体的概念，忽略两种体类型之间的差异。

综上所述，Reichenbach 的时模型存在 ERS 关系遗漏现象；Declerck 的时描写理论由于没有区分时与体，无法说明情状时间和其他时间定位的来源；Hornstein 的推导时结构模型由于推导过程单一且忽略参照时间可为时段的情况，无法解释有关语句的不合法及歧义现象；Olsen 的时间相交模型由于事件时间和参照时间的位置设置单调，对时-体类型刻画过于笼统。Klein 的 ERS 话题时间理论忽略了不同体类型之间的差异。相比上述时间理论模型，Johnson(1981)的 ERS 时-体理论更具有启发性，时和体分别用说话时间 S、事态时间 E 及参照时间 R 进行了定义，即时表达说话时间 S 和参照时间 R 之间的关系，体则表达事态时间 E 和参照时间 R 之间的关系，而说话时间 S 和事态时间 E 之间的关系对时和体没有贡献。这个时-体定义可以有效解释英语传统语法中的现在完成时态(现在时-完成体)以及用"is/am/are to do"所表达的将来事态(现在时-将行体)等问题。

1.2.1.4 体系统构建和时的定位

国外在体系统构建研究方面，主要有以下三个研究视角：

第一，动词层面的研究。由于英语等语言没有类似俄语的完整体/非完整体标志，英语中的动词或动词短语的内在情状类型会影响句子的体意义,因此,不少研究沿袭 Vendler(1967)有关动词的时间图示法(verb of time schemata),研究动词体或词汇体,探讨动词的内在情状特征,如 Dowty(1977)、Olsen(1994)、Filip(1999)和 Croft(2012)等。Vendler(1967)将动词分为状态(state)、活动(activity)、达成(accomplishment)和成就(achievement)四类,Dowty(1977)则将这四类动词进行了形式语义刻画,Croft(2012)则对动词或动词短语按照不同的体意义表达潜势(aspect potential)进行了重新分类,用二维时空图对动词或动词短语的词汇体意义进行了重新解读。

第二,句子层面的研究。该层面的研究主张,句子的体意义具有合成性,受情状体或动词体的影响,试图构建体的系统,代表学者有 Smith(1991)、Dik(1997)、Michaelis(1998)。Smith(1991)提出情状体和视点体二分体系统:情状体是在 Vendler(1967)基础上的情状类型分类,除了状态、活动、达成和成就外,还增加了单活动(semelfactive)的情状类型;视点体是句子体,包括完整体、非完整体和中性体三种体。Dik(1997)的体貌(aspectuality)系统包括事态类型(type of states of affairs)和体:事态类型指基于事态内在语义的分类,是词汇语义范畴,相当于情状类型;体则指事态的语法表达手段,是语法范畴,体貌包括(非)完整体貌、阶段体貌、透视体貌和定量体貌。Michaelis(1998)提出情状体、阶段体、视点体的三分体系统:情状体是情状类型,包括事件和状态;阶段体包括起始义、进行义、终结义和预期义等;视点体指完整体和非完整体的对立。

第三,语篇层面的研究。该研究视角主张在语篇或话语中研究体,体意义的差异是不同话语功能造成的,代表研究有 Hopper(1982)、Thelin(1990)和 Vet & Vetters(1994)。Hopper(1982)主张完整体/非完整体的差异在于它们在话语中具有不同的设景功能(grounding):完整体表达主要系列事件或前景(foreground)信息,与瞬时性的动态动词相关;非完整体则表达支持性的或附属性的背景(background)信息,与持续性的静态动词相关。Thelin(1990)提出,体的表达并不总是体现在语法方面,还受话语或语境的影响,如俄语中表达一般事实常用非完整体,而表达具体事实常用完整体。Vet & Vetters(1994)持类似观点,认为某些特有的体表达形式究竟表何种体意义会受到语境的影响,如英语传统语法中的现在进行时既可表进行体也可表将行体。

关于时的定位研究方面,诸多学者采用 Comrie(1985)"时是时间定位的语法化表达"的定义,将时限定为用高度语法化的形态语素来表达的时意义。Lyons(1977)、Palmer(2001)和Hewson(2012)等学者以此为研究视角,提出英语是"过去时/非过去时(或现在时)"的二分时语言,过去时用屈折形态来表达,现在时和将来时用零形态来表达,"will/shall"不是将来时的表达手段,而是情态的表达手段。因为汉语是缺乏形态语素的孤立语,Li & Thompson(1981)、Binnick(1991)、Smith(2005)等学者认为汉语是一种无时语言。

1.2.2 国内时−体研究

国内时−体研究成果丰硕,学界大致从以下三个方面进行研究:汉语的时−体系统、语言类型学视角下的汉语时−体、汉外时−体对比及英语时−体。

1.2.2.1 汉语时−体系统的构建

国内学界对汉语时−体系统的研究由来已久,如果从显赫性角度来看,学界一般主张汉语是时范畴不显赫而体范畴显赫的语言。

对于汉语的时范畴,主要有三种观点:第一,有学者主张汉语的时有独立标志。吕叔湘(1982)认为汉语是有时制的,主要采用词汇手段来表达时制;李临定(1990)提出汉语有"绝对三时"(以现在为时间基点)和"相对三时"(以过去或将来为时间基点),采用不同的分析形式和动词的零形态来表达。第二,张济卿(1998a,1998b)和李铁根(1999)等学者主张,汉语有时也有体,并且时和体共用标志。第三,由于汉语是缺乏形态屈折变化的孤立语或分析语,很多学者认为汉语没有时标志,主张汉语是一种无时语言(Chao 1968;高名凯 1986;戴耀晶 1997;Hu et al. 2001;Lin 2003,2006,2012)。

对于汉语的体范畴,尽管学界普遍认为汉语是体范畴显赫的语言,但学者们在汉语的体范畴系统以及相关语法成分如助词"了""着""过"的体表达功能方面并没有达成共识。陆俭明(1999)的观点与众不同,主张汉语中并没有像印欧语的那种体。多数认为汉语有体的学者主要采取以下三种研究路径:

第一,很多学者主张区分情状类型与句子体(陈平 1988;龚千炎 1995;郭锐 1997;杨国文 2011)。比如陈平(1988:401)提出,汉语的时间系统有三个主要部分:一是句子的时相(phase)结构,体现句子纯命题意义内在的时间特征,主要由谓语动词的词汇意义决定,其他句子成分如宾语和补语的词汇意义也起着重要的选择和制约作用,句子的时相结构分为五种情状类型;二是句子的时制(tense)结构,指示情状发生的时间;三是句子的时态(aspect)结构,表现情状在某一时刻所处的特定状态。

第二,建立汉语中的体系统,如戴耀晶(1997)的完整体/非完整体系统和陈前瑞(2008)的四层级体貌系统。戴耀晶(1997)主张汉语中的体呈现完整体/非完整体的对立,它们具有不同的语法词汇表达方式,建议动词和句子两个层面均可划分为不同的情状类型;陈前瑞(2008)则提出汉语具有四层级体貌系统,由核心视点体、边缘视点体、阶段体以及情状体构成,核心视点体呈现完整体(外部视点体)和未完整体(内部视点体)的对立,边缘视点体包括进行体和完成体,阶段体包括起始体、延续体、完结体、结果体、短时体和反复体,情状体则包括状态、动作、结束和达成四类情状。

第三,诸多文献致力于汉语中助词"了""着""过"的共时或历时研究。采取共时视角的研究关于助词"了""着""过"可否独立表达体意义存在争论:刘勋宁(2002)认为它们可以独立表达体意义;金立鑫(2002)则持否定意见,主张汉语的体分为实现和非实现,动词的类型、主语的类型、动词后的时段定语/宾语对决定体的小类起了重要作用,汉语句子中的体是由体助词和其他句子成分共同作用的结果。金立鑫(2003:38)指出,表示起始体意义的句尾"了"在不同句法条件下能表示不同的时-体意义:现在起始体、将来起始体和过去起始体。这些不同的时是由相应的句法条件提供的,并不是"了"的语法功能。在采取历时视角探讨词尾"了"演化路径的研究中,吴福祥(2009)提出词尾"了"由动相补语虚化为完成体标记,陈前瑞、张华(2007)则认为其存在"结果体→完成体→完整体"的演变过程。

1.2.2.2 类型学视角下的汉语时-体研究

国内学界在语言类型学视角下研究汉语时-体的成果相对较少,历时视角的代表性成果有吴福祥(2005),石毓智、白解红(2007),陈前瑞、王继红(2012),共时视角的代表性成果有金立鑫(2008a)。

吴福祥(2005)从语法化和跨语言视角提出一个词汇范畴、非强制语法范畴和强制性语法范畴的连续统,以解释汉语完成体和进行体使用的非强制性以及体标记"了"和"着"的非黏着性,主张汉语中的这两个体范畴应看作语法范畴,但是汉语完成体和进行体还处于语法化的过程之中,语法化程度还不高,或者说,汉语的完成体和进行体不是强制性范畴,也是语法化程度较低的语法范畴,因此汉语体标记"了"和"着"不能强制性使用,体标记"了"和"着"既非词缀也非语法词,而是一种附着词。

石毓智、白解红(2007)从跨语言的视角考察了将来时的概念结构及其词汇来源,主张将来时从概念上看指距离说话时间具有时间距离的尚未发生事态,表示预测或者意图,从标志上看,将来时标志的词汇来源全是动词,从与情态的关系看,将来时是对将来事态的预测或意图,具有主观性和不确定性,因此倾向演化出具有认识情态的用法,"动词→将来时标记→认识情态"的演变过程是世界语言的普遍演变规律。

陈前瑞、王继红(2012)从跨语言的视角考察了完成体或完整体和将来时之间的关系,从世界语言来看,最常见的演化路径是一般现在时的形式用来指称将来时间,最罕见的是完整体或完成体形式用来指称将来时,汉语中的句尾"了"在很多情况下表示最近将来时,这种用法是在"现时相关性"(current relevance)的促动下,由完成体标志演化为最近将来时标志,句尾"了"的最近将来时用法是世界语言时-体演化的罕见现象,但却是汉语普通话的常见现象。

金立鑫(2008a)从共时视角提出了跨语言"动词行为类型>动词短语情状类型>句子体类型"三个层次,从跨语言视角区分了行为类型、情状类型和体。行为类型指按照动词所表达的时间特征来进行的动词分类,是动词内在的语义类型,属于词汇范畴,如希腊语、德语和一些斯拉夫语中的动词;情状类型则是由动词及其体标志、补语和配价成分构成的,属于短语范畴,如英语和汉语;体指句子所表达的事态阶段或状态,属于句子的语义范畴。世界语言可以在这三个层次对时间类型进行区分,总体上可以分为动词行为类型凸显的语言、情状类型凸显的语言、行为类型和情状类型均势的语言。

1.2.2.3　汉外时-体对比/英语时-体研究

国内学界在汉外时-体对比以及英语时-体研究方面也取得了不少成果,汉外时-体对比研究主要集中在汉英、汉俄和汉日方面。

在汉英时-体对比和英语时-体研究方面,尚新(2007,2014a,2014b)提出汉语和英语都有完整体/非完整体范畴,汉语是体凸显的语言,而英语是时凸显的语言,并且指出,体标志有时具有情态表达功能,体标志的情态功能与情态助词之间的关系研究是将来研究获得重要突破的关键点。王文斌(2013,2015)提出英语是时间性语言,汉语是空间性语言,"时态"是英语有别于汉语的重要特征。何伟(2005,2010)主要从系统功能语言学角度对英语"时态"进行重新分类以及阐述语法体和"时态"的关系。

在汉俄和汉日的时-体对比研究方面,张家骅(2004,2006)主张俄语和汉语的体表达形式有差异,俄语的体表达手段是语法形式,而汉语的体主要通过动词词汇语义来表达;俄语和汉语的体表达也有共性,如宾语是否有界和动词是否具有自主性等因素会制约谓语的广义体范畴的意义表达和形式选择。潘寿君(2014)详细论证了汉语和日语在时-体-态方面的个性和共性,提出汉日时-体的用法差异体现了汉日在主观与客观、理性和感性等层面上的差异。

以往研究视角和目标不同,时-体问题聚讼纷纭。国外时-体研究目前呈现跨学科、多元化的趋势,Binnick(2012)的时-体论文集和2014年时-体-情态国际会议(意大利)论文几乎涵盖语言学各个分支;国内主要以汉语时-体的历时语法化研究和方言的时-体研究为取向,如冯力等(2009)和卢小群、李蓝(2014)的论文结集。

1.2.3 目前研究中存在的不足

总体而言,国内外学界对跨语言和特定语言中的时-体研究成果斐然,但是在以下几个方面尚有不足或进一步研究的空间:

第一,很多学者将时-体限定为屈折形态语素,一方面,这种视角忽略了汉语等缺乏形态变化语言中隐性时-体意义的研究,隐性时-体意义表现在表达时间和事态意义的句法成分在独立小句中具有搭配限制;另一方面,该视角不符合世界语言的事实,人类语言对时间和事态的表达在语法化进程上不一致,它们在不同语言中有不同的表达形式,这些形式存在语法化程度的高低差异。

第二,以往将时-体看作语义概念的研究预设了世界语言具有相同或相似的时-体语义范畴,忽略了时-体范畴具有跨语言的类型差异,造成了将相同的时-体概念意义应用于所有语言的过度泛用现象,比如将完整体/非完整体应用于所有语言。以往诸多研究也没有探究不同类型的时-体在范畴化过程(范畴类型)和范畴化程度(核心/边缘范畴)这两个方面的差异在语言表征上的体现,也就无法回答为何时-体的范畴地位在不同语言中有别(显性/隐性表征或者显赫/不显赫)。

第三,跨语言时-体范畴和情态范畴在语言表达手段上的关系已有诸多研究成果,比如体标志向时标志再向情态标志演变的倾向、跨语言上时-体-情态三个范畴的表达手段倾向缺乏明显的界限等,但问题是,为何出现这样的倾向性? 跨语言时-体和情态在范畴关系上究竟具有何种倾向性或共性? 如果存在某种倾向性或共性,能否解释英语和汉语中的时-体争论现象? 这些问题也是本研究致力于解决的核心问题。

第四,汉语时-体研究虽已取得丰富成果,但争论颇多,而汉外时-体对比大多强调差异,这主要是由于缺乏基于较多语种的时-体研究视角,既无法定位汉语的时-体类型并解释汉语的时-体相关现象,也无法揭示汉语和英语的时-体在形-义对应关系上的共性和该共性在世界语言不同时-体类型中的地位。

1.3 研究思路与结构安排

本研究共收集了 155 种语种样本,取样语言主要来自各语言的描写语法著作、语言类型学著作和网络资源(如世界语言结构地图集[①]等),所取样的语种兼顾谱系和地域。本研究旨在考察这些语言中的时范畴和体范畴以及时-体和情态之间的关系,探讨时-体类型差异的跨语言表现、差异中隐含的共性以及汉语和英语时-体的类型与共性。基于不同语言族群都有时-体概念意义的认知,本研究将时和体界定为最简且自足独立小句的语义范畴,遵循从简到繁的研究程序,暂不考虑上下文或句外语境。时指各种语言手段所表达的以说话者的当时时间为"现在"指示的时间定位,体指各种语言手段所表达的现实事态的状况,时-体并不局限于类似于形态屈折语素的某种表达手段。

本研究的具体目标是:第一,以时-体范畴具有跨语言的类型差异为理论假设,通过描写不同类型语言中时-体的表征方式与手段差异、时-体范畴化程度的异同以及时-体的显赫性差异来验证时-体具有跨语言的类型差异假设。第二,试图提出一个具有跨语言普适性的时-体范畴与情态

---

① World Atlas of Language Structures(WALS)。

范畴的范畴化层级假设,描写不同语言中时-体-情态之间的复杂关系以论证时-体-情态的范畴化层级是世界语言的共性,而特定语言的时-体-情态表达只是共性下的具体表现。第三,通过描写汉语和英语时-体的形-义对应关系,揭示汉语和英语时-体所具有的共性以及类型归属。从时-体-情态的范畴化层级的角度看,汉语和英语中时-体的表达具有相同的蕴涵共性,通过描写显赫的时或体在扩张方向上的共性,来展现世界语言不同时-体类型差异中隐含的共性。本研究试图为时-体的类型学研究打开一个新视角,用语言表征的形式特征及其原型义来评估不同语言中时-体的范畴化程度和显赫性差异,揭示跨语言时-体的范畴地位不同的原因。

本研究的重点在于三方面:第一,时-体的语言表征界限问题。时和体在跨语言表达上总体而言缺乏明显界限,包括汉语和英语在内的很多语言的时-体表征表现为多功能的形式,同时时和体又分别为多表征形式的语义范畴,时-体的这种复杂形-义关系使得很多语言的规定语法通常用"时态"统称时和体,将时和体剥离开是一个重点和难点。第二,汉语和英语时-体的类型定位问题。如何证明汉语隐性时的句法表达具有规律性、汉语和英语均为非典型二分或三分时语言、汉语和英语均属时间视点体类型的语言,是对汉语和英语的时-体进行跨语言类型定位的关键。第三,跨语言时-体的共性问题。如何构建跨语言时-体范畴和情态范畴的范畴化层级(该范畴化层级是一种共性),如何描写时-体-情态在该层级中的关系是本研究探讨跨语言时-体共性的关键。

本研究在平衡语种样本的基础上,首先探讨跨语言时-体的表达类型和时-体的范畴类型,然后提出跨语言时-体-情态的范畴化层级假设(该假设也是时-体的一个共性),探讨不同语言的时-体-情态在该层级上的不同表现。本研究共分九章,除了第一章绪论和第九章结论以外,第二至八章是本研究的主体内容。在主体内容中,第二至四章讨论跨语言时-体的语言表达类型和范畴类型;第五至八章是从跨语言时-体-情态的范畴关联角度对世界语言时-体共性的探索,从新视角来处理英语和汉语中有关时-体的诸多争论。下面简要介绍各章的主要内容:

第一章为本研究的绪论部分,提出了研究对象和问题,综述了国内外时-体研究所取得的成果,指出了目前尚存在的不足或进一步研究的空间,这些不足也是本研究致力解决的问题。

第二章选取了 14 个语系的 78 种语言(其中 3 种语言的语系未定),在将时-体定义为语义范畴的基础上,考察了这 78 种语言中时-体的表达方式、时-体表达的倾向性和时-体表达的认知理据。

第三章讨论了不同语言中时范畴的类型,在跨语言时范畴类型的视角下,探讨了英语和汉语中的时范畴类型;在具有显赫时范畴的语言中,显赫的时具有向其他范畴扩张的倾向,尤其向情态范畴扩张具有跨语言普遍性。

第四章论述了不同语言中体范畴的类型,不同语言族群描述事态的阶段或状况时,并不采取完全相同的参照视点。体范畴有空间视点体和时间视点体两种类型,前者以俄语、芬兰语及捷克语为代表,后者以英语和汉语为代表。这两种体类型在认知范畴化原型、体范畴层级、体范畴的显赫性、体-时共现限制等方面具有跨语言的显著差异。

第五章从跨语言时-体-情态的范畴关联视角指出了英语二分时与情态屈折语假设之间的非兼容性,反驳了情态屈折语假设所持的英语二分时论或英语无将来时论。在现实/非现实范畴化程度高的语言中,现实和非现实的标志呈互补分布。英语现实/非现实的范畴化程度低,若说 will/shall 是非现实的专有标志而现实标志缺失,则不支持英语无将来时。

第六章提出了跨语言时-体-情态的范畴化层级假设,初步在不同语言中进行了验证,着重阐释两个问题:一、跨语言时-体-情态的表达形式倾向无明显界限;二、世界语言可分为时空原型为有界/无界的语言和时空原型为现实/非现实的语言。

第七章讨论了汉语中时-体-情态的上位范畴——现实/非现实范畴,汉语时-体-情态三个范畴都不显赫,时-体-情态的上位范畴——现实/非现实是一个显赫范畴,主要体现为已然/未然的对立,表现是典型的时-体助词与作为结果补语、动相补语以及语气助词的其他语素具有同形异质性,量范畴和领属/存在范畴是汉语显赫现实/非现实进行扩张的非原型范畴。

第八章阐释了跨语言现实/非现实与时-体-情态的关联模式及显赫性格局,主张跨语言现实/非现实是类型学中的有效范畴,总体上倾向与时-体-情态关联,个别语言现实/非现实的语义个性都分布在时-体-情态这个共性概念空间中,建立了跨语言现实/非现实与时-体-情态的逻辑关联模式和标记方式,在此基础上构建了跨语言现实/非现实与时-体-情态的显赫性逻辑格局。

第九章是本研究的结论部分,总结了本研究的发现和创新点,指出了本研究存在的局限性和进一步研究的空间。

跨语言时－体范畴的 语言表达类型

2.1 引 言

　　国内外学界不少学者将时－体限定为形态屈折语素,从而得出两个结论:第一,汉语是无时语言(Li & Thompson 1981;Binnick 1991;Hu et al. 2001;Smith 2005;Lin 2012;王文斌 2013;刘丹青 2014),英语是过去/非过去(或现在)的二分时语言(Comrie 1985;Palmer 2001;Hewson 2012);第二,完整体/非完整体(perfective/imperfective)是世界语言的典型体类型,而完成体/未完成体(perfect/imperfect)不是(Comrie 1976:62)。完整体/非完整体表现为动词体的对偶形式对立(少数动词以词根异干表体对立),如俄语、捷克语及波兰语等语言中的动词体,而英语和汉语中的完成体/未完成体尚未语法化为动词的形态对立。

　　我们采取语言类型学界从功能范畴到语言形式的研究路径,将时－体看作功能范畴或语义范畴。时指言者以发话时间为"现在"指示时间而对事态所作出的时间定位,这种事态的时间定位有两点需要说明:第一,从语言表达上看,不同语言对事态的时间定位采用不同的表达手段,而这些不同表达手段具有语法化程度的差异,有的语言采用语法化程度高的形态语素,有的语言则采用语法化程度低的词汇或其他语法手段。第二,从时间定位方式上看,不同语言族群有不同的时间认知方式,总体上有二分时(过去/非过去、将来/非将来)、三分时(过去/现在/将来)和多分时(远过去/近过去/现在/近将来/远将来)。

体指言者对客观世界中各种事态的阶段或状况的描述,如事态是完成的还是未完成的、完整的还是非完整的。体同样也有两点需要注意:第一,不同语言中体的表达手段多样化,在体凸显的语言中其表达手段语法化程度较高,而在体不凸显的语言中其语法化程度较低。第二,不同语言族群表达事态的阶段或状况时会采取不同类型的观察视点,总体上可分为以完成/未完成为主要体意义的时间视点体凸显的语言(英语和汉语等)和以完整/非完整为主要体意义的空间视点体凸显的语言(俄语和捷克语等)。完整体/非完整体的对立在印欧语系斯拉夫语中比较典型(Dickey 2000;金立鑫、邵菁 2010;于秀金、金立鑫 2015),整体性(totality)是完整体的典型特征,对于时段性事态而言,整个事态可看作一个整体,其起始点、持续段和终止点也可看作各自独立的整体,均可以完整体来表达,而完成体只关注事态的终止点。

我们将时-体看作功能范畴或语义范畴,以这种宽式定义为视角或许更接近人类语言中时-体类型的真相。若将时-体限定为特定的语法形式,那么需考察人类语言表达时-体的所有语法形式才能给出恰当的定义;而若将时-体首先确定为语义范畴,则研究空间得到充分展现(于秀金 2016a)。假如对时的定义仅采取 Comrie(1985:9)所言的"时间定位的语法化表达",则人类语言中时的非语法化表达就被排除,这显然不利于时-体范畴的跨语言研究。鉴于学界尚没有对世界语言的时-体表达类型和倾向性的系统考察,本章旨在探讨跨语言时-体都有哪些表达类型,表达背后隐藏着什么规律等问题。

2.2 时－体表达的倾向性与认知理据

2.2.1 时－体表达的倾向性

本节语种研究样本主要来自语言描写语法著作、语言类型学或句法学著作和网络资源（世界语言结构地图和在线语法集等），涉及 14 个语系的 78 种语言（其中 3 种语言的语系未定），如下表：

表 2－1 跨语言时－体表达与所关联的词类

语　言	语　系	表达类型	表达所关联的词类
爱内瓦语（Anywa）	尼罗-撒哈拉	过去时前缀	动词
兰戈语（Lango）	尼罗-撒哈拉	时-体音调	动词
卡努里语（Kanuri）	尼罗-撒哈拉	时-体后缀	动词
阿拉伯语（Arabic）	闪-含	时前缀/中缀/后缀	动词
哈拉尔奥罗莫语（Harar Oromo）	闪-含	未完成体后缀	动词
索马里语（Somali）	闪-含	时-体后缀	动词/冠词
豪萨语（Hausa）	闪-含	体后缀	名词
斯瓦希里语（Swahili）	尼日尔-科尔多瓦	时-体前缀	动词
约鲁巴语（Yoruba）	尼日尔-科尔多瓦	完成体功能词	副词
玛士语（Mashi）	尼日尔-科尔多瓦	时-体音调	动词
基西语（Kisi）	尼日尔-科尔多瓦	时-体音调	动词
果卡纳语（Gokana）	尼日尔-科尔多瓦	时-体音调	动词
奥里格语（Orig）	尼日尔-科尔多瓦	时-体音调	动词
雅格迪语（Yag Dii）	尼日尔-科尔多瓦	时后缀	代词

语　言	语　系	表达类型	表达所关联的词类
格列博语（Grebo）	尼日尔-科尔多瓦	时-体后缀	动词
哥达语（Kota）	尼日尔-科尔多瓦	时前/后缀	动词
延巴语（Yémba）	尼日尔-科尔多瓦	时-体音调	动词
哈亚语（Haya）	尼日尔-科尔多瓦	时-体前缀	动词
雅浦语（Yapese）	南岛	将来时功能词	副词
查莫罗语（Chamorro）	南岛	体前缀/逆被动态（反复体）	动词
印度尼西亚语（Indonesian）	南岛	时功能词/反复体后缀	副词/动词
图康伯西语（Tukang Besi）	南岛	时-体前缀	动词
马达加斯加语（Malagasy）	南岛	时-体前缀	动词/介词/副词/述谓形容词
伊丁语（Yidiɲ）	南岛	时后缀	动词
毛利语（Maori）	南岛	时功能词	介词
萨摩亚语（Samoan）	南岛	时功能词/完成体后缀	副词/动词
迪厄巴尔语（Dyirbal）	南岛	时后缀	动词
巴甘迪语（Bagandji）	南岛	时前缀	代词/指示词
英语（English）	印欧	时-体后缀/将来时助动词	动词/助动词
俄语（Russian）	印欧	过去时后缀/体前缀/将来时助动词	动词/助动词
波兰语（Polish）	印欧	时后缀/体前缀	动词
捷克语（Czech）	印欧	时后缀/体前缀	动词

续　表

语　言	语　系	表达类型	表达所关联的词类
德语(German)	印欧	过去时后缀/体前缀/将来时助动词	动词/助动词
冰岛语(Icelandic)	印欧	时-体后缀/将来时助动词	动词/助动词
丹麦语(Danish)	印欧	时-体后缀/将来时助动词	动词/助动词
葡萄牙语(Portuguese)	印欧	时-体后缀/将来时助动词	动词/助动词
立陶宛语(Lithuanian)	印欧	时后缀/体前缀	动词
亚美尼亚语(Armenian)	印欧	时-体后缀	动词
达利语(Dari)	印欧	时后缀	动词
汉语(Mandarin)	汉藏	时-体功能词/时间名词	助词/副词/名词
藏语(Tibetan)	汉藏	时-体后缀	动词
壮语(Zhuang)	汉藏	时-体功能词/时间名词	助词/副词/名词
景颇语(Jingpo)	汉藏	时-体功能词/时间名词	助词/副词/名词
缅甸语(Burmese)	汉藏	时-体功能词/时间名词	助词/副词/名词
曼尼普里语(Manipuri)	汉藏	时后缀	动词
芬兰语(Finnish)	乌拉尔	时后缀/格后缀(体)	动词/名词
匈牙利语(Hungarian)	乌拉尔	时-体后缀	动词
爱沙尼亚语(Estonian)	乌拉尔	时-体后缀	动词
格鲁吉亚语(Georgian)	高加索	时后缀/体前缀	动词

语 言	语 系	表达类型	表达所关联的词类
车臣语(Chechnya)	高加索	时-体后缀/将来时助动词	动词/助动词
卡巴尔达语(Kabardian)	高加索	时-体后缀	动词
越南语(Vietnamese)	南亚	时-体功能词/时间名词	副词/名词
柬埔寨语(Cambodian)	南亚	时-体功能词/时间名词	副词/名词
蒙达语(Munda)	南亚	时-体后缀	动词
日语(Japanese)	语系未定	时-体后缀	动词
巴斯克语(Basque)	语系未定	现在时/过去时助动词	助动词
朝鲜语(Korean)	语系未定	时-体后缀	动词
卡拉达语(Kannada)	达罗毗荼	时-体后缀	动词
泰米尔语(Tamil)	达罗毗荼	时-体后缀	动词
库鲁克语(Kurukh)	达罗毗荼	时后缀	动词
土耳其语(Turkish)	阿尔泰	时-体后缀	动词
维吾尔语(Uyghur)	阿尔泰	时-体后缀	动词
哈萨克语(Kazakh)	阿尔泰	时-体后缀	动词
乌兹别克语(Uzbek)	阿尔泰	时-体后缀	动词
蒙古语(Mongolian)	阿尔泰	时-体后缀	动词
因纽特语(Inuit)	爱斯基摩-阿留申	非词缀语素/逆被动态	动词
阿留申语(Aleut)	爱斯基摩-阿留申	时-体后缀	动词
塔克尔玛语(Takelma)	美洲印第安	时-体后缀	动词
拉科塔语(Lakota)	美洲印第安	时-体功能词	副词

第二章 跨语言时-体范畴的语言表达类型

语　言	语　系	表达类型	表达所关联的词类
霍皮语（Hopi）	美洲印第安	时-体后缀	动词
霍卡克语（Hocąk）	美洲印第安	将来时功能词	副词
钦西安语（Tsimshian）	美洲印第安	时-体功能词	副词
基奥瓦语（Kiowa）	美洲印第安	时-体后缀	动词
尤卡坦语（Yucatec）	美洲印第安	逆被动态/体后缀	动词
瓜拉尼语（Guaraní）	美洲印第安	时后缀	动词和名词
西里奥诺语（Sirionó）	美洲印第安	时-体后缀	动词/名词/形容词
乔尔语（Chol）	美洲印第安	时-体功能词	副词
查米库罗语（Chamicuro）	美洲印第安	时功能词	冠词

　　有两个问题需要说明：第一，语言描写语法中时-体表达往往纠缠在一起，有时难以将时和体剥离开；第二，特定语言中各种具体的时意义和体意义比较复杂，目前尚无法对语言样本中的所有时意义和体意义的表达形式进行描写，只能论及已经确认的时-体表达。根据上表，时-体表达方式包括词缀、功能词、助动词、音调、时间名词、逆被动态和非词缀语素等，涉的词类有动词、助动词、名词、副词、形容词、介词、冠词和指示词等。尽管语言的时-体表达呈现出多样性，并且有的语言采用多种手段，但仍表现出倾向性，如下表：

表 2-2　时-体表达类型分布

总计	表　达　方　式					
	前缀	后缀	混合类型 前缀+后缀（6）、功能词+时间名词/后缀（8）、助动词+前缀/后缀（7）、逆被动态+前缀/后缀/非词缀语素（3）	功能词	音调	助动词
数量	6	33	24	8	6	1
百分比	8%	42%	31%	10%	8%	1%

首先,78 种语言中 33 种语言的时-体表达采用后缀,约占 42%,如果包含混合表达类型中采用后缀的语言,这一比例更高,远高于采用前缀的语言。在语言分布上,采用后缀的语言涵盖所有语系,而采用前缀的语言主要集中在非洲以及南岛、印欧、高加索三个语系。这个结果支持Haspelmath(2006)与 Dryer(2009)提出的"人类语言不论 VO 还是 OV 语序语言,时-体词缀语素倾向使用后缀"的观点。

其次,即使考虑混合表达类型的语言,时-体功能词语言远多于时-体助动词语言。在分布上,采用时-体助动词的语言除了高加索的车臣语和语系未定的巴斯克语外,主要分布在印欧语系中,这些语言具有地域上的邻近性;而采用时-体功能词的语言在地域上分布得更广泛,且涵盖尼日尔-科尔多瓦、南岛、汉藏、南亚和印第安五个语系。据此可作一个推测,时-体功能词的使用可能比时-体助动词的使用在人类语言中更具普遍性,且时-体功能词比时-体助动词在不同类型语言中受到的语法等方面的限制更小。这一推测其实也符合 Haspelmath(2006)与 Dryer(2009)的总结,即时-体功能词无论在 VO 还是 OV 语言中都倾向前置于动词,而时-体助动词的使用则受到更多限制,在 VO 语言中倾向前置于动词,在 OV 语言中倾向后置于动词。此外,时-体功能词在样本中涉及副词、介词和助词等,相对于助动词而言,这些词类的跨语言使用更广泛。

最后,采用音调和逆被动态表达时-体意义的语言相对较少,前者主要分布在非洲,后者则主要出现在施格语言中。

2.2.2 时-体表达的象似性认知理据

时-体的跨语言表达尽管复杂多样,但表达方式与时-体意义之间也隐含共性。时-体功能词由于涉及的词类广泛,在样本中用非词缀语素来表示时-体的语言只有因纽特语,时-体功能词究竟能表达哪些时-体意义目前尚未总结出规律。下面只讨论采用后缀、助动词、逆被动态和音调表达时-体的共性。

首先看后缀。采用后缀表达时-体的语言中只有雅格迪语的后缀表示将来时,其他语言均表示过去时或现在时,过去时居多。后缀也可表示未完成体或完成体,其中未完成体表达进行、反复和惯常义,不表达尚未发生的动作行为。这些语言中时-体后缀的意义可抽象为过去或现在的各种

"现实"或"存在",而雅格迪语的将来时实际是"非现实"或"非存在",这显然也形成了压倒性倾向。时-体后缀在样本中倾向于表达"现实",而不是"非现实"。那么时-体后缀与现实的时-体意义之间存在何种关系?金立鑫、于秀金(2012)曾提出人类语言的时-体词缀语素倾向使用后缀这一现象与"高可别度领先原则"有关,词汇语类的可别度比功能语类的可别度高,时-体词缀语素置于词干后是词干的高可别度领先原则的作用。我们在此进一步用"重轻组合整体性"①与象似性来解释跨语言时-体表达与时-体意义的关系。词汇语类是"较重"的实义语法成分,时-体后缀则是"较轻"的功能性语法成分。一方面,重轻组合更具整体性,即现实行为与其所表达时间或状态的紧密性更强;另一方面,认知经验中较具体的现实行为先被认知,其次才是较抽象的现实行为的时间或状态。因此,这里的重轻组合也符合象似性原则。这两条原则推动时-体后缀成为一种跨语言倾向。

我们在考察语言样本时发现,特定语言在时和体的语法化程度上并不一致,比如英语是时凸显而体不凸显的语言,缅甸语是体凸显而时不凸显的语言,俄语是时-体均凸显的语言,也就是说,很多语言中时和体两个范畴并不都有语法化程度较高的表达手段。现在问题是,在时-体均凸显的语言中,两个范畴的表达手段是否有规律可循?根据 Bybee(1985:34—35),世界语言中不同功能范畴的表达形式若语法化程度均高且共现的话,则有一个倾向性,即跨语言屈折词缀离动词词干远近的距离等级:动词词干>配价>语态>体>时>情态>人称或数。在该等级上,若不同功能范畴用屈折语素表达且共现,那么这些语素从左向右离动词词干越来越远;从语义上看,这些功能范畴的意义从左向右越来越主观化,可以说,等级上的不同功能范畴在语义和表达形式上相对于动词词干遵守了距离象似性原则。表 2-1 中的俄语、波兰语、捷克语和德语的时-体均凸显,但时-体在表达上不同。完整体/非完整体的差异体现在派生语素或动词词干上,而不同时的差异则体现在屈折语素上,派生语素比屈折语素的语法化程度更高且更靠近动词词干,语义上体表达事态本身的阶段或状态,而时则表达事态

---

① 人类对语法结构具有"前重后轻结构紧凑,前轻后重结构松散"的认知心理倾向,这种倾向使得语法结构、语义和韵律三者之间具有象似性(柯航 2007)。比如,英语很多词汇重音在前整体性强(名词),重音在后整体性弱而过程性强(动词)。吴为善(2011)用连读变调证明了汉语三音节段在韵律上[2+1]格式比[1+2]格式更紧凑,偏正结构倾向采用[2+1]韵律格式,而动宾结构多采用[1+2]韵律格式,[2+1]韵律格式的偏正结构更倾向构成一个复合词(如太阳镜、东北虎等)。

的外部时间定位,因而这些时-体均凸显语言的时-体表达仍遵循了距离象似性原则。

再看助动词,样本中巴斯克语使用现在时和过去时助动词,但与英语类似,巴斯克语有一般时和复合时之分,所谓复合时是现在时/过去时与完整体/非完整体组配,现在时和过去时助动词只出现在复合时中,一般现在时采用零形态,一般过去时和一般将来时采用后缀。英语使用一般将来时助动词,一般现在时和过去时没有专门的助动词,这一点在德语、冰岛语、丹麦语、葡萄牙语等印欧语中普遍存在。可以预测,一般时助动词倾向表达将来时,这个预测是否也与象似性有关?样本中的印欧语是 SVO 语序,巴斯克语是 SOV 语序,时-体助动词和动词的顺序与 VO-OV 语序语言相关,OV 语言时-体助动词后于动词,VO 语言时-体助动词前于动词(Haspelmath 2006;Dryer 2009)。时-体助动词属于高层谓词,它的位置与动词相对于宾语的位置一致。因此,在语言表达上时-体助动词相对于动词是更高的核心成分,助动词蕴涵普通动词,但反过来则不然。在时-体意义上,一般时助动词表将来时,普通动词表尚未发生的动作行为,将来时和尚未发生的动作行为都是"非现实";但在非现实中,将来时在人类认知中是核心,尚未发生的动作行为则处于次要地位,换句话说,将来时蕴涵未发生的动作行为,反之不必然。那么无论是在 VO 语言还是在 OV 语言中,将来时助动词与普通动词的位置关系与它们所表达的时-体意义都存在象似性。

样本中采用逆被动态表达体意义的有查莫罗语、因纽特语及尤卡坦语三种语言。逆被动态表示体意义也与象似性有关。既然施格语言的及物结构可看作被动结构,而被动态通常用来表达完整体或完成体(英汉语也是如此),那么完整体或完成体的逆向转换一定是非完整体或未完成体。尤卡坦语的逆被动态通过动词的元音延长来表达时间上延续的进行体或惯常体,因纽特语和查莫罗语的逆被动态分别增加额外逆被动态标记"-saq"和"mang-"来表达反复体,这些表达手段也形象地反映了体意义。其实除了表 2-1 中的三种语言外,很多施-通格语言中都存在逆被动态。逆被动态一般出现在施-通格语言中,施-通格语言中的非逆被动态和主-宾格语言的主动态是两种格配置类型语言中的常规结构,但信息结构不同。施-通格语言中的非逆被动态更侧重动作行为所引发或产生的结果,即完成体或完整体,因而受事是与动词保持一致关系的主语;主-宾格语言的主动态更侧重动作行为的发出者,因而施事是与动词保持一致关系的主语。Dixon(1994：99)曾指出,施-通格语言中若出现时或体因素而导致的常规结构和逆被动态结构的差异,那么常规结构一般表达过去时或完成体。也就是说,施-通格语言中若采用逆被动态结构,在语义上一般侧重动作行为正进行中、受事的可别度低或受事受到动作行为的影响较小而尚没有产生结果。在句法操作上,施格施事提升为通格施事,与动词保持一致关系,而通格受事则降低为旁格,如下例(1)高加索语系的贝兹塔语,通格受事也可省略,如下例(2)高加索语系的匈兹博语,逆被动态中通格受事不是动词的直接论元,因而逆被动态是一种去及物化操作。

(1) 贝兹塔语(Authier 2012：156)

    a. öjdi   qarandi   y-ö:t'ö-yö.

       boy.ERG   hole.ABS   N-dig-PST

       The boy dug the hole.

    b. öjö   qarandi-yad   ö:t'ö-lä:-yo.

       boy.ABS   hole-INSTR   dig-ANTIPASS-PST

       The boy was digging at the hole.

(2) 匈兹博语(Authier 2012：157)

    a. ołul   bex   koşe.

       he.ERG   grass.ABS   mow

       He mows the grass.

    b. eg   koşe-la:.

       he.ABS   mow-ANTIPASS

       He mows (often, usually).

    上例(1a)和(2a)是常规结构,(1b)和(2b)是逆被动态,(1b)中的受事不是动词的直接论元,用旁格(工具格)引导,(2b)中的受事被省略,(1b)和(2b)均表达未完成体(进行体和惯常体)。因而可以讲,逆被动态中受事在语义上的不凸显性和句法结构中的旁格性及可省略性本质上也遵守了象似性原则。

    样本中六种非洲语言用音调表达时-体意义,很大程度上也与象似性有关。音调的高低或重音和非重音的交替与时-体意义的更替遵守顺序象似。这里需要对音高和音强作一简单说明。音高和音强是语音学上描述声波的物理学属性的两个重要要素,音高与发音体振动的频率或次数成正比,音强与发音体的振动幅度或振幅成正比。对于同一音位的清音和浊音,相比较而言,清音的频率高、音调高、振幅小、音强小,而浊音的频率低、音调低、振幅大、音强大。但是对于同一音位的不同浊音来讲,高音调或重音的频率高、振幅大、发音体的受力大,而低音调或非重音的频率低、振幅小、发音体的受力小。发音体的受力与肺内气体的冲击力成正比,因而从同一个人的发音能量消耗来看,高音调/重音与低音调/非重音在发音的物理消耗量上是不同的,高音调或重音的能量消耗大,低音调或非重音的能量消耗小。从非洲有些语言用音调的高低或重音/非重音来表示时-体意义的情况来看,低音调/非重音通常表示过去时、近时、未完成体,而高音调/重音则表示将来、远时、完成体,那么从低音调/非重音分别到高音调/重音的顺序就是从过去到将来、从近时到远时、从未完成体到完成体的顺序,更进一步讲,低音调/非重音分别到高音调/重音在发音能量消耗程度上是一个由少量到多量的顺序,同时在时-体表达上,从过去时、近时和未完成体分别到将来时、远时及完成体的实现所需消耗的物理能量也遵循从少量到多量的顺序。

实际上,用音调变化表达体意义在汉语方言中也存在,李仕春、艾红娟(2008:396)发现山东莒县方言中时间助词"了"的合音变调应用非常广,普通话中单音动词加"了"的地方,莒县方言全能用合音变调表示,即"了"丢失音节身份和所有音段,"了"的轻声调与前面的动词合音,通常表示有成果达成或动作行为终结的完成体或终结体。那么我们可理解为,莒县方言句子中的光杆单音动词可能有原音调和合音调两个音调,包含原音调光杆单音动词的句子要么不合法,要么表未完成体或非终结体,而合音调光杆单音动词表完成体或终结体。完成体和终结体在语义上指述谓主体与受事或动作行为的融合完成或终结,因此单音动词与"了"的合音变调与其所表达的体意义之间有象似性。上古汉语词根辅音清浊交替与动词体的表达也存在象似。吴安其(1997,2002)发现上古汉语的体范畴表现为完成体与未完成体的对立,读清辅音声母的是未完成体动词,读浊辅音声母的是完成体动词;金理新(2005:89—90)进一步指出,上古汉语词根辅音声母的清浊交替不仅仅局限于名词和动词之间的词类转换,还包括动作行为和动作行为结果以及动作对象之间的转换,其中动作行为为清辅音,而动作行为结果或对象为浊辅音,读浊辅音声母的完成体动词是由读清辅音声母的未完成体动词派生出来的,清辅音代表原生辅音而浊辅音代表派生辅音。也就是说,上古汉语词根辅音声母清浊交替表达不同的动词体,是一种内部屈折形态①,因而动词词根辅音清浊交替的顺序与动词未完成体到完成体的顺序具有象似性。

2.3 跨语言时-体的表达类型

2.3.1 时-体词缀与其他语素

时-体词缀分为前缀和后缀,是人类语言最常见的时-体表达方式,如下例(3)中爱内瓦语的过去时前缀"ā",斯瓦希里语的过去时前缀"li"和进行体前缀"ki",哈拉尔奥罗莫语的未完成体后缀"i",以及基奥瓦语的未完成体后缀"yà"。

(3) a. 爱内瓦语(Reh 1996:199)

Dimó　　ā-rúBó　　　　　kī　　tíí.

Dimo　　PST-thread.ANTIPASS　　OBL　　beads

Dimo threaded beads〔and then...〕.

b. 斯瓦希里语(Nurse 2008:15)

tu-li-kuwa　　tu-ki-kimbia.

1PL-PST-be　　1PL-PRG-run

We were running.

c. 哈拉尔奥罗莫语(Owens 1985:100)

sárée-n　　adíi-n　　　ní　　iyyi-t-i.

dog-NOM　　white-NOM　　FOC　　bark-FEM-IMPRF

The white dog is barking.

d. 基奥瓦语(Watkins 1984:218)

hègó　　páy　　mîn　　　yî-yà.

now　　sun　　about.to　　disappear-IMPRF

---

① 体现为语音构词方式,即不同的语音形式表达不同的词语意义。金理新(2005)曾证明上古汉语的形态比现代汉语发达,辅音清浊交替是上古汉语表达词汇意义及语法意义的重要手段,属于广义的构词形态学,狭义的形态学仅局限于构形形态学。

The sun is about to set.

时-体词缀语素一般出现在屈折语和黏着语中,但两者也有差异,屈折语可用内部屈折(或称语音交替或词根变化)来表达不同的时-体意义,如印欧语系中的英语和俄语。英语和俄语的过去时有形态标记(极少不变化动词除外),英语过去时一般通过后缀或内部屈折来实现,俄语的过去时只有后缀而没有内部屈折;英俄现在时和将来时均没有形态标记,但英语将来时通过助动词表达,而俄语将来时完整体采用零形态,将来时非完整体则采用助动词;英俄语的体都有词缀或内部屈折形式。

黏着语表示时-体的语法成分多数以后缀形式依附在动词或其他谓词性成分上,如土耳其语和日语。汉藏语系中的大部分语言,如汉语和泰语等属于孤立语,孤立语缺少形态变化,在时-体表达上很少用内部屈折和词缀,世界语言结构地图集①上 Dryer 将汉语的时-体表达形式描述为"时-体后缀",将南亚语系的越南语描述为"没有时-体屈折形式"。汉语是否有动词后缀尚有争议,有学者将"了、过、着"称为助词(吕叔湘 1984;陆俭明1999),也有学者认为是词缀(Comrie 1976;朱德熙 1982;Lin 2000),吴福祥(2005:245)认为"了、着"既不是词缀也不是典型的语法词,而是像词的附着词(clitic),Dahl(1985:180)则将"了、过、着、会、在"均称为时-体功能词。我们建议采纳时-体功能词的概念,主要包括时间助词和一部分时间副词(如"正在、曾经、将要"等),汉语的时表达除了功能词外,还有时间名词。越南语没有时-体词缀,采用功能词(主要是时间副词)或时间名词,如下例:

(4) a. Tôi đand   học.
    1SG   PRG.PRS   study
    I'm studying.

  b. Anh   đã   học.
    3SG   PRF.PST   study
    He had studied.

  c. Anh   sẽ   học.
    3SG   IMPRF.FUT study
    He will study.

---

① World Atlas of Language Structures(http://wals.info)(访问日期: 2016 年 8 月 10 日)。

2.3.2 时-体功能词、助动词及音调

时-体功能词(particle)①和时-体助动词既有相同点,也有差异。相同点在于都是语法功能词,主要起辅助性作用,属于封闭性词类。不同点是时-体助动词具有动词的属性,时-体功能词则没有动词的属性。在形态变化比较丰富的语言中,时-体功能词不具有形态变化,而根据不同的时-体意义选择不同的功能词,如(5a)中雅浦语的将来时功能词"raa"和(5b)中约鲁巴语的完成体功能词"ti"。时-体助动词则一般根据时-体意义不同具有形态变化,如(6a)(6b)中巴斯克语的现在时助动词"da"和过去时助动词"nintzen":

(5) a. 雅浦语(Jensen 1977:194)

gamow　　　raa　　guy-eem.
1PL.EXCL　　FUT　　see-2SG
We will see you.

b. 约鲁巴语②

Ó　　ti　　　　　ka　　iwe　　na.
3SG　PRF/already　read　book　this
He has read this book.

(6) 巴斯克语(Primus 2011:304)

a. aita　　　　　lan-era　　joan　　　　da.
father[ABS]　　work-ALL　　go.PTCP　　3SG.ABS.PRS
Father has gone to work.

b. Joan-a　　　　nintzen.③
go.PTCP-ART　PST.1SG
I went/left.

---

① Matthews(1997:267)将 particle 定义为很多语言中缺乏屈折形态变化的、简短的并且很难归入其他词类的词,有时指附着词。汉语传统语法上一般将 particle 译作"助词"或"小品词",我们从跨语言的角度译为"功能词",由于世界语言的词类划分不统一及语法成分的复杂性,本节的时-体功能词指本身没有屈折形态变化并且其词汇意义不凸显,主要表示时-体意义的封闭性词类,包括部分副词和助词、附置词(前置词和后置词)和冠词等。

② 源自 http://wals.info/example/all/wals_code_yor(访问日期:2016 年 9 月 3 日)。

③ 源自 http://www.buber.net/Basque/Euskara/tense.html(访问日期:2016 年 9 月 3 日)。

很多非洲语言用音调来标记时-体意义,这类语言大部分属于"语法音调"(grammatical tone)语言,音调主要用来区分语法功能,而非区分词汇意义。赞比亚和安哥拉境内的玛士语是一种班图语(Bantu),以语音|a|为例,带重音符的|á|表示高音调,不带重音符的|a|表示低音调,在将来时和过去时的对立中,高音调表将来时,低音调表过去时,而在近过去时和远过去时的对立中,高音调表远过去时,低音调表近过去时。另一种班图语基西语的时-体对立也采用音调来区分,不同的音调一般出现在动词的最后一个音节上,比如现在时-惯常体采用低音,过去时-完成体则采用高音,如下例(7)。乌干达境内尼罗河流域的兰戈语则用音调来标记不同的体意义,同样以|a|为例,兰戈语有高音调|á|、低音调|à|和降音调|â|三个音调,降音调|â|只能出现在一个词的最后一个音节,高音调|á|和低音调|à|则可出现在任何位置。

(7) 基西语(Childs 1995:220)

    a. Ò   cìmbù.   b. Ò   cìmbú.

    3SG leave.PRS.HAB   3SG leave.PST.PRF

    She usually leaves.   She left.

2.3.3 非词缀语素和逆被动态

屈折语、黏着语和孤立语中表达时-体意义的非词缀语素比较罕见,时-体非词缀语素主要出现在多式综合语或插编语中,在这类语言中,动词与表示各种词汇义或语法义的语素融合在一起,组成一个复杂的词,而这个词就是一个句子。比如,因纽特语的形态系统异常复杂,一般以动词为核心,其他如名词、人称、数、格、时等词汇语素和语法语素与这个动词融合成一个复杂的词或所谓的句子,但我们无法将这些词汇语素和语法语素都看作动词的词缀。因纽特语的时表达有复杂的分类系统,过去时和将来时根据距离说话时间的远近具有近时和远时的进一步细分,这些不同的时均以表示词汇意义的语素形式与动词融合在一起,并且这些非词缀语素并非纯粹表达时意义,还同时承载体的意义,如下例(8):

（8）因纽特语①

    a. uqaq-   -laaq-   -tara.

       to talk   tomorrow or later   1SG.SUBJ.3SG.OBJ.SPEC

       I'll talk to him some other time.

    b. tikip-   -niaq-   -tuq.

       to arrive   later today   3SG.NONSPEC

       He is arriving later.

 逆被动态一般认为是主要存在于施-通格语言（ergative-absolutive）中的一种语态转换，其来源于施格语言的及物结构（Silverstein 1976；Kalmar 1977）。Hale（1970）认为施格语言中的及物结构都是强制性的被动结构，逆被动态是及物被动结构的逆向转换，因而逆被动态本质上是不及物化操作。逆被动态常用来表达非完整体或惯常体，Cooreman（1994）考察了19种语言中逆被动态的性质，发现其中11种语言的逆被动态与体有关。逆被动态与体的表达具有密切关系的例证是南墨西哥的尤卡坦语，Krämer & Wunderlich（1999）发现这种语言中的动词在默认状态下具有表达完整体和非完整体的特征，如果用完整体动词表达非完整体意义或者用非完整体动词表达完整体意义，则需给动词添加显性标记。由于逆被动态通常表达非完整体，那么如果给完整体动词添加逆被动态标记则表达非完整体意义，如（9a）；如果使已经添加逆被动态标记的完整体动词表达完整体意义，那么需添加额外的完整体标记，也就是说，尤卡坦语逆被动结构中的完整体形态标记可取消逆被动态标记的非完整体意义，如（9b）：

（9）尤卡坦语（Krämer & Wunderlich 1999：458）

    a. k = in   hèek².

       IMPRFV = 1SG   break.ANTIPASS

       I am breaking.

    b. hèek²   -n -ah   -en.

       break.ANTIPASS -N -PRFV   -1SG

       I have broken.

---

① 源自 http://en.wikipedia.org/wiki/Inuit_grammar#Modifiers_of_tense（访问日期：2016年9月20日）。

上例中尤卡坦语完整体动词的原型是"hek²",因而逆被动态是通过元音延长(即增加一个元音"｜e｜")和低音(low tone)(即"｜è｜")的结合来实现的。Spreng(2012：28)通过考察因纽特语中体标记和逆被动态标记之间的关系,认为因纽特语中的逆被动态标记是一个表非完整视点体(imperfective viewpoint aspect)的语素,因而逆被动态结构的体义解读依赖于视点体,与词汇体无关。这一点与例(9)尤卡坦语相似,即逆被动态结构的体义并非仅仅依赖于完整体动词"hek²"。因纽特语的逆被动态标记"-saq"表反复意义,也是一种非完整体;西太平洋马里亚纳群岛上的查莫罗语的逆被动态标记"mang-"也表示反复意义。

2.4 时-体表达的复杂性

对于世界语言的时-体表达,有以下三个问题需说明：

第一,有的语言不仅仅使用一种时-体表达,可能以功能词或助动词为主而以词缀为辅,也可能以词缀为主而以功能词或助动词为辅。比如,印度尼西亚语的时还没有语法化,动词没有表示时的形态变化,一些表示时间的功能词主要表达体意义,但同时承载时的意义,如"telah"和"sudah"表完成动作和过去时,"akan"表将来动作,"sedang"表正在进行的动作,可以说印度尼西亚语是一种体凸显的语言。除了这些功能词外,印度尼西亚语还有一个表反复意义的体后缀"-i",主要出现在一些及物动词之后。

第二,有些语言中的"现实/非现实"的意义已经完全语法化。印度尼西亚境内的图康伯西语对现实/非现实的区分在动词的形态变化上有差异,现实表完成,非现实表将来的动作行为,句子主语以动词的前缀形式出现,而现实/非现实则体现为动词的不同形态的主语前缀。

第三,有些语言的时-体标记并非与动词关联,而是标记在名词、代词或者 NP/DP 中的其他成分上,如冠词等。Nordlinger & Sadler(2004)发现不少语言中的名词性成分负载表示"时-体-情态"(tense-aspect-mood,TAM)的屈折语素,从名词性时-体-情态的辖域来看,主要分为两种类型：独立的名词性成分时-体-情态(Independent Nominal TAM)和命题的名词性成分时-体-情态（Propositional Nominal TAM）。前者指名词性成分或NP/DP 中其他成分所承载的 TAM 意义只与承载者本身有关，如（10a）（10b）；后者指名词性成分或 NP/DP 中其他成分承载了整个命题或句子的 TAM 意义，如（10c）（10d）：

（10）a. 瓜拉尼语（Nordlinger & Sadler 2004：781）

A-va-va'ekue　　　hóga-rã-pe.

1SG-move-PST　　3SG.house-FUT-in

I have moved into his future house.

b. 索马里语（Lecarme 1999：335）

dhibaatá-dii　　　　　Khalíij-ku　　　　　wáy. dhammaatay.

problem-DET.FEM.PST Gulf-DET.MAS.NOM　FEM.3SG　end.PST

The crisis of the Gulf ended.

c. 西里奥诺语（Firestone 1965：35）

Kitóba　　eráo　　　róo　　aseşio-rv.

Cristobal　he.carry　meat　Ascension-PRFV

Cristobal took meat to Ascension.

d. 雅格迪语（Bohnhoff 1986：108）

Mín　　　　làà　　　kaalí.

1SG.FUT　leave　town.to

I will go to town.

对于独立的名词性成分时与体语素，有两点值得注意：第一，名词性成分只能带时语素，而不能带体语素；第二，像（10a）中名词性成分带时语素的现象与英语"ex-husband"及"wife-to-be"等的派生性词缀类似，但两者差异很大。英语中表时间意义的派生性词缀与名词搭配具有很大的局限性，如"＊ex-cat"及"＊house-to-be"，而独立的名词性成分表时语素在很多语言中可添加在动词上。对于命题的名词性成分时-体语素，有些语言的同一时-体语素既可出现在名词性成分上，也可出现在动词上，而动词上的时-体语素则可有可无，如（10c）中的西里奥诺语。名词性成分或 NP/DP 中其他成分承载时-体语素的现象对以往学者关于名词性成分以及时-体表达方式的认识提出了挑战，如：Givón（2001：51—54）认为名词性成分具有内在的时间恒定性，不随时间而变化；Carlson

（1994：307）提出世界语言的时和体通常是通过助动词和动词词缀来体现。其实不仅动词和名词性成分可带时-体语素，南岛语系一些语言中的其他词类如副词、形容词以及介词等，也可携带时-体语素。马达加斯加语的动词、介词和副词如果在一句子中同现，均需带表示时意义的前缀，由于马达加斯加语没有系动词，因而在句子中起述谓功能的形容词也需带时词缀，如下例（11）中动词或述谓形容词的过去时前缀"n-"，副词和介词的过去时前缀"t-"：

（11）马达加斯加语（Sabel 2002：1）

    a. N-ividy ny   vary t-aiza   Rabe t-amin' ny   talata?
       PST-buy ART rice PST-where Rabe PST-at ART Tuesday
       Where did Rabe buy the rice Tuesday?

    b. N-afana   ny   sakafo.
       PST-hot   ART   food
       The food was hot.

    新西兰土著毛利语的不同介词表达不同的时，"i"和"noo"表过去时，"a"和"hei"表将来时，"kei"可表现在或将来时，如下例（12）：

（12）毛利语（Bauer 1993；转引自 Haspelmath 1997：44）

    a. I   te   Mane,   ka   haere atu   raatou ki Rotorua①.
       at.PST ART Monday, PARTI move away they   to Rotorua
       On Monday, they went to Rotorua.

    b. A   te   Raatapu, ka   hoki ia   ki te   kaainga.
       at.FUT ART Sunday, FUT return s/he to   ART   home
       She will return home on Sunday.

---

① 毛利语中的"ka"既可表示将来时，也可表示接下来发生的事件或状态，后者与时无关，如"Ka mutu te pōhiri, ka kai rātou."（"When the welcome ceremony was over, they ate."）。Haspelmath（1997）在引用 Bauer（1993）时仍将其错误地标示为"TNS"（tense）。

2.5 小 结

　　学界以往研究中将时-体限定为形态语素的处理方式不利于时-体的跨语言对比研究。本节基于 78 种语言样本的考察发现,时-体表达类型包括词缀、功能词、助动词、音调、时间名词和逆被动态等,其中词缀具有压倒性倾向,而词缀又倾向于后缀,由于功能词涉及副词、助词、介词和冠词等词类,在世界语言中的使用比助动词更普遍。表时-体意义的后缀、助动词、逆被动态以及音调尽管从语法上看不具可比性,但从跨语言时-体的表达方式与时-体意义的关系看,象似性认知原则很大程度上起了促动作用。

跨语言时范畴的类型

3.1 引 言

　　学界对语言中时范畴的研究归结起来主要有三种研究取向：第一，根据事态时间和说话时间的关系，构建时范畴的系统，探讨世界语言中时系统的表达手段（Comrie 1985；Dahl 1985；Binnick 1991；Bybee et al. 1994；Bhat 1999）；第二，考察某一语系或语族或语支语言的时范畴表达，如克鲁语（Kru）（Marchese 1986）、克里奥尔语（Creole）（Singler 1990）、欧洲语言（Thieroff & Ballweg 1994；Thieroff 1995；Dahl 2000）、印欧语系语言（Hewson & Bubenik 1997）、班图语（Nurse 2008），等等；第三，探讨有时范畴的语言根据事态时间和说话时间的关系如何在时间轴上将时间分割为不同的区间（Bybee & Dahl 1989；Botne 2012；Velupillai 2016）。

　　学界对于英汉语中的时范畴尚没有达成一致：传统语法一般认为英语有过去时、现在时和将来时三个时，但不少学者主张英语是"过去时/非过去时（或现在时）"的二分时语言（Lyons 1977；Comrie 1985；Trask 1999；Palmer 2001；

Hewson 2012；Giannakidou 2014），对于汉语，很多学者认为汉语是"无时"语言（Chao 1968；高名凯 1986；戴耀晶 1997；Hu et al. 2001；胡建华、石定栩 2006；Li & Thompson 1981；Binnick 1991；Smith 2005；Lin 2003，2006，2012），但也有学者持不同意见，如认为汉语的时范畴有独立标志（吕叔湘 1982；李临定 1990），或主张汉语的时范畴和体范畴共用标志（张济卿 1998a，1998b；李铁根 1999）。

总体而言，多数学者将时限定为形态屈折语素，即采取 Comrie（1985：9）的"时间定位的语法化表达"的时定义，从学者们的研究目的来讲，这种定义视角也未尝不可，但从世界语言来看，该定义排除了用非形态屈折语素来表达时的语言。我们将时看作语义范畴，即用各种语言手段来表达的事态时间的定位，并不限于完全语法化了的形态屈折语素。人类语言对事态时间的表达在语法化进程上不一致，不同语言中事态时间的定位有不同的表达形式，这些形式存在语法化程度的高低差异。

根据刘丹青（2011，2012，2014）的语言库藏类型学构想，特定语言中的任何领域都有某些范畴凭借自身的库藏优势扩展用途成为"显赫范畴"（mighty category），显赫范畴的评估参数是语法化程度、类推性、强制性、频率性和适用性，这五个参数与显赫性成正比，显赫范畴具有向其他范畴扩张的倾向。世界语言根据时范畴语言表达手段的这五个参数可分为时范畴显赫和时范畴不显赫两种类型的语言。英语等很多印欧语系语言是时范畴显赫的语言，这类语言中的过去时一般用语法化程度较高的形态语素或屈折手段来表达；汉语和缅甸语等很多汉藏语系的语言是时范畴不显赫的语言，这类语言中事态时间的定位没有用形态语素来表达，常常用时间副词或时间助词等手段来表达。我们试图考察在时显赫和时不显赫两种类型的语言中，事态时间的定位都有哪些可能方式？或者说，时范畴都有哪些更细致的分类或类型？不同类型的时范畴是如何表达的？在时范畴显赫的语言中，显赫的时范畴是如何向其他范畴扩张的？

3.2　世界语言的时范畴类型

无论时范畴是否显赫，语言都涉及对时间轴的切分方式，以此将事态时间纳入所切分的时间区间中。由于受文化、认知及环境等因素的影响，不同语言族群对时间轴的切分方式并不完全相同。人类认知中的"范畴化"是人类对现实世界中具体或抽象的事物进行分类的认知活动，从认知范畴化的角度讲，不同语言族群对时间的范畴化过程不尽相同，进而形成不同类型的时范畴。根据时范畴的语言表达手段，不同语言的时范畴可能是显赫的，也可能是不显赫的，时范畴显赫的语言和时范畴不显赫的语言可能具有相同的时间切分方式，也有可能具有不同的时间切分方式。不同语言族群对时间的范畴化或者对时间的切分方式取决于不同语言族群的时间认知方式，由于我们目前对不同语言族群的时间认知方式缺乏系统且全面的了解，只能从语言系统本身考察各个语言的时范畴类型。需说明的是，语言中的时范畴类型与语言族群对时间的切分方式并不具有等同关系，比如某种语言中只有一个过去时的形态语素标志并不意味着该语言族群对时间只有一个过去时区间的切分，另一种语言有过去时/非过去时的对立形态语素标志不代表该语言族群对时间只有过去时/非过去时的时间区间切分。语言中时范畴的标志方式与该语言表达时间概念的手段的演变有关，人类对时间的认知方式或切分方式并不必须编码在语言中。

金立鑫(2011：225)将世界语言的时范畴划分为二分时和三分时两类，二分时又分为以过去时为着眼点(过去时-非过去时)和以将来时为着眼点(将来时-非将来时)，三分时是一些语言中的现在时、过去时和将来时具有明显的区分，使用不同的表达手段。但是，二分时和三分时的分类尚不能覆盖世界语言的时范畴类型。我们认为，从可能性上讲，世界语言的时范畴有如下可能类型：一分时、二分时、三分时、多分时，如下表所示。

表 3-1　世界语言的时范畴类型

一分时(非共存)	二分时(非共存)	三分时(共存)	多分时(共存)
过去时	过去时/非过去时	过去时	过去时 1
现在时	现在时/非现在时	现在时	过去时 2
将来时	将来时/非将来时	将来时	过去时 n
非过去时	现在时/过去时		现在时

一分时(非共存)	二分时(非共存)	三分时(共存)	多分时(共存)
非将来时	现在时/将来时		将来时1
非现在时	过去时/将来时		将来时2
			将来时n

如表3-1所示,对于世界语言而言,一分时指某种语言中只有一个时区间的表达手段,但这唯一一个时区间究竟是哪个时区间因语言差异而有别,因此,一分时中的不同时类型不是共存关系,它们各自存在于不同的语言中,共有六种可能:过去时、现在时、将来时、非过去时、非将来时、非现在时。二分时指某种语言中有两个时区间的表达手段,有六种可能:过去时/非过去时、现在时/非现在时、将来时/非将来时、现在时/过去时、现在时/将来时、过去时/将来时,它们存在于不同的语言中。三分时和多分时下的不同时类型是共存关系,它们存在于某一种语言中。三分时只有一种可能:过去时/现在时/将来时。多分时主要指某种语言中的时范畴以现在时为轴心,有多个过去时和多个将来时的时间区间切分,究竟有多少个过去时和将来时视不同语言而有别。下面考察时范畴显赫和不显赫的语言中这些不同时类型的表现。

3.2.1 时范畴显赫的语言

时范畴显赫的语言指某种语言中无论采取表3-1中的哪种时范畴类型,时的表达手段语法化程度都较高,通常采用形态语素或屈折语素来表达。本节考察表3-1中所列出的各语言中不同的显赫时类型的表现情况。

3.2.1.1 一分时和二分时

显赫的一分时类型指某种语言中只有一个时区间的形态表达手段,该语言中的其他时区间没有专门的形态手段,其他时区间通常用体范畴和情态范畴的表达手段或者时间副词等来表达。根据Velupillai(2016:117),一分时语言主要分布在北美洲、中美洲、东南亚和巴布亚新几内亚等地区,东非和西南美洲也有少部分语言,而澳大利亚、中东和欧亚大陆的大部分地区基本没有一分时的语言。更重要的是，一分时的语言中目前只发现了三种一分时类型——将来时、过去时和非将来时，其他类型的一分时尚没有发现，如下例中国西北地区阿尔泰语系的保安-土语是只有将来时的语言：

（1）保安-土语（Fried 2010：38,79,80,82）

    a. çoŋjisa   atçaŋ   ələ   o-tə-m.

       originally   3SG   NEG   go-IMPRFV-NARR

       He doesn't usually go.

    b. dz̪oma   htçəχta   χənə = gə   ap = ku

       Droma   bicycle   new = SG.INDEF   take = IMPRFV.NMLZ

       taraŋ   ər-tço.

       desire   come-IMPRFV.OBL

       Droma wants to buy a new bike.

    c. tundaχ   ənə   dz̪oma = tsʰaŋ = nə   doχdaχap-gə-tçə.

       matter   this   Droma = family = ACC   hurt-VBZ-PRFV

       This matter wounded Droma's family.

    d. pətə   tʰaun = la = tsʰaŋ   χamda   o-gi.

       1DU/PL.EXCL   five = PL = family   together   go-FUT.SUBJ

       Our five families will go together.

（1a）—（1c）中的非将来时均没有时的标志，而是采用体的标志。（1a）和（1b）的现在时意义隐含在非完整体标志中，（1c）的过去时意义则隐含在完整体标志中。但是在（1d）中，将来时用形态语素或动词后缀来表达。除了保安-土语外，只有将来时形态语素的语言还包括爱斯基摩-阿留申语系的西格陵兰语，根据 Fortescue（1984：272—274），西格陵兰语陈述句中没有任何标志的动词形式可以表示过去时和现在时，过去时或现在时的解读取决于语境，动词后缀"sima"一般表达完成体，过去时意义隐含在完成体意义中，而将来时用动词后缀"ssa"来表达。

Velupillai（2016）统计了 318 种语言，一分时类型共有 27 种，其中只有将来时的语言达到 22 种，一分时类型中过去时和非将来时的语言分别只有四种和一种，前者如新几内亚西南地区的阿斯玛特语（Voorhoeve

1965），后者如巴西境内的波洛洛语（Crowell 1979）。这种统计结果或许表明，在一分时的语言中，将来时比其他时区间（如过去时和现在时）更倾向于用语法化程度较高的形态语素来表达，当然这个推测还需要进一步在更大更平衡的语种中进一步验证。其实在具有其他时类型（如二分时或三分时）的语言中，将来时用形态语素来表达也不是罕见现象。根据语言结构世界地图网站上的描述和统计，将来时用形态语素来表达的语言遍布世界各地，在已统计的 222 种语言中，具有将来时形态语素的语言有 110 种，没有将来时形态语素的语言有 112 种。一分时语言还有一个现象：体范畴或情态范畴具有更细致的分类系统，体范畴或情态范畴的表达手段往往隐含那些没有用形态语素来表达或者不显赫的时区间。比如，新几内亚西南地区的阿斯玛特语是只有过去时的一分时语言，其他时区间隐含在体或情态的表达手段中，体范畴可分为惯常体、进行体、先时体以及完成体，惯常体可以隐含现在时或将来时，而过去时有专有标志，如：

(2) 阿斯玛特语（Voorhoeve 1965：71）

    a. á-por-cěmí.

       I-see-accustom.HAB

       I shall see./I am accustomed to look at.

    b. á-por-cěmóp.

       I-see-accustom.PST

       I was accustomed to look at.

    语言结构世界地图网站显示，显赫的二分时类型主要分布在欧亚大陆、南亚次大陆、巴布亚新几内亚、澳大利亚北部和东非，这种倾向性与 Velupillai（2016）基于 318 种语言样本所得出的倾向性是一致的。二分时有六种可能：过去时/非过去时、将来时/非将来时、现在时/非现在时、现在时/过去时、现在时/将来时、过去时/将来时。在这六种可能性中，过去时/非过去时和将来时/非将来时的二分时类型是世界语言中比较常见的，而现在时/非现在时的语言非常罕见，目前可见文献中尚没有提及具有这种二分时类型的语言。下面依次讨论文献中提及的显赫二分时类型。

    显赫的过去时/非过去时以过去时为着眼点，将现在时和将来时看作对立于过去时的相似时区间,过去时和非过去时在形态上采用不同的标志。过去时/非过去时的语言比较普遍,尤其在印欧语系语言中较为常见(Comrie 1985:44; Dahl 2000:17)。Hewson & Bubenik(1997)考察了印欧语系中12个语族的语言后发现,除了意大利语族、凯尔特语族和波罗的海语族的一些语言有将来时的形态语素外,其他九个语族的语言均有过去时/非过去时的形态对立。除了印欧语系的语言外,达罗毗荼语系(Dravidian)中的不少语言也是过去时/非过去时的语言,如印度境内的库维语和卡拉达语:

(3) 库维语(Israel 1979:157,160)
    a. ta-t-esi.
      bring (it)-PST-3SG
      He brought (it).
    b. taʔ-n-esi.
      bring (it)-NONPST
      He brings/is bringing/will bring (it).
(4) 卡拉达语(Bhat 1999:17)
    a. avanu   manege   ho:-d-a.
      he   home   go-PST-MAS.3SG
      He went home.
    b. avanu   manege   ho:gu-tt-a:ne.
      he   home   go-NONPST-MAS.3SG
      He goes home (habitual)./He will go home.

在例(3)的库维语中,语素"t"和"n"分别表达过去时和非过去时;在例(4)的卡拉达语中,语素"d"和"tt"分别表达过去时和非过去时。尤为值得注意的是,这两种语言中含有非过去时语素的句子有现在时和将来时两种解读,究竟表现在时还是将来时取决于具体语境。也就是说,在这两种语言中,尽管现在时和将来时均用同一个非过去时语素来表达,但不意味着这两种语言族群在对时间的认知范畴化上不区分现在和将来,语言手段上过去时和非过去时的对立很大程度上反映了这两个语言族群在对时间区间的认知上是以过去时为着眼点的,对时间区间着眼点的差异往往会导致时范畴类型有别,比如以将来时为着眼点的话,就容易会导致将来时/非将来时的时范畴类型。

在拥有显赫将来时/非将来时类型的语言中,将来时被作为着眼点,现在时和过去时被看作对立于将来时的相似时区间,将来时和非将来时采用不同的形态语素标志。根据笔者对以往相关研究的考察,欧亚大陆具有将来时/非将来时类型的语言极少,将来时/非将来时的语言主要包括东南亚的南岛语系语言和澳大利亚北部土著语、南北美洲的印第安语系和汉藏语系的藏缅语族语言,如下澳大利亚土著语迪厄巴尔语、汉藏语系藏缅语族中的曼尼普里语和南美印第安语系的卡里蒂亚纳语:

(5)迪厄巴尔语(Dixon 1972：55)

    a. ŋuma   bani-ɲu.

       father.ABS   come-NONFUT

       Father comes/came.

    b. ŋuma   bani-ɲ.

       father.ABS   come-FUT

       Father will come.

(6)曼尼普里语(Bhat 1999：19)

    a. məhak ciŋ-də   cət-li.

       he   hill-LOC go-NONFUT

       He went to the hill./He usually goes to the hill.

    b. məhak ciŋ-də   cət-kəni.

       he   hill-LOC go-FUT

       He will go to the hill.

(7)卡里蒂亚纳语(Everett 2006：268—269)

    a. ɨ-ta-seʔi-t.

       1SG.ABS-SAP-drink-NONFUT

       I drank./I'm drinking.

    b. ɨ-taka-karɨna-j.

       1SG.ABS-SAP-turn-FUT

       I will turn.

需要注意的是,例(5)迪厄巴尔语、例(6)曼尼普里语和例(7)卡里蒂亚纳语中的将来时/非将来时标志的属性目前在学界尚未达成共识。比如,Dixon(1972:55)将例(5)迪厄巴尔语中的动词后缀"ɲu"和"ɲ"看作非将来时和将来时的标志,而 Comrie(1985:51)将它们分别看作现实和非现实的情态表达语素。Bhat(1999:19—20)提出,尽管汉藏语系中的很多藏缅语言表现出将来时/非将来时的时类型,但是其中不少将来时/非将来时的标志应该看作现实/非现实的情态或语气标志,具体对应上,将来时标志应是非现实标志,非将来时标志应是现实标志。Velupillai(2016:121)则主张这些标志是将来时/非将来时的时标志,但将来时/非将来时主要是从现实/非现实的对立发展而来的,而过去时/非过去时的时类型可能来源于体范畴系统。Hengeveld(1989:142)曾提出世界语言时-体-情态的历时演变倾向是某个语法成分由体标志向时标志再向情态标志演变,而不会相反。从这个演变倾向看,如果 Velupillai(2016)所言的将来时/非将来时来源于现实/非现实属实的话,那么现实/非现实就不是纯粹的情态标志,至于是否是体标志还不得而知。从世界语言来看,现实/非现实这对概念在不同语言中并不具有完全相同的意义,但似乎倾向与时-体-情态中的一个或多个范畴有关。现实/非现实标志在不同语言中可以单独使用,也可以与时-体-情态中的某个范畴标志联合使用,如下各语言:

(8) 缅甸语(Okell 1969:355,424)

  a. mǎneˀhpañ   sá-me.

    tomorrow   begin-IRR

    We shall begin tomorrow.

  b. moù   ywa-nei-te.

    sky   rain-stay-REAL

    It is/was raining.

(9) 塔克尔玛语(Takelma)(Chung & Timberlake 1990:204)

  a. yaná-tʼē.

    go. IRR-1SG.FUT

    I will go.

  b. yãn-tʼ ēˀ.

    go.REAL-1SG.NONFUT

    I went/am going/am about to go.

平衡语种样本视阈下时-体范畴的类型与共性研究

（10）阿麦雷语（Roberts 1990：372）

   a. Ho   bu-busal-eb   age   qo-ig-a.

       pig   SIM-run out-3SG.DS.IRR   3PL   hit-3PL-IMP

       Kill the pig as it runs out.

   b. Ho   bu-busal-eb   cain   qo-wain.

       pig   SIM-run out-3SG.DS.IRR   PROH hit-NEG.FUT.3PL

       Don't kill the pig as it runs out.

    在例（8）—（10）中，缅甸语中只有现实/非现实标志，塔克尔玛语中现实标志和非将来时标志共现、非现实标志和将来时标志共现，阿麦雷语中非现实标志可与祈使或者禁止情态标志共现。例（9）和例（10）中现实/非现实标志与时或情态标志联用的现象表明，从世界语言来看，我们不能说现实/非现实就是纯粹的将来时/非将来时或者纯粹的情态，否则就会出现语言标志符号的冗余现象，比如：若说现实/非现实是将来时/非将来时，但例（9）中已有将来时/非将来时标志；若说现实/非现实是情态，但例（10）中已有情态标志。正是由于跨语言中现实/非现实标志分布的复杂现象，有的学者认为现实/非现实不完全是情态范畴（Elliott 2000；Pietrandrea 2012），也有学者主张现实/非现实不是类型学中的有效范畴（Bybee & Fleischman 1995；de Haan 2012）。对于现实/非现实和时-体-情态的关系问题，我们在后续研究中再探讨。

    显赫二分时中的现在时/过去时、现在时/将来时和过去时/将来时并不罕见。巴布亚新几内亚境内的卡姆拉语是一种具有现在时/过去时的二分时语言。根据 Routamaa（1994：24—26），卡姆拉语中将来时是使用情态语素来表达的，表达发话者对所言的态度，而不是表达将来事态，现在时和远过去时用形态语素来表达（近过去时用零形态），如下例（11）。根据 Terrill（1999：296），所罗门群岛上的一种巴布亚语言拉武卡列韦语中过去时指称使用表过去的时间词（如"昨天"）来表达，而现在时/将来时用形态语素来表达，是一种具有现在时/将来时而无过去时的二分时语言，如下例（12）。根据 Hutchinson（1976：48），苏丹境内尼罗-撒哈拉语系中的库努兹-努比亚语是一种过去时/将来时的二分时语言，过去时用后缀"s"，将来时用框式词缀"b(i)…r"来表达，该语言没有现在时，现在时指称既没有用零形态或者动词原形来表达，也没有用其他显性标志来表达。

（11）卡姆拉语（Routamaa 1994：25）

  a. Sali ma-tlu-ma.

   sun ASP-go.down-PRS

   The sun is setting.

  b. Kamenato kei dla hala-wa.

   Kamenato back LOC stand-FARPST

   Kaminto stood at the back.

（12）拉武卡列韦语（Terrill 1999：297,299）

  a. Janet   kimita   o-tat   fufu-nu.

   Janet.FEM pandanus.FEM 3SG.FEM.OBJ-on.top lie.down-PRS.SG

   Janet is lying on a mat.

  b. mola   e-hoa-e   e-na

   canoe.NEU 3SG.NEU-poke.through-NMLZ 3SG.NEU-in

   fi   va'var   a-hai-re.

   3SG.NEU.FOC talking 1SG-do-FUT

   I will talk about building canoes.

3.2.1.2　三分时和多分时

  显赫的三分时类型指过去时、现在时和将来时均用语法化程度较高的形态语素来表达。根据 Velupillai（2016：110）的时类型分布地图可以看出，三分时类型的语言分布在世界各地，如澳大利亚北部、亚洲南部、非洲东部和西部、南北美洲的西部等，但是亚洲境内三分时类型的语言极为罕见。三分时类型代表性语言如以色列境内闪-含语系的希伯来语、非洲乍得境内闪-含语系的东唐格拉语、印欧语系波罗的海语族的立陶宛语和印度境内达罗毗荼语系的库鲁克语等，如：

（13）希伯来语（Hatav 2012：614）

  a. Yoni asa   kafe.

   Yoni make.PST coffee

   Yoni made/was making/has made coffee.

  b. Yoni ya'ase kafe.

   Yoni make.FUT coffee

Yoni will make/be making/have made coffee.

c. Yoni   ose   kafe.

Yoni   make.PRS   coffee

Yoni makes/is making/has been making coffee.

（14）立陶宛语（Chung & Timberlake 1990：204）

a. dirb-au.

work-1SG.PST

I worked/was working.

b. dirb-u.

work-1SG.PRS

I work/am working.

c. dirb-s-iu.

work-FUT-1SG

I will work/be working.

　　显赫的多分时类型主要指部分语言中有一个现在时、多个过去时和多个将来时，这些不同的时均用形态语素来表达。根据 Comrie（1985：83）和 Velupillai（2016：129），多分时语言主要包括非洲撒哈拉沙漠以南的班图语、澳大利亚境内的土著语言、巴布亚新几内亚境内的语言和南北美洲的印第安语言。文献中一般将多个过去时和多个将来时的现象称为时的"距离性"（remoteness）（Comrie 1985；Chung & Timberlake 1990；Bybee et al. 1994；Bhat 1999；Botne 2012），不同语言中时的距离性通常与各语言族群对自然周期的划分、对生活周期的划分和记忆等有关。根据 Botne（2012：537—551），拥有多分时类型的语言在过去时和将来时的数量上有所不同：有的语言中多个过去时和多个将来时呈镜像性分布，过去时和将来时的数量相同，如尼日尔-科尔多瓦语系尼日尔-刚果语族中的格列博语、哥达语和巴萨语都有三个过去时和三个将来时；有的语言中多个过去时和多个将来时呈不对称性分布，如尼日尔-科尔多瓦语系尼日尔-刚果语族中的巴邦贡语有三个过去时和一个将来时，巴布亚新几内亚境内南岛语系的纳巴克语有三个过去时和两个将来时。总体而言，在多分时的语言中，过去时的数量倾向多于将来时的数量，比如秘鲁东北部印第安语系的亚瓜语有一个现在时和一个将来时，但有五个过去时，这五个过去时如下表：

表 3-2　亚瓜语中的过去时（Payne & Payne 1990：386—387）

过 去 时	事态发生时间	后缀	举　　　例
最近过去时 1	发生在说话时间前几个小时	-jásiy	rayáásiy ｛ray-jiya-jásiy｝ 1SG-go-PROX1 I went（this morning）.
最近过去时 2	发生在说话时间前一天	-jay	rijnúújeñíí ｛ray-jumúúy-jay-níí｝ 1SG-see-PROX2-3SG I saw him（yesterday）.
过去时 1	大致发生在说话时间前一周至一个月	-siy	sadííchimyaa ｛sa-díí-siy-maa｝ 3SG-die-PST1-PRF He died（between a week and a month ago）.
过去时 2	大致发生在说话时间前一两个月至一两年	-tíy	sadíítímyaa ｛sa-dííy-tíy-maa｝ 3SG-die-PST2-PRF He died（between 1 to 2 months and a year ago）.
过去时 3	发生在遥远的过去	-jada	raryúpeeda ｛ray-rupay-jada｝ 1SG-be.born-PST3 I was born（a number of years ago）.

　　需要说明的是,上述的多分时是多分时类型中的主要类型,分布范围较广,语言较多;但是多分时类型中还有一些较为少见的类型,如根据 Nedjalkov（1997：235—237）,中国内蒙古和黑龙江境内的阿尔泰语系通古斯语族的鄂温克语有一个现在时、三个过去时、三个将来时和一个非将来时,这个非将来时通常表达最近过去时间发生的完成动作或事件,在意义上类似于英语中的现在时-完成体,如:

（15）鄂温克语中的非将来时（Nedjalkov 1997：237）

Ami-m   eme-re-n.

Father-1SG.POSS   come-NONFUT-3SG

My father has come.

3.2.2 时范畴不显赫的语言

时范畴不显赫的语言指在有些语言中,时作为对事态时间的定位的语义范畴,并没有用形态语素来表达,而是通过体或情态范畴的表达手段或者时间词和其他词汇等方式来表达。时范畴不显赫的语言并不意味着该语言族群没有对时间的区间划分,只是该族群可能对其他范畴更敏感,而对事态的时间不敏感。语言结构世界地图网站上显示,没有时屈折词缀的语言主要有中国和东南亚汉藏语系的语言(如汉语、泰语和缅甸语),南岛语系语言(如马来语和乌武鲁语),以及一些澳大利亚土著语言等,爱斯基摩-阿留申语系的格陵兰语(Greenlandic)(Bittner 2005)和南美印第安语的瓜拉尼语(Tonhauser 2011)也是这类没有时屈折词缀的语言。

汉藏语系壮侗语族的泰语和美洲印第安语系的尤卡坦玛雅语没有时的形态屈折标志,但时的意义隐含在体的表达手段中,未完成体标志一般隐含现在时意义,完成体标志则通常隐含过去时意义,如:

(16)泰语(Smith 2005:20)

    a. nit   kamlaŋ   tææŋ   klonge.

       Nid   IMPRF   compose   poem

       Nid is composing a poem.

    b. lûuk   nòy   kamlaŋ   ûan   nâa-rák   yûu.

       child Noy   ADV   fat   cute   IMPRF

       Noy's baby is fat and cute.

    c. nit   sâaŋ   bâan   set   laew.

       Nid   build house finish PRF

       Nid built a house.

(17)尤卡坦玛雅语(Smith 2005:20)

    a. táan   in   pak'-ik-Ø.

       DUR   1SG   plant-IMPRF.TR-3SG

I am planting it.

b. t-in　　　　　pak'-aj-Ø.

COMPL.1SG　　plant-COMPL.TR-3SG

I planted it.

c. t-a　　　　ch'a-(a)　　　le　　　in　　chóoy-o'.

COMPL.2SG　take-PRF.TR　DEM　1SG　bucket-DEM

You took my bucket.

在例(16)泰语中,未完成体标志"kamlaŋ"表说话时间上正进行的事件,未完成体标志"yûu"则表说话时间上正持续的状态,完成体标志"laew"则表过去完成的事件;在例(17)尤卡坦玛雅语中,进行体标志和未完成体标志可共现,用于现在时,终结体标志和完成体可共现,用于过去时。在时不显赫的语言中,时意义除了可隐含在体标志中以外,还可隐含在其他范畴意义的标志中,如学界普遍称之为情态或语气的现实/非现实的标志中。例如,巴布亚新几内亚境内的乌武鲁-奥亚语(Wuvulu-Aua)没有显性的时标志,时意义通常隐含在现实/非现实的标志中,现实标志可表过去已发生的事件或现在正持续的状态,非现实标志则经常表将来事件,如:

(18) 乌武鲁-奥亚语(Hafford 2014:90)

a. ro=na-biri=ʔia.

3PL=REAL-work=3SG

They did it.

b. ʔi=na-putuʔoro-i.

3PL=REAL-small-DER

It is small.

c. ro=ʔa-biri=ʔia.

3PL=IRR-work=3SG

They are about to do it.

需要注意的是,例(18)中的现实/非现实标志不一定是情态标志。正如前文对例(8)—(10)的分析中提及的,我们推测,现实/非现实很可能是一个比时-体-情态更高层次的范畴。从跨语言来看,现实/非现实的原型

（prototype）在不同语言中有别,在有的语言中是时,有的语言中是体,有的语言中是情态,这是差异所在;但现实/非现实也有跨语言共性,即不同语言中现实/非现实的原型都脱离不了时-体-情态中的一个（或几个）范畴。我们认为,例（18）乌武鲁-奥亚语中的现实/非现实标志不是情态标志,因为我们无法断定（18a）（18b）（18c）中究竟表达了何种情态,若说就是表达现实/非现实情态,那么现实/非现实的判断标准是什么? 若说已经发生或正发生的事态是现实,而尚未发生的事态是非现实,但是这种判断标准显然与时相关,即非将来时/将来时的对立,换言之,乌武鲁-奥亚语中现实/非现实的原型是时意义。那么可以讲,乌武鲁-奥亚语中的时是不显赫的范畴,其很大程度上由现实/非现实这个更高层次的范畴来表达的。

在时范畴不显赫的语言中,有的语言的时意义不是通过体或情态或现实/非现实的标志来表达的,而是通过时间词如"昨天/现在/明天"和其他时间副词来表达的。根据 Snyman（1970：146）和 Bybee et al.（1994：119）,非洲纳米比亚、博茨瓦纳和安哥拉境内的土著语——科伊桑语系的孔语没有时和体的显性标志,既没有屈折词缀,也没有助动词等词汇手段,时间指称和事态的阶段或状况都是通过副词来表达的。还有的时范畴不显赫的语言使用数词来表达时意义,这些数词的功能与时间副词的功能类似,可以对事态的发生时间加以定位。根据 Dol（2007）,巴布亚新几内亚境内的梅布莱特语也没有时的显性形态标志,时意义很大程度上通过数词或者时间副词等有关词汇来表达,有时则需要依赖语境来判断句子的时意义,如:

（19）梅布莱特语（Dol 2007：112）

    a. tuf   ru   m-api   m-ama.

       three   bird   3U-big   3U-come

       In three days the big aeroplane will come.

    b. mat   p-ehoh   fane.

       five   1PL-stab   pig

       In five days we will stab（=kill）the pig.

    c. ti   tuf   ru   m-api   m-ama.

       ago   three   bird   3U-big   3U-come

       Three days ago the big aeroplane came.

在(19a)(19b)中,数词"tuf"("三")和"mat"("五")具有时间副词的功能,表示说话时间以后的"三天中"和"五天中",因此,(19a)(19b)两句的将来时意义隐含在数词中。在例(19c)中,"ti"("以前")位于数词"tuf"("三")之前,是一个表示过去的时间副词,与数词共同表达"三天以前",因此,句子的过去时意义本质上由表过去的时间副词来表达。

还有的语言中时意义的表达比较特殊。根据 Haude(2011),玻利维亚境内亚马孙河流域的一种美洲印第安土著语——莫维玛语是一种动词上没有时形态语素的语言,很多情况下句子的时意义取决于语境,如(20a)。值得注意的是,该语言中的第三人称代词和冠词承载了名词性成分的所指(referent)在时空存在方面有三种情况:"存在于说话现场"(present)、"存在于说话现场以外的地方"(absent)、"存在于过去且在说话时间上已死亡或消失"(past)。在很多情况下,名词性成分所指的时空存在表达与时意义具有密切的关系,如(20b)(20c)(20d):

(20) 莫维玛语(Haude 2011:191,201)

    a. yolmoK-isne.

       stroll-3SG.FEM.(absent)

       She (absent) went/is going/will go for a walk.

    b. kay-a:-poj   as   pa:ko.

       eat-DR-CAUS   ART.NEU.(present)   dog

       I fed/am feeding/will feed the dog (present).

    c. kay-a:-poj   kos   pa:ko.

       eat-DR-CAUS   ART.NEU.(absent)   dog

       I fed/will feed the/a dog (absent).

    d. kay-a:-poj   os   pa:ko.

       eat-DR-CAUS   ART.NEU.(past)   dog

       I fed the/a dog (that is now dead and gone).

在上例(20)中,(20a)中做主语的"she"尽管存在于说话现场以外的地方,但句子的时意义可以有过去、现在和将来三种解读;(20b)中的冠词"as"标示其修饰的名词性成分"pa:ko"("狗")存在于说话现场,但句子的时意义仍可作过去、现在以及将来三种解读。也就是说,(20a)和(20b)的具体时意义取决于语境。但是,(20c)(20d)则不同于(20a)(20b)。在(20c)中,冠词"kos"标示其修饰的名词性成分"pa:ko"("狗")存在于说话现场以外的地方,从句义来看,只能表过去时或将来时意义,不能表现在时。在(20d)中,冠词"os"标示其修饰的名词性成分"pa:ko"("狗")存在于过去且在说话时间上已死亡或消失,从句义来看,只能表过去时意义,不能表现在时和将来时。

根据 Parker(1999)和 Nordlinger & Sadler(2004),限定性名词性短语中的冠词承载时意义而动词没有时词缀的语言还包括闪−含语系的索马里语和美洲印第安语系的查米库罗语,下例为查米库罗语:

(21) 查米库罗语(Parker 1999:552)

    a. i-nis-kána   na   čamálo.

       3-see-PL   the(present)   bat

       They see the bat.

    b. y-alíyo   ka   ké:ni.

       3-fall   the(past)   rain

       It rained.(The rain fell.)

3.3　英语和汉语的时范畴类型

英语是时范畴显赫的语言而汉语是时范畴不显赫的语言在学界已达成共识,但学界对于英语的时是二分时还是三分时、汉语事态句的时意义如何表达等问题尚有争论。

3.3.1　英语的时范畴类型

对于英语的时范畴,很多学者主张英语是拥有"过去时/非过去时(或现在时)"的二分时语言,英语没有将来时,"will/shall"是情态表达手段(Lyons 1977;Huddleston 1984;Comrie 1985;Trask 1999;Palmer 2001;Yule

2004；Downing & Locke 2006；Hewson 2012；Giannakidou 2014）。尤为值得注意的是，除了法语、西班牙语、意大利语和葡萄牙语等印欧语言的将来时具有屈折形态手段以外，英语的时表达方式与印欧语系中的很多其他语言类似，将来时间指称并没有采用屈折形态形式。Dahl（2000：315）指出，在欧洲大部分地区，拥有完全语法化的将来时的语言并不普遍。Hewson & Bubenik（1997）通过考察提出，在印欧语系的 12 个语族中，除了意大利语族、凯尔特语族、波罗的海语族 3 个语族中语言的将来时采用屈折形态手段外，其他 9 个语族的语言没有将来时，均采用过去时/非过去时的二分时。

　　如果将时限于屈折形态手段，英语没有将来时，但是即使从这个角度来看，英语也不是典型的过去时/非过去时的二分时语言（于秀金等 2021）。我们回顾一下典型过去/非过去的二分时语言的时表达特点。除了前文提及的印度境内的库维语和卡拉达语（例[3]和例[4]）属于典型的过去/非过去的二分时语言外，尼日尔-刚果语系中莫桑比克境内的一种班图语——马库瓦语（Nurse 2008）、南美印第安语系的瓦劳语（Romero-Figueroa 1997）和澳大利亚境内的土著语伊丁语（Dixon 1977）也是典型的过去/非过去的二分时语言。

（22）马库瓦语（Nurse 2008：206）

　　a. ki-Ø-low-alé.

　　　1SG-null-fish-PST

　　　I fished.

　　b. ki-n-lówa.

　　　1SG-NONPST-fish

　　　I fish/am fishing/will fish.

（23）瓦劳语（Romero-Figueroa 1997：92,99）

　　a. naba-ya　　ine　naru-n-a-e.

　　　river-ALL　I　　go-SG-PNC-PST

　　　I went to the river for an instant.

　　b. noboto-ma　saba　rihaba　kona-te.

　　　child-PL　　for　　sweet　bring-NONPST

　　　（He）brings/will bring candies for the children.

在前文例(3)(4)的库维语和卡拉达语、例(22)(23)的马库瓦语和瓦劳语这些典型过去/非过去的二分时语言中,过去时和非过去时均采用动词上的屈折形态语素来表达。尤为值得注意的是,这些语言中的非过去时词缀可有现在时和将来时两种解读,如(22b)和(23b),具体采取哪种解读依赖于语境,也就是说,在脱离语境的情况下,同一个小句中的非过去时词缀在时的表达上有现在时和将来时的歧义。

以往持英语的时是过去时/非过去时观点的学者认为,英语的过去时采用屈折形态语素,而现在事态和将来事态的表达均采用现在时(非过去时)的零形态,如:

(24) a. John went to London.

　　 b. I like your hairstyle.

　　 c. I will/shall come back.

我们主张,英语不是过去时/非过去时(现在时)的语言,原因有二:一、前文提及,在典型过去时/非过去时的语言中,非过去时形态标志可兼表现在时和将来时,有两种事态时间的解读,但英语并非如此。(24b)和(24c)两句的动词尽管都是原形或者带有零形态标志,但它们都有一种事态时间的解读,通常情况下,(24b)不可能表将来时,(24c)不可能表现在时。二、主张英语是过去时/非过去时(现在时)语言的观点认为(24c)是现在时表将来意义。该观点不妥,其实"将来意义"指将来的未然事态,即将行体,但是将来意义或将行体不是由句中动词"come"上的零形态表达的,而是助动词"will/shall"表达的。因而,不存在"现在时表将来意义"的事实。其实(24c)无论是事态的时间(将来时)还是事态的未然状态(将行体)都与"come"上所谓的零形态无关,而与"will/shall"有关。

以往英语传统教学语法中也有现在时表将来的说法,如下例(25),但如果仔细斟酌,例(25)的现在时表将来说法中的"将来"不是将来时。

(25) a. I'm meeting the dean after a minute.

　　 b. I'm talking with him about this tomorrow afternoon.

　　 c. The train leaves at seven tomorrow morning.

　　 d. The library opens at eight tomorrow.

仅从语言形式上看,(25a)(25b)是现在时-进行体-将来时间状语,(25c)(25d)是现在时-惯常体-将来时间状语。那么(25)的形式可归纳为现在时-各种体-将来时间状语的结构。

从句子意义上看,(25a)(25b)表"安排/计划"中的将来事态,强调在说话时间上已经安排或计划好,具有确定性意义;(25c)(25d)则表由时刻表、日程表和日历等决定的将来事态,在说话人看来不会变更,也具有确定性意义。那么(25)的句义可归纳为从说话者角度讲具有确定性意义的将来事态。将来事态具有"确定性"是一种认识情态(epistemic modality)意义。

那么有两个问题:确定性的将来事态是哪个(些)语言形式表达的?将来时间状语具有什么功能?我们可以通过句法操作来测试。首先,如果删除例(25)中句末的将来时间状语,如下例(26):

(26) a. I'm meeting the dean.

    b. I'm talking with him about this.

    c. The train leaves.

    d. The library opens.

可发现,在不同语境中,(26a)(26b)既能表说话时间上正发生的无情态意义的现在时-进行体事态,也能表说话时间上已确定发生的将来事态;(26c)(26d)既能表说话时间上经常发生的无情态意义的现在时-惯常体事态,也能表说话时间上已确定发生的将来事态。

再进一步进行句法操作,若保留句末将来时间状语,将现在时形式改为过去时形式或"will"形式。得出的结果是,过去时句子不合法,含"will"的句子则不具有确定性情态意义,如下例(27)和(28):

(27) a. *I was meeting the dean after a minute.

    b. *I was talking with him about this tomorrow afternoon.

    c. *The train left at seven tomorrow morning.

    d. *The library opened at eight tomorrow.

(28) a. I will be meeting the dean after a minute.

    b. I will be talking with him about this tomorrow afternoon.

    c. The train will leave at seven tomorrow morning.

d. The library will open at eight tomorrow.

综合例(26)—(28)可得出结论,英语的现在时形式除了可表达说话时间上发生的进行事态或惯常事态外,还可表达说话时间上已确定发生的将来事态。句末将来时间状语只表达确定性将来事态的发生时间。那么进一步的问题是,"说话时间上已确定发生的将来事态"的表达是否是"将来时"? 回答这个问题需要严格区分时和体,下面我们在逐步阐释相关句式的基础上来回答这个问题。

在英语中,隐含过去事态的句子不一定是过去时,如(29b),隐含将来事态的句子不一定是将来时,如(30b):

(29) a. He had left.

   b. He has left.

(30) a. He will leave.

   b. He is to/going to/about to leave.

若区分时和体,例(29)两句尽管均隐含过去事态,但(29a)是过去时-完成体(过去完成时),(29b)是现在时-完成体(现在完成时)。例(30)两句尽管均隐含将来事态,但(30a)是将来时-将行体(一般将来时),(30b)是现在时-将行体("am/is/are to do/going to do/about to do"结构)。下面用 ERS 时-体理论来细致刻画这些不同的时-体。

先简单谈一下时的定义。前文在讨论跨语言的时范畴时所提到的"时是事态时间的定位"采取的是宽式定义,原因是讨论中尚没有涉及时和体的区分,更便于跨语言时范畴类型的讨论,但是对于传统教学语法中没有区分时和体的英语来说,需采取严式定义,以便区分时和体,从而更好地理解英语的时范畴类型。ERS 时-体理论是利用说话时间 S、参照时间 R 和事态时间 E 三者之间的关系来刻画时和体的理论(Johnson 1981;Thompson 2005;金立鑫 2008b;于秀金 2013a,2013b,2014)。ERS 理论严格定义了时和体:时表达说话时间 S 和参照时间 R 的关系,与事态时间 E 无关;体表达参照时间 R 和事态时间 E 的关系,与说话时间 S 无关。也就是说,说话时间 S 和事态时间 E 的关系与时-体表达均无关。参照时间 R 本质上是视点时间,是说话者说话时的观察视点在时轴上的位置。最常见的基本时-体的 ERS 关系如表 3 - 3:

表 3 - 3 基本时-体的 ERS 关系

时（SR 关系）			体（RE 关系）		
过去时	现在时	将来时	将行体	进行体/惯常体	完成体
R<S	R=S	S<R	R<E	R=E	E<R

在表 3 - 3 中，ERS 关系中的"="表示"时间上重叠"，"<"表示"时间上前于（先前发生）"。前文（29a）过去时-完成体（过去完成时）和（29b）现在时-完成体（现在完成时）的 ERS 关系差异表示如下图 3 - 1。（30a）将来时-将行体（一般将来时）和（30b）现在时-将行体（"am/is/are to do/going to do/about to do"结构）的 ERS 关系差异表示如图 3 - 2：

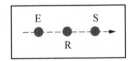
a. 过去时-完成体（E<R<S）

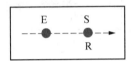
b. 现在时-完成体（E<R=S）

图 3 - 1 过去时-完成体和现在时-完成体的 ERS 关系差异

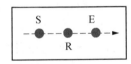
a. 将来时-将行体（S<R<E）

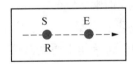
b. 现在时-将行体（S=R<E）

图 3 - 2 将来时-将行体和现在时-将行体的 ERS 关系差异

在图 3 - 1a 过去时-完成体（过去完成时）中，R<S 决定过去时，E<R 决定完成体；在图 3 - 1b 现在时-完成体（现在完成时）中，R=S 决定现在时，E<R 决定完成体。在图 3 - 2a 将来时-将行体（一般将来时）中，S<R 决定将来时，R<E 决定将行体；在图 3 - 2b 现在时-将行体（"am/is/are to do/going to do/about to do"结构）中，S=R 决定现在时，R<E 决定将行体。

从以上 ERS 关系可看出，只有说话时间 S 和参照时间 R 的关系与时有关，事态时间 E 与时没有关系。现在时的 R=S 指说话者将参照时间 R 或观察视点放在说话时间 S 上，来观察描述某个事态，将来时的 S<R 指说

话者将参照时间 R 或观察视点放在说话时间 S 以后的位置上,来观察描述某个事态。将来时的语言形式需要借助"will/shall",意义上对将来事态的发生不具有确定性,但通常隐含说话者的"推测/预测"意义或句中述谓主体的"意愿/意图"等意义。

明确了时和体的差异及现在时和将来时的差异,我们再回到前文看例(25)和(26)中的现在时形式,以回答确定发生的将来事态的表达是否是"将来时"的问题。前文提及,英语现在时形式除了表达说话时间上正发生的进行事态或惯常事态外,还可表达说话时间上已确定发生的将来事态。其实前者是现在时-进行体/惯常体,后者是现在时-将行体,这两种情况的 ERS 关系如图 3-3:

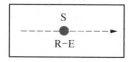
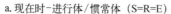

a. 现在时-进行体/惯常体（S=R=E）　　b. 现在时-将行体（S=R<E）

图 3-3　现在时-进行体/惯常体和现在时-将行体的 ERS 关系差异

图 3-3a 显示,在现在时-进行体/惯常体中,S=R 决定现在时,R=E 决定进行体/惯常体;图 3-3b 显示,在现在时-将行体中,S=R 决定现在时,R<E 决定将行体。前文不含有句末时间状语的例(26)有图 3-3a/b 两种解读,而含有句末时间状语的例(25)只有图 3-3b 这一种解读,其中句末时间状语的功能是给将来事态时间 E 进行定位。"说话时间上已确定发生的将来事态"是说话者将参照时间 R 或观察视点放在说话时间 S 上,表达将来未然事态的确定性,其与 R<S 的将来时"will/shall"所隐含的"推测/预测"或"意愿/意图"意义不同。

现在可得出结论,当英语现在时形式表说话时间上已确定发生的将来事态时,"将来事态"是表未然事态的"将行体",不是"将来时",而仍然是现在时。即使句中含有将来时间状语,该状语只承担给将来事态时间 E 进行定位的功能,而事态时间 E 与时无关。

以上结论也是表明英语是时显赫而体不显赫的语言的一个例证。时显赫表现在,当现在时形式表说话时间上已确定发生的将来事态时,该形式的原型范畴仍是现在时,将来事态的"确定性情态义"是该现在时形式的扩张范畴,即用以现在时为原型义的形式来表情态义。体不显赫表现在,说话时间上确定性将来事态的表达无法改变现在时意义,而常用于进行体的动词后缀"-ing"形式以及惯常体(无形态,依据词汇本身)被现在时承载的"说话时间上已确定发生的将来事态"强制转变为"将行体"。

最后有两个问题需要注意。第一个问题是,现在时-进行体形式表现在时-将行体时的"确定性"情态义还可进一步引申为"命令或拒绝"的情态义,前者是认识情态,后者是道义情态(deontic modality),如:

(31) a. You're taking the medicine whether you like it or not.
     无论喜欢还是不喜欢,你都得吃药。
   b. You're not taking the pet dog to the classroom.
     你不可以将宠物狗带进教室。

第二个问题是,英语有些现在时-进行体形式不表达将来事态具有确定性的情态意义,传统教学语法中通常称为"即将发生的动作或行为",但是从时-体角度看,这种情况也不表现在时-将行体,如:

(32) a. I'm just going out to the bus station. (I'll be back soon.)
   b. (The horse is wounded.) It is dying.
   c. (Would you come here please?) Ok, I'm coming.
   d. (Don't worry!) I'm just finishing the work.

例(32)之所以产生"即将发生的动作或行为"的释义,本质上是因为将终结点作为一个动作或行为,这些动作或行为的终结点在说话时间上尚未达成,但很快就会达成。无论用延续性动词还是瞬时性动词,动作或行为终结点的达成之前都有一个累积性过程,而该累积性过程的起始阶段或进程发生在说话时间上。因此,例(32)的现在时-进行体形式本身表示现在时-起始体/进行体,不表现在时-将行体,更不表将来时,ERS 关系如图 3-4:

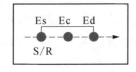
a. 现在时-起始体 (S=R=Es)

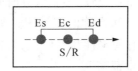
b. 现在时-进行体 (S=R=Ec)

图 3-4　现在时-起始体/进行体的 ERS 关系

在图 3－4 中,事态时间 E 表现为一个时段,Es、Ec、Ed 分别表起始点、进行段和终结点。除了"start/begin"等词外,英语中没有起始体的专门词缀手段,词缀"-ing"也可用来表起始体。在图 3－4a 现在时-起始体中,S＝R 决定现在时,R＝Es 决定起始体;在图 3－4b 中,S＝R 决定现在时,R＝Ec 决定进行体。

至此可对英语的时范畴作一个总结。以往传统教学语法中所言的现在进行时形式(现在时-进行体)和一般现在时形式(现在时-惯常体)可表将来说法中的"将来"是"将行体",不是"将来时",而现在时形式主要表将来未然事态在说话时间上具有确定性。有的现在进行时形式(现在时-进行体)表"即将发生的动作或行为",不表将来未然事态在说话时间上具有确定性,此时现在进行时形式(现在时-进行体)表现在时-起始体/进行体,也不是"将来时"。这些情况可在 ERS 时-体理论下得到解释和澄清。

英语的时范畴类型不是过去时/非过去时的二分时类型,因为英语的现在时形式不能如典型过去时/非过去时的语言那样既能表现在时又能表将来时,英语是过去时/现在时/将来时的三分时语言,只不过将来时形式没有过去时形式的语法化程度高,将来时采用助动词"will/shall"的词汇手段来表达。

3.3.2 汉语的时范畴类型

汉语母语者拥有过去/现在/将来的时间区间的区分,但是汉语既没有表示时的屈折形态语素,也没有专门表示过去/现在/将来的三种不同手段,也就是说,汉语缺乏系统的、专门表示时的手段,这也是我们将汉语归为时不显赫语言的缘由,也是诸多学者将汉语称为无时语言的原因(Chao 1968;Hu et al. 2001;Smith 2005;Lin 2003,2006,2012)。唐正大 (2018:236—237)主张区分时间指称和时范畴,认为汉语虽然没有时范畴,但有时间指称的多种表达手段,时间指称是这些表达手段的寄生功能,不具有稳定性和专用性,时间指称尚不能被归为刘丹青(2018)所提出的"寄生范畴"。

我们主张,时不必定义为屈折形态来表达的时间概念,汉语虽然没有屈折形态意义上的时,但有其他多种手段来表达的语义上的时,此外,汉语中表达时的多种手段尽管也承载了体以及情态等意义或功能，但这些手段在表达时上具有稳定性和限制性，汉语的时可以看作寄生在这些手段上的寄生范畴，当然，汉语的时作为寄生范畴是一种不显赫的范畴。下面我们试图证明，汉语中一些语法化程度较高的多功能形式在时的表达上具有稳定性和限制性，这些多功能形式主要包括时-体助词"了/过"和时间副词"将/将会"等，汉语不显赫的时范畴可归为将来/非将来的时类型。

3.3.2.1 助词"了"的时间指称功能

先看助词"了"。学界关于汉语有几个"了"曾有争论，如主张有两个（吕叔湘1984）、三个（王维贤1991）和四个（金立鑫1998，2003）等。我们认为，汉语中的"了"可以分为四个，它们在句法表现上具有明显差异，如：

（33） a_1. 他去了$_1$英国。　　　a_2. 他读了$_1$那本小说。

　　　　a_3. 他敲了$_1$门。　　　　a_4. 他当了$_1$班长。

　　　　b_1. 他去英国了$_2$。　　　b_2. 他读那本小说了$_2$。

　　　　b_3. 他敲门了$_2$。　　　　b_4. 他当班长了$_2$。

　　　　c_1. 明天是周末了$_3$。　　　c_2. 他们明天要结婚了$_3$。

　　　　c_3. 他不去英国了$_3$。　　　c_4. 燕子低飞，就要下雨了$_3$。

　　　　d_1. 你会害了$_4$我。　　　　d_2. 喝了$_4$这碗中药！

　　　　d_3. 我们脱了$_4$鞋下水。　　　d_4. 赢了$_4$比赛才有奖金。

在（33a）—（33d）中，"了"分别是词尾时-体助词"了$_1$"、句尾时-体助词"了$_2$"、句尾语气助词"了$_3$"、词尾补语"了$_4$"。其中"了$_1$"和"了$_4$"出现在动词词尾，"了$_2$"和"了$_3$"出现在句子末尾。

这些"了"的句法特征和功能有显著差异。先看（33a）中的"了$_1$"和（33d）中的"了$_4$"。词尾补语"了$_4$"的语法化程度与马希文（1983）提出的北京话做补语的动词弱化形式"了$_4$"（/.lou /）大致相似，其语法化程度低于"了$_1$"。句法特征上，"了$_1$"和"了$_4$"的差异在于：词尾补语"了$_4$"经常可以替换为其他结果补语，如（33d_1）—（33d_4）中的"了$_4$"可分别替换为"死""下/完""掉/下""下/得"，替换后没有"了$_4$"的句子合法，并且句子的时-体意义与原句相同。但是，词尾时-体助词"了$_1$"一般不可替换为此类补语,即使有时可替换,"了₁"也不可省略,如(33a₄)"他当了₁班长"。从功能上来看,词尾时-体助词"了₁"对时意义和体意义均有贡献,表非将来(过去/现在)的已然事态,省略"了₁",时-体义不明;而词尾补语"了₄"只对体意义有贡献,对时意义没有贡献,时意义由相关成分或结构以及言语行为(祈使)等来表达,如(33d₁)—(33d₄)中的推论句("会")、祈使句、未然连动句和假设条件句。

再看(33b)中的"了₂"和(33c)中的"了₃"。句法特征上,"了₂"和"了₃"的差异在于:在不改变原句时-体意义的条件下,句尾时-体助词"了₂"不可省略,但句尾语气助词"了₃"很多时候可以省略,有时不可省略仅起到完句的作用。从功能上看,"了₂"对时-体意义都有贡献,而"了₃"无论省略与否对时-体意义都没有贡献。

既然探讨汉语不显赫的时范畴表达,对于"了"而言,只有时-体助词"了₁"和"了₂"与时意义有关,而语气助词"了₃"和只对体意义有贡献的词尾补语"了₄"与时意义的表达无关。我们认为,时-体助词"了₁"和"了₂"除了对体意义有贡献外,在时意义上表达"非将来时",不表达"将来时",如(33a)(33b)中的"了₁"和"了₂"删除后无法表达"非将来时"。也许有学者会提出如下例(34)的反例,认为"了₂"可表"将来时":

(34) a. 我走了₂,请不要送我。

    b. 来了₂!来了₂!请不要催我。

    c. 太阳快要落山了₂,请抓紧赶路。

(34a)—(34c)中含有"了₂"的小句所表达的是说话时间上"即将发生或正在发生的动作或行为",但该事态的终结点在说话时间上尚没有达成。句中的句尾"了"不能省略,是句尾时-体助词"了₂",不是句尾语气助词"了₃"。事态的终结点尚未达成给人造成一种"了₂"表将来时的解读,但这其实是误解。若将终结点看作一种将来未然事态,那么将来未然事态不一定是将来时,汉语在这一点上与前文英语例(32)很类似,(34a)—(34c)是将终结点作为一个动作或行为,该终结点在说话时间后很快就会达成,但达成之前有一个累积性过程,而该累积性过程的起始阶段发生在说话时间上。从 ERS 时-体理论的角度看,(34a)—(34c)表现在时-起始体,如图 3-5 所示:

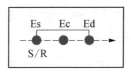

图 3-5　汉语现在时-起始体的 ERS 关系(S = R = Es)

对于用"走(离开)、落山"这类成就情状的动词来表即将发生的未然终结事态,英语经常用现在时-进行体的形式,如"I'm leaving./I'm coming./The sun is setting.",但汉语倾向用句尾"了$_2$"的现在时-起始体的形式,如"它快要死了$_2$"。(34a)—(34c)表现在时还有一个典型的句法特征:句中含有"了$_2$"的小句可添加表"现在"的时间状语,但排斥表"将来"的时间状语,如下例(35):

(35) a$_1$. 我(现在)走了$_2$。

　　 b$_1$. (现在)来了$_2$!

　　 c$_1$. 太阳(现在)快要落山了$_2$。

　　 a$_2$. 我(*五分钟后/ *过一会儿)走了$_2$。

　　 b$_2$. (*五分钟后/ *过一会儿)来了$_2$!

　　 c$_2$. 太阳(*五分钟后/ *过一会儿)快要落山了$_2$。

值得注意的是,汉语中除了"快要……了$_2$"的用法外,还经常有"就要……了"的用法,那么有两个问题:一是"就要……了"中的"了"是哪个"了"? 二是"就要……了"句表达什么时意义? 请看下列例子对比:

(36) a. 太阳快要落山 *(了$_2$),抓紧赶路吧!

　　 b. 我们快要开学 *(了$_2$),需要准备入学用品。

　　 c. 我们快要到达车站 *(了$_2$),请来接我们。

　　 d. 新产品快要上市 *(了$_2$),请予以关注。

(37) a. 太阳就要落山(了$_3$),抓紧赶路吧!

　　 b. 我们就要开学(了$_3$),需要准备入学用品。

　　 c. 我们就要到达车站(了$_3$),请来接我们。

　　 d. 新产品就要上市(了$_3$),请予以关注。

例(36)和(37)表明,"快要"句中的"了"是时-体助词"了₂",不可省略;而"就要"句中的"了"是语气助词"了₃",可以省略且不改变句子的时-体意义。至于"就要"句的时-体意义表达,请再看下列例子对比:

(38) a. 太阳(现在/ *过一会儿)快要落山 *(了₂),抓紧赶路吧!

　　 b. 我们(现在/ *明天)快要开学 *(了₂),需要准备入学用品。

　　 c. 我们(现在/ *五分钟后)快要到达车站 *(了₂),请来接我们。

　　 d. 新产品(现在/ *下周)快要上市 *(了₂),请予以关注。

(39) a. 太阳(现在/过一会儿)就要落山(了₃),抓紧赶路吧!

　　 b. 我们(现在/明天)就要开学(了₃),需要准备入学用品。

　　 c. 我们(现在/五分钟后)就要到达车站(了₃),请来接我们。

　　 d. 新产品(现在/下周)就要上市(了₃),请予以关注。

例(38)和例(39)形成鲜明对比。在例(38)的句法特征中,除了句尾"了"是不能省略的时-体助词"了₂"外,接纳表现在的时间状语,但排斥表将来的时间状语;在例(39)的句法特征中,除了句尾"了"是可以省略的语气助词"了₃"外,完全接纳表现在或将来的时间状语。

在时-体表达上,例(38)表现在时-起始体。对于例(39)的时-体意义,可省略的语气助词"了₃"不起作用,句子的时-体意义分两种情况:第一,若句子不含任何时间状语,默认为现在时意义,相当于添加"现在",也就是说,说话者以说话时间 S 为参照时间 R 或观察视点,来看待即将发生的事态,表现在时-将行体。第二,若句子含有将来时间状语,则表将来时-将完成体,即说话者以将来某一时间为参照时间 R 或观察视点,来看待将来时间上将完成的事态。这两种时-体意义可图示如下:

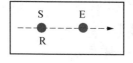
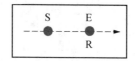

　a. 现在时-将行体 (S=R<E)　　　　b. 将来时-将完成体 (S<R=E)

图 3-6　汉语现在时-将行体和将来时-将完成体的 ERS 关系

需要注意的是,语气助词"了$_3$"很多情况下可以省略,但有时不可省略,此时处于整个句子的末尾以起到完句的作用,但对时-体意义的表达也没有贡献。例(39)中的"了$_3$"可以省略,但如果含有"了$_3$"的小句为整个句子的最后一个小句,该小句前面还有其他小句,那么语气助词"了$_3$"则往往起到完句作用,通常不省略,这种完句作用与"我吃着饭呢"中的"呢"通常不省略类似,如:

(40) a. 天空里映出霞光,太阳就要落山*(了$_3$)/ 快要落山*(了$_2$)。
　　 b. 时间过得真快,我们就要开学*(了$_3$)/ 快要开学*(了$_2$)。
　　 c. 经过两小时的旅途,我们就要到达车站*(了$_3$)/ 快要到达车站*(了$_2$)。
　　 d. 公司员工努力工作,新产品就要上市*(了$_3$)/ 快要上市*(了$_2$)。

在例(38)—(40)中,含有"了"小句的动词是及物的,如果含有"了"小句的动词是不及物的,"就要"和"快要"小句是整个句子的前一小句还是后一小句仍然表现出如例(38)—(40)中的差异,如:

(41) a$_1$. 客人们就要走(了$_3$),我们去送送他们。
　　 a$_2$. 宴席已结束,客人们就要走*(了$_3$)。
　　 b$_1$. 那只鸟就要飞(了$_3$),它已发现了我们。
　　 b$_2$. 一条狗慢慢靠近,那只鸟就要飞*(了$_3$)。
(42) a$_1$. 客人们快要走*(了$_2$),我们去送送他们。
　　 a$_2$. 宴席已结束,客人们快要走*(了$_2$)。
　　 b$_1$. 那只鸟快要飞*(了$_2$),它已发现了我们。
　　 b$_2$. 一条狗慢慢靠近,那只鸟快要飞*(了$_2$)。

在例(41)中,"就要"小句为前一小句时,语气助词"了$_3$"可省略;当"就要"小句为后一小句时,语气助词"了$_3$"通常不省略,起到完句作用。在例(42)中,"快要"小句无论是前一小句还是后一小句,时-体助词"了$_2$"均不能省略。但是我们发现,对于有的不及物动词,无论是出现在"就要"小句还是"快要"小句中,该小句无论是前一小句还是后一小句,"了"均不能省略,如下例(43)和(44):

（43）a₁. 这匹马就要死*（了），叫兽医来也没有用。

      a₂. 由于受伤严重，这匹马就要死*（了）。

      b₁. 他就要醒*（了），每天这个时刻他都会这样。

      b₂. 天已大亮，他就要醒*（了）。

（44）a₁. 这匹马快要死*（了），叫兽医来也没有用。

      a₂. 由于受伤严重，这匹马快要死*（了）。

      b₁. 他快要醒*（了），每天这个时刻他都会这样。

      b₂. 天已大亮，他快要醒*（了）。

那么问题是，（43）和（44）中的"了"是哪个"了"？我们认为，（43a₁）和（43b₁）前一小句中的"了"是词尾补语"了₄"，但（43a₂）和（43b₂）后一小句中的"了"是语气助词"了₃"，起到完句作用，而（44）中的"了"仍然是时-体助词"了₂"。请看下例（45）和（46）：

（45）a₁. 这匹马就要死**了₄/去**，叫兽医来也没有用。

      a₂. 由于受伤严重，这匹马就要死**去***（了₃）。

      b₁. 他就要醒**了₄/来**，每天这个时刻他都会这样。

      b₂. 天已大亮，他就要醒**来***（了₃）。

（46）a₁. 这匹马快要死**去***（了₂），叫兽医来也没有用。

      a₂. 由于受伤严重，这匹马快要死**去***（了₂）。

      b₁. 他快要醒**来***（了₂），每天这个时刻他都会这样。

      b₂. 天已大亮，他快要醒**来***（了₂）。

在（45a₁）和（45b₁）中，"了"是补语"了₄"，可替换为其他补语（如"去"和"来"），替换后可不再添加句尾语气助词"了₃"。在（45a₂）和（45b₂）中，"了"是句尾语气助词"了₃"，因为即使动词后有其他补语，"了₃"仍不省略，以起到完句作用。在（46）中，各句中的"了"均为句尾时-体助词"了₂"，因为即使动词后有其他补语，"了₂"也不可省略，对现在时-起始体的表达起作用。

需要注意的是，虽然（45a₁）和（45b₁）前一小句中的"了"是补语"了₄"，可替换为其他补语，但这并不意味着类似结构中的所有词尾补语"了₄"都能被替换为其他补语，这取决于不同的动词，有些动词（如"去"

"有"等)后的补语"了₄"很难能找到可以替换的其他补语,这也是补语"了₄"在现代汉语中存在的原因。

通过以上分析,我们可得出如下结论:词尾时-体助词"了₁"和句尾时-体助词"了₂"对汉语的时意义表达有贡献,它们都表达非将来时。有三个问题尤其需要注意:

第一,表达未然的终结事态时,如"我走了₂/来了₂/快要……了₂"等结构,句子的时意义是现在时,不是将来时。

第二,"就要"小句中的"了"分为两种情况:1)当"就要"小句为后一小句时,"了"是句尾语气助词"了₃",此时"了₃"一般不省略,以起到完句作用。与前文(33c)中的"了₃"相同,尽管这些句子都表将来未然事态,但语气助词"了₃"对句子时-体意义的表达没有贡献。2)当"就要"小句为前一小句时,如果可省略"了","了"是语气助词"了₃";如果不可省略"了","了"是补语"了₄"。

第三,词尾补语"了₄"主要出现在推论句、祈使句、未然连动句和假设条件句中,很多情况下可替换为其他结果补语,主要对体意义的表达有贡献,对时意义的表达没有贡献。

3.3.2.2　其他时-体助词/时间副词的时间指称功能

下面再看其他时-体助词和时间副词的时间指称功能。先看"过"。有学者认为汉语有两个"过"(刘月华 1988;房玉清 1992),也有学者认为只有一个(石毓智 1992)。根据吴福祥(2009:162—163),在历时的语法化过程中,"了/着/过"都经历了"动词>结果补语/趋向补语>动相补语>体助词"的演变。我们主张,"过"可分为时-体助词"过₁""过₂"和补语"过₃"。它们的区别在于:"过₁"出现在表终结义的句中,"过₁"可替换为时-体助词"了₁";"过₂"则出现在表经历义的句中,"过₂"不可替换为时-体助词"了₁";补语"过₃"可替换为补语"了₄"或其他补语,如下例(47)—(49):

(47) a. 全班学生都发过₁言。→全班学生都发了₁言。↛ *全班学生都发完言。

　　b. 我们都尝过₁这种月饼。↛我们都尝了₁这种月饼。↛ *我们都尝完这种月饼。

(48) a. 她去过₂美国。↛她去了₁美国。↛ *她去完美国。

　　b. 他当过₂市长。↛他当了₁市长。↛ *他当完市长。

（49）a. 你们吃过₃饭再走。→你们吃了₄饭再走。→你们吃完饭再走。

　　　b. 我问过₃老师再告诉他。→我问了₄老师再告诉他。→我问完老师再告诉他。

在时间指称上，时-体助词"过₁"和"过₂"不能用于将来，但两者有差异，在含有"过₁"的表终结义的句中，终结点可以发生在过去或者现在，因而句子通常可添加表过去或现在的时间词，却不能添加表将来的时间词，如下例（50）：

（50）a. （刚才／现在／﹡过一会儿）全班学生都发过₁言。

　　　b. （刚才／现在／﹡过一会儿）我们都尝过₁这种月饼。

在含有"过₂"的表经历义的句中，终结点发生在过去，句子一般只能添加表过去的时间词，不能添加表现在或将来的时间词，如下例（51）：

（51）a. （以前／﹡现在／﹡将来）她去过₂美国。

　　　b. （以前／﹡现在／﹡将来）他当过₂市长。

补语"过₃"与时间指称没有关系，只与体意义有关，不仅可出现在如上例（49）的表将来的句中，也可出现在如下例（52）的过去句中，表将来还是过去与其他成分有关，如（52a）（52b）均表过去时指称，补语"过₃"可替换为补语"完"，但"完"本身不是表过去时指称的必要成分（"﹡他们吃完饭／﹡我问完老师"），过去时指称由连动句后一小句中的时-体助词"了₁"来表达。

（52）a. 他们吃过₃饭去了₁超市。→他们吃完饭去了₁超市。

　　　b. 我问过₃老师告诉了₁他。→我问完老师告诉了₁他。

综上所述，时-体助词"过₁"和"过₂"在时间指称上只表非将来，不能表将来。能出现在将来事态中的"过"是补语"过₃"，可替换为补语"了₄"或其他补语。

下面再看时间副词"将／将会"和"在／正在"。先看"将／将会"，这两个时间副词在不包含其他任何时间词的小句中表将来时,如"他将/将会去美国留学",但是,如果"将/将会"与其他时间词共同出现在同一小句中,会出现如下例(53)的情况:

（53）a. *上学期他将/将会去美国留学。
　　　b. *现在他将/将会去美国留学。
　　　c. 下学期他将/将会去美国留学。

例(53)显示,时间副词"将/将会"若与时间词在同一小句中共现,它们只能与表将来的时间词共现,不能与表过去和现在的时间词共现。因此可以讲,"将/将会"只能表将来,不能表非将来。

下面再看时间副词"在/正在/正"。在没有时间词或其他表时成分的情况下,"在/正在/正"通常表说话时间上正进行的动词或行为,着重体意义的表达,在时意义上默认为现在,但是当"在/正在/正"与时间词搭配时,它们可以与表过去、现在和将来的时间词搭配,其中"正"一般与句末语气词"呢"或助词"着"连用,句子才自足,如下例(54)和(55):

（54）a. 昨天这个时候我在/正在上课。
　　　b. 现在我在/正在上课。
　　　c. 明天这个时候我在/正在上课。
（55）a_1. 昨天这个时候我正上课呢,一个朋友来找我。
　　　a_2. 昨天这个时候我正上着课,一个朋友来找我。
　　　b_1. 现在我正上课呢,别给我打电话。
　　　b_2. 现在我正上着课,别给我打电话。
　　　c_1. 明天这个时候我正上课呢,别来找我。
　　　c_2. 明天这个时候我正上着课,别来找我。

例(54)和(55)表明,时间副词"在/正在/正"一般没有时间指称性,主要表体意义,尽管在没有时间词或其他表时成分时,默认的时意义为现在,但现在意义也仅仅是根据说话时间上正进行的动作或行为而推衍出的。

3.3.2.3　汉语时范畴的表达特征与相似语言

至此,我们可对汉语的时范畴作个总结。汉语的时是不显赫范畴,除了时间名词外,时意义可以寄生在一些语法化程度较高的多功能形式上。Smith(2005：30)曾指出,在缺乏强制性时标志的语言中,时间定位可以从体意义中推衍出。汉语的这些多功能形式通常可表达体意义或情态意义,这些形式在时意义的表达上具有稳定性和限制性,具体表现在：词尾时-体助词"了$_1$"、句尾时-体助词"了$_2$"和时-体助词"过$_1$"和"过$_2$"都表达非将来时,而时间副词"将/将会"只能表将来时,时间副词"在/正在/正"一般没有时间指称性,主要表体意义。因此,汉语不显赫的时范畴类型可归为将来/非将来的时类型,这表明汉语母语者对将来/非将来的时间区间划分更敏感。

汉语不显赫的时作为一种寄生范畴,有两个特征：第一,从语法化程度讲,时-体助词"了$_1$/了$_2$"和"过$_1$/过$_2$"的语法化程度比时间副词"将/将会"高,因而非将来时比将来时更倾向有标志。第二,非将来时中的现在时和近过去时有时难以区分,而远过去时较容易识别,如终结义的"过$_1$"和经历义的"过$_2$"的差异;有时"过$_1$"在现在时和近过去时的表达上难以区分,而"过$_2$"在远过去时的表达上容易识别,如前文例(50)和例(51)的差异,即"(刚才/现在)全班学生都发过$_1$言"和"(以前/＊现在)她当过$_2$市长"。

从世界语言来看,汉语时范畴不显赫的特征并非独有,Guirardello(1999：172—173,220)和Mueller(2013：35)将巴西境内印第安语系的杜鲁梅语称为无时语言,杜鲁梅语是一种时不显赫的语言,没有表时的形态语素,但事态时间可以通过多功能的助词来表达,如既可以表时也可以表"焦点"(focus)的助词"ka_in"和"chi_in",不过它们的原型意义是表达新信息或强调。尽管"ka_in"和"chi_in"不是时的专门表达手段,但是它们在表示时意义时仍有限制性,"ka_in"表达现在时和近过去时,"chi_in"表达远过去时,将来时没有专门的助词来表达,而是通过时间副词"hat'ke"(确定)和"ifke"(不确定)来表达的,这可以看作将来/非将来的时类型。在不显赫的时类型上,杜鲁梅语与汉语很相似。

另外,杜鲁梅语的非将来时具有歧义性,但是这种歧义只发生在现在时和近过去时之间,而现在时和远过去时之间没有歧义。杜鲁梅语中现在时和近过去时的歧义及现在时与远过去时明显区分的特征与汉语中时间助词"过$_1$"和"过$_2$"的表时差异特征也很相似,如下杜鲁梅语的例子：

（56）杜鲁梅语（Guirardello 1999：173,224）

    a. ha   ami   ka_in.

       1SG   speak   FOC.PRS／recent PST

       I am speaking.／I spoke（today）.

    b. ha   ami   chi_in.

       1SG   speak   FOC.distant PST

       I spoke（before today）.

    c. alax-ke   hat'ke   ha   chi.

       hunt-nominalizer   FUT   1SG   copula

       I will be a hunter（for sure）.

    d. alax-ke   ifke   ha   chi.

       hunt-nominalizer   FUT   1SG   copula

       I will be a hunter（perhaps）.

3.4 跨语言时范畴的共性

3.4.1 显赫时范畴的共性

在时范畴不显赫和显赫的语言中都有一些跨语言的共性或倾向性。时范畴不显赫的语言总会有其他一些表达时间关系的手段,如时间词、体或情态语素和语境等。对于时范畴显赫的语言,在以往的研究中,诸多学者已提出一些跨语言时范畴的共性,如（57）：

（57）a. 每个时的时间指称构成一个连续体,世界语言中不大可能存在具有不连续时间指称的时系统,这是现在时／非现在时的语言非常罕见或不存在的原因（Comrie 1985；Mueller 2013）。

    b. 时标志源自体标志,并且具有向情态标志演变的倾向（Fleischmann 1983；Bybee et al. 1994）。

    c. 将来时标志具有多功能性,除了将来时间指称外,还表达意愿、意图以及预测等情态（Ultan 1978；Bybee et al. 1994）。

d. 如果一种语言在过去时和将来时上具有时间区间区分,那么过去时的时间区间数量等于或多于将来时的时间区间数量(Dahl 1984;Comrie 1985)。

e. 如果一种语言现在时有标志,那么过去时也有标志(Mueller 2013)。

从我们考察的语言情况来看,(57)中有关时范畴的共性或倾向性可得到证实。值得注意的是,Velupillai(2016:93)考察了318种语言中的时范畴,结果显示,在二分时中,将来时/非将来时多于过去时/非过去时,而在只有一个时的语言中,多数语言只有将来时,由此提出了一个跨语言时的共性或倾向性——将来时比其他时更倾向语法化,原因是,世界可分为真实/非真实世界(real/unreal world),真实世界的事态比将来非真实的事态更容易通过体来刻画,这就需要有手段来对将来事态进行标示。

我们认为,Velupillai(2016)的结论和理由均值得商榷,原因在于:第一,语种样本数量过小,也有区域局限性,统计得出的倾向不等于事实。第二,根据Comrie(1985)和Bhat(1999),在以往很多归为将来时/非将来时的语言中,将来时/非将来时标志其实是现实/非现实的情态或语气标志。第三,根据Ultan(1978)和Mueller(2013),将来时比过去时或现在时更少采用黏着语素或形态屈折语素,将来时的标志手段的优先顺序是"助动词>助词>附着语>词缀"。第四,即使真实世界的事态比将来非真实的事态更容易用体得以刻画,也并不能说明将来时比其他时更倾向语法化,如果某种语言的真实世界的事态是通过体标志来刻画的,那么该语言应该倾向是体显赫的语言,所谓将来时的标志很可能不是将来时的专有标志,应该倾向也表达体或情态意义。根据Jendraschek(2014),土耳其语、巴斯克语和巴布亚语言艾特穆尔语中以往的将来时标注有问题,土耳其语和巴斯克语中的将来时标志其实是展望体(prospective)标志,而艾特穆尔语中的将来时标志应该是非现实标志。

我们在考察各语言时发现,不同的时间区间在表达手段的语法化程度上尽管具有跨语言差异,但无论是在时范畴显赫还是时范畴不显赫的语言中,不同的时间区间是否采用形态标志手段存在一个跨语言的蕴涵共性现象,如表3-4所示:

表 3 - 4　将来时(FUT)采用形态语素蕴涵过去时(PST)采用形态语素

类型	FUT 用形态语素	PST 用形态语素	真值	语　言　举　例
1	+	+	T	希伯来语、立陶宛语
2	+	-	F	尚未发现
3	-	+	T	英语、俄语
4	-	-	T	汉语、泰语

　　表 3 - 4 是一个"四缺一"真值表,世界语言的时在是否用形态语素来表达上有三种可能情况——[FUT 有形态+PST 有形态]、[FUT 无形态+PST 有形态]、[FUT 无形态+PST 无形态],而我们目前尚没有发现[FUT 有形态+PST 无形态]的语言。

　　表 3 - 4 所体现的蕴涵共性说明,过去时比将来时更倾向采用形态语素来表达。这种倾向性可用标记理论中的使用频率来解释,从现实和非现实的区分角度来看,过去时是现实,表达的是一个发生了的、确定的事态,将来时是非现实,表达的是尚未发生的事态;从使用频率的角度讲,人类总是对现实具有亲身的体会,心理上会形成一种"现在和过去的联系更紧"的认知,使用频率更高,而非现实则没有亲身体会,仅仅是一种期望、预测等的非现实事态,使用频率较低;从标记理论来看,使用频率高的语言形式更简洁,使用频率低的语言形式更复杂。过去时倾向使用语素来表达,将来时倾向用词汇来表达,语素比词汇更简洁。

3.4.2　显赫时范畴的扩张性

　　从世界语言来看,时范畴显赫的语言有一个共性,即时的表达手段具有扩张性。扩张性的表现方式是多方面的,其中最重要的扩张方式有两种:第一,在有些时显赫的语言中,表时的手段不仅可出现在限定性动词上,还可出现在非限定性动词、否定词和名词性成分上;第二,在有些时显赫的语言中,有些语法手段的原型意义是时,但是该手段也承载了其他范畴意义,如情态意义或体意义。下面讨论这两种显赫时的扩张方式。

　　先看第一种扩张方式。在印度境内的很多达罗毗荼语中,形容词性的

分词(participle)就是通过添加表时的手段构成的,作为名词性成分的修饰语,如孔达语和卡拉达语:

(58) 孔达语(Krishnamurti 1969：302)

    a. va:nru   uNs-t-i   gumeNDiŋ

       he   plant-PST-PTCP   pumpkin

       the pumpkin that he planted

    b. ru:-n-i   guided   soRad

       plough-NONPST-PTCP   field   went

       went into the field they plough

(59) 卡拉达语(Bhat 1999：112)

    a. be:yis-id-a   baTa:Te

       cook-PST-PTCP   potato

       cooked potato

    b. be:yisu-v-a   baTa:Te

       cook-NONPST-PTCP   potato

       potato that is to be cooked/potato for cooking

    印度西南部的达罗毗荼语——马拉雅拉姆语是一种过去时/非过去时显赫的语言,过去时/非过去时采用形态语素来表达,既可以出现在限定性动词上,也可出现在否定词缀上,或者说,否定词缀存在过去时/非过去时的区分,如:

(60) 马拉雅拉姆语(Abraham 1978：145)

    a. innale   kLa:ss-il   var-añña   kuTTikaL

       yesterday   class-LOC   come-NEG(PST)   students

       students who did not come to the class yesterday

    b. na:Le   kLa:ss-il   var-a:tta   kuTTikaL

       tomorrow   class-LOC   come-NEG(NONPST)   students

       students who will not come to the class tomorrow

    很多北美印第安语系的语言是时显赫的语言,时采用形态语素来表达,尤为值得注意的是,表时的形态语素不仅可出现在动词上,还可出现在

名词上,名词上带有表时语素通常指过去或将来存在或拥有的事物或实体,如中阿拉斯加的尤皮克语:

(61) 尤皮克语(Mithun 1999:154)

    a. 动词上的时语素

nerua	I'm eating	ayagtua	I'm going
nerellruunga	I ate	ayallruua	I went
nerciqua	I'll eat	ayagciqua	I'll go

    b. 名词上的时语素

ikamraqa	my sled	nuliaqa	my wife
ikamralqa	my former sled	nulialqa	my late/ex-wife
ikamrarkaqa	my future sled	nuliarkaqa	my wife to be

下面再看第二种扩张方式。我们在3.3.1节曾提到,当英语现在时形式表说话时间上已确定发生的将来事态时,"将来事态"是表未然事态的"将行体",不是"将来时",而仍然是现在时,从说话者角度讲是表达具有确定性意义的将来事态,将来事态具有"确定性"是一种认识情态意义,这些例子再列举如下:

(62) a. I'm meeting the dean after a minute.

    b. I'm talking with him about this tomorrow afternoon.

    c. The train leaves at seven tomorrow morning.

    d. The library opens at eight tomorrow.

例(62)表明,当英语现在时形式表说话时间上已确定发生的将来事态时,该形式的原型范畴仍是现在时,将来事态的"确定性情态义"是该现在时形式的扩张范畴,即用以现在时为原型义的形式来表情态义。也就是说,现在时形式不仅仅表达现在时,还表达情态意义,这是英语中显赫时的扩张方式之一。英语显赫时的另一扩张方式是用过去时形式来表达情态意义,如委婉、虚拟、职责、劝告和愿望等情态:

(63) a. Could you pass me the salt?

    b. I wish my paper could be accepted.

c. You should come now.

d. We had better help him.

从世界语言来看,在具有显赫时的语言中,用过去时形式来表达情态意义具有普遍性,在很多印欧语言,如法语、意大利语、西班牙语、荷兰语和德语等中均有类似的语法现象,这些语言用过去时形式来表达反事实、昵称、假设、礼貌和缓和等情态意义,如下例(64)(Patard 2014:69—70):

(64) a. 法语(反事实)

Une   seconde de plus [le taureau] l'   éventrait.

one   second   of more the bull   him gore-PST.IMPRF

One more second and the bull would have gored him.

b. 意大利语(昵称)

Aveva   fame   la mia bambina?

Have-PST.IMPRF hunger my   girl

Was my baby hungry?

c. 西班牙语(假设)

Si tuviera   dinero, me compraba   una moto.

if have-SBJV.IMPRF money me buy-PST.IMPRF a   motorbike

If I had money, I would buy me a motorbike.

d. 荷兰语(礼貌)

Had   mevrouw nog iets   gewenst?

Have-PRF.PST   madam   still something wish-PRF.PST

Madam, would you like something else?

e. 德语(缓和)

Ich dachte,   wir könnten uns nachmittags in der stadt treffen.

I   think-PST we could   us afternoon   in the town meet

I thought we could meet in town this afternoon.

在(64a)—(64e)中,过去时形式被用来表各种情态意义,虽然这些例子中的过去式形式不具有过去时的指称意义,但是这些形式的原型是过去时,只不过这些过去时形式已经扩张到情态范畴,成为情态意义的专门表达手段。

除了过去时形式可扩张到情态范畴外,将来时形式也可扩张到情态范畴。众所周知,英语中的 will 除了承载将来时外,还可表达预期/预测的情态意义,如下例(65);但有时 will 不具有将来时的指称意义,用来专门表一些情态意义,如下例(66):

(65) a. He will come here tomorrow.

　　b. I will pass the final exam.

(66) a. Peter will be in the library now.

　　b. Jane will always wear a red skirt in summer.

(65a)(65b)中的"will"同时承载了将来时意义和表预期/预测的情态意义,而(66a)(66b)只表达情态意义,不具有将来时的指称意义,(66a)只表认识情态中的预期/预测意义,(66b)只表能动情态中的意愿意义。正是由于(66)中"will"的这种纯粹情态表达用法,不少学者认为英语"will"根本不是将来时的表达手段(如 Palmer 2001；Yule 2004；Downing & Locke 2006)。根据 Hengeveld(1989),世界语言时-体-情态的历时演变倾向是某个语法成分由体标志向时标志再向情态标志演变,不会发生反方向的演变。也就是说,"will"的起初用法是表将来时,情态意义是"will"的后来用法,现代英语中的"will"并没有完全演变为纯粹的情态表达手段。从显赫时范畴的扩张角度看,"will"的情态表达用法可看作由显赫的时手段向情态范畴扩张所导致的。

有些时显赫的语言的将来时采用形态语素来表达,这些形态语素有时不仅承载了将来时意义,也承载了情态意义,可以说,这些表将来时的形态语素具有向情态范畴扩张的倾向。根据 Bybee et al.(1994),闪-含语系库希特语族(Cushitic)中的南阿高语的将来时形态语素同时承载了说话者对将来事态发生的确定性差异:在(67a)中,将来时语素"-áGá"还承载了说话者对将来事态的发生持确定态度的情态意义;在(67b)中,将来时语素"-é"还表达说话者认为将来事态可能会发生的情态意义。

(67) 南阿高语(Bybee et al. 1994：248)

　　a. táq-áGá.

　　　know-2SG-FUT(certainty)

　　　You will [certainly] know [it].

b. dəngéta　　ča　　　　des-é.

perhaps　　　tomorrow　　study-FUT（possibility）

Perhaps tomorrow I shall study.

3.5　小　结

　　世界语言的时范畴大致可分为时范畴显赫和时范畴不显赫两种类型，时范畴显赫的语言指某种语言中时的表达手段语法化程度较高，采用形态语素或屈折语素来表达。在时范畴显赫的语言中，时范畴共有一分时、二分时、三分时、多分时四种类型，其中三分时语言一般是过去时/现在时/将来时并存，多分时语言通常指某种语言中的时范畴以现在时为轴心，有多个过去时和多个将来时的时间区间切分，一分时和二分时从跨语言来看，则有多种可能。在时范畴不显赫的语言中，时没有采用形态语素来表达，而是通过体或情态范畴的表达手段、时间词或其他词汇等方式来表达。

　　从世界语言的时范畴类型角度来看，英语的时不属于以往诸多学者所主张的过去时/非过去时的二分时，英语的现在时形式没有同典型过去时/非过去时的语言那样既表现在时又表将来时，英语是过去时/现在时/将来时的三分时语言，将来时形式没有过去时形式的语法化程度高，将来时采用助动词"will/shall"的词汇手段来表达。从显赫性角度看，英语是时范畴显赫的语言。汉语是时范畴不显赫的语言，除了时间名词外，时意义寄生在一些语法化程度较高的多功能形式上，这些多功能形式通常可表体义或情态义，这些形式在时意义的表达上具有稳定性和限制性，具体表现在词尾时-体助词"了$_1$"、句尾时-体助词"了$_2$"及时-体助词"过$_1$"和"过$_2$"都表非将来时，而时间副词"将/将会"只表将来时，时间副词"在/正在/正"一般没有时间指称性，主要表体意义。汉语不显赫的时范畴类型可归为将来/非将来的时类型。

　　时范畴不显赫和显赫的语言中都有一些跨语言的有关时范畴的共性或倾向性，这在以往诸多文献中已提及。我们从显赫时范畴的扩张性角度考察了跨语言时范畴的共性问题，具体表现为，在具有显赫时范畴的语言中，显赫的时往往具有向其他范畴扩张的倾向。从世界语言来看，显赫时范畴的扩张方式有两种：第一，表时的手段不仅可出现在限定性动词上，还可出现在非限定性动词、否定词以及名词性成分上；第二，部分语法手段的原型意义是时，但是该表达时意义的手段也承载了其他范畴意义，如情态意义或体意义。在有些情况下，最初表时意义的手段目前被用来专门表达情态意义，时意义已经消失，很多印欧语中用过去时形式来表达情态意义，如英语中的委婉、虚拟、职责、劝告或愿望，以及其他印欧语中的反事实、昵称、假设、礼貌和缓和等情态意义。起初表过去时意义的手段用来专门表各种情态意义是时范畴显赫的典型表现，就是说，时范畴如此显赫，它的手段已经扩张或侵入到情态范畴领地，专门负责表达情态意义，而情态范畴则没有自己专属的表达手段。打个比方，一个具有强大导弹生产能力的强国将部分导弹出口到一个没有导弹生产能力的弱国，尽管这些出口的导弹服务于该弱国或贴上了该弱国的标签，但这反映了那个强国在导弹生产方面的强大或显赫性。

第四章

跨语言体范畴的类型

4.1 引　言

　　国外学界主要在三个层面上研究体：第一，在动词层面上沿袭 Vendler(1967)有关动词的时间图示法，刻画动词的内在情状特征，即动词体或词汇体，代表学者有 Langacker(1987,2002,2008)、Filip(1999)和 Croft(2012)；第二，在句子层面上试图构建体系统，主要有 Smith(1991)的情状体/视点体二分系统、Olsen(1994)和 Mani et al.(2005)的动词体/语法体二分系统、Dik(1997)的体貌系统、Michaelis(1998)的情状体/阶段体/视点体三分系统；第三，在跨语言层面上探寻不同语言中体的差异和共性，代表学者有 Comrie(1976)、Dahl(1985,2000)和 Dickey(2000)。国内汉语的体研究尚未达成共识。陆俭明(1999)主张汉语没有像印欧语言的那种体。多数认为汉语有体的学者采取两种研究路径：第一，区分情状类型与句子体(陈平 1988；龚千炎1995；郭锐 1997；杨国文 2011)；第二，建立汉语的体系统，如戴耀晶(1997)的完整体/非完整体和陈前瑞(2008)的四层级体系统。

动词体、词汇体或情状体是动词层面上的体,视点体和语法体是句子层面上的体。综观以往研究,不少学者预设了世界语言具有相同或相似的体范畴,忽略了体具有跨语言的类型差异,造成了将相同的体概念应用于所有语言的泛用现象,没有探究不同类型的体在语言表征上的差异,主要体现在:一方面,将完整体/非完整体既应用于动词体也应用于句子体;另一方面,在使用完整体/非完整体和完成体/未完成体时,有时不作区分(戴耀晶 1997;石毓智、姜炜 2010),有时即使区分,但未作出跨语言体类型区分(Comrie 1976;Dahl 2000;陈前瑞 2008)。本章首先简要回顾完整体/非完整体的代表性研究成果,然后提出完整体/非完整体和完成体/未完成体属于不同语言中的体类型,并尝试从时间认知模式差异角度来解释跨语言体类型的差异。

4.2　完整体/非完整体的相关研究

4.2.1　Langacker 的动词体:完整体/非完整体

Langacker(1987,2002,2008)对体的解读限于动词体或词汇体,认为动词是标示"过程"(process)的象征性表达,过程的概念化(conceptualization)伴随着观察情状的时间进展,因此从时间角度讲,过程的概念化包括两方面内容:一是表示过程中不同阶段的系列连续状态,二是过程中不同阶段之间的系列时间点。观察过程所涉及的时间跨度就是过程的时间侧重(temporal profile),侧重状态用持续性动词表达,侧重时间点则用非持续性动词表达,因而不同时间属性的动词隐含了不同的过程。动词所隐含过程的差异表明,不同动词具有不同的体意义,总体上动词可表示完整体过程和非完整体过程。完整体过程侧重时间变化,在述谓辖域内是有界的,表征时间轴上离散的线状分割;而非完整体过程侧重时间上的持续状态,在述谓辖域内是无界的,表征时间轴上完全相同的持续状态。隐含不同体意义或过程的动词在传统语法中的时态上具有限制性,非完整体动词用于一般现在时不需要特别解读,而完整体动词用于一般现在时则需要作惯常解读。完整体动词由于本身隐含变化,可用于现在进行时,而非完整体动词由于本身已隐含持续状态,通常不能用于现在进行时,因为现在进行时也表达持续状态,二者之间产生了冗余,但如果添加表示变化的语法成分,非完整体动词则可用于现在进行时。Langacker(2002:87)还主张,完整体和非完整体之间的差异与可数名词和不可数名词之间的差异相似,过程的组成部分(侧重关系)与名词的组成部分(侧重区域)具有可类比性。完整体过程与可数名词相似,两者内部均是异质的,并且都是有界的且具可重复性,因而重复的完整体相当于反复体(repetitive aspect);非完整体过程则与不可数名词相似,两者的内部组成部分均是同质的,完整体/非完整体动词过程与可数/不可数名词的关系图示如下(Langacker 2008:153):

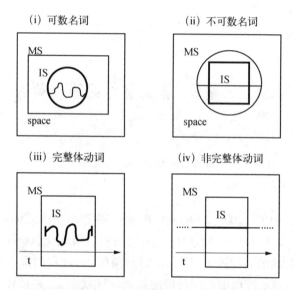

图 4-1　完整体/非完整体动词与可数/不可数名词

"最大辖域"(Maximal Scope, MS)相当于观察的背景,"直接辖域"(Immediate Scope, IS)则相当于观察的视点,对句子而言,前者是句中各语法成分激活的全部内容,后者则是句子表达的核心内容。比如,在"John is running."中,最大辖域包括"参与者""运动""场所"等,直接辖域则是观察正在进行的动作的视域,这一视域正是"-ing"所激活的内容。Langacker的完整体和非完整体动词过程分类与情状类型纠缠在一起,未区分句子体与情状。下图是 Evans & Green(2006:637)总结的 Langacker(2002)的体系统与 Vendler(1967)的四种动词分类之间的关系:

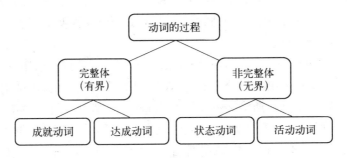

图 4‑2　完整体/非完整体动词的情状类型

4.2.2　跨语言中的语法体：完整体/非完整体

Comrie(1976)和 Dahl(1985,2000)均考察了跨语言中句子层面上作为语法体的完整体/非完整体,但二者持不同意见,前者认为完整体/非完整体是世界所有语言的典型体类型,后者则主张俄语中的完整体/非完整体不是典型体类型。Comrie(1976:3)将体定义为"对于特定情状内部时间区域的不同观察方式",对不同语言中的完整体/非完整体对立进行了重点阐述,但他没有充分讨论完成体/未完成体的对立,认为完成体不是世界语言中典型的体类型,因为完成体在很多语言中可与完整体/非完整体自由搭配,例如英语中完成体可以和进行体搭配,保加利亚语中完成体可以与非完整体搭配,俄语中完整体和非完整体均可与完成意义搭配。显然Comrie 并没有对跨语言中的体类型加以系统区分。Dahl(1985:189—190)总共发现三类体:一类是完整体/非完整体的对立以及进行体,进行体通常用迂回(periphrastic)方式表达,而完整体/非完整体一般采用形态标记方式,且与过去时范畴交织在一起,然而斯拉夫语的完整体/非完整体与过去时没有必然联系;第二类是表达惯常意义的体,包括一般惯常体(habitual-generic)及过去惯常体(habitual-past),但它们一般不被视为独立的范畴且通常缺乏独立而系统的标记;第三类是完成体、结果体(resultative)、经历体(experiential)及过去完成体(pluperfect),它们之间的语义关系非常复杂,结果体和经历体与严格意义上的完成体不是一回事。

Dahl(2000:17)进一步主张俄语的体系统与语言类型学中的典型体系统不同,完整体与时间指称没有联系,俄语体系统很大程度上与动词内在语义,即行为类型有关。

Dickey(2000)则从认知差异角度探讨不同区域斯拉夫语中的完整体/非完整体。斯拉夫语大致分为西部、东部和过渡区域三组,西部语言包括捷克语、斯洛伐克语、斯洛文尼亚语及索布语,东部语言包括俄语、乌克兰语、保加利亚语及白俄罗斯语,过渡区域语言包括塞尔维亚-克罗地亚语和波兰语,其中对索布语和白俄罗斯语只选取了有限语料。通过对惯常事件、过去动作断言、现在时历史叙述、戏剧中的现在时指示语、说话和动作行为同现的施为言语、序列事件和事件性名词七个参数中不同体的考察发现,三组语言中体的语义差异形成了体的同言线。"完整性"(totality)和"时间确定性"(temporal definiteness)是斯拉夫语中体的核心语义特征,完整体指将情状看作一个完整的整体,不涉及情状内部时间,时间确定性指将情状看作时轴上单独定位的一个整体,是相对于相邻不同情状而言的(即时间序列性)。在完整体的语义表现方面,西部语言的完整体倾向于凸显完整性,东部语言的完整体倾向于凸显时间确定性,过渡区域中两种语言的完整体包含完整性和时间确定性两种语义特征,但塞尔维亚-克罗地亚语的完整体更凸显西部语言的完整性,而波兰语则更凸显东部语言的时间确定性。在非完整体的语义表现方面,西部语言的非完整体具有非确定性定量时间的特征,即所表达的情状在时轴上可有多个时间点定位,而东部语言的非完整体具有非确定性时间的特征,即所表达情状在时轴上没有形成一个独立的时点定位。

4.3 跨语言体范畴的类型与差异

以往对完整体/非完整体的研究尚没达成共识,尤其忽略了跨语言中体的类型差异。从功能-类型的视角来看,句子层面的语法体指各种语言手段所表达的客观世界中事态的阶段或状况,任何事态的表达离不开参照视点或观察视点,因而语法体本质上是视点体。不同语言族群对事态进行描述或刻画时,并不采取完全相同的参照视点或观察视点。时间和空间是人类的两个基本认知域,因而世界语言中的体大致可分为两类:作为空间视点体的完整体/非完整体和作为时间视点体的完成体/未完成体,前者如俄语、芬兰语、波兰语、捷克语及格鲁吉亚语等,后者如英语、汉语、法语及缅甸语等。空间视点体和时间视点体分别对应于金立鑫(2009,2011)所提出的事件界限体和时间进程体。空间视点体和时间视点体的类型差异我们有过关注(于秀金、金立鑫 2015;金立鑫、于秀金 2015;于秀金 2017a),这两种体范畴的类型在认知范畴化原型,体层级、体范畴的显赫性,体-时共现限制三个方面具有跨语言的显著差异,下面依次讨论。

4.3.1 认知范畴化原型和体层级差异

在认知范畴化方面,不同语言族群对客观世界中事态的范畴化在体范畴中产生不同的原型效应和层级系统。从认知范畴化原型上看,空间视点体是以空间原型为认知参照视点的体,而时间视点体是以时间原型为认知参照视点的体。空间视点体侧重事态的有/无界性或者有/无整体性,完整体凸显事态是有界的或构成一个整体,非完整体则凸显事态是无界的或无法构成一个整体,也就是说,完整体/非完整体着眼事态是否构成一个完整不可分的格式塔整体。时间视点体则侧重事态的时间进程是起始、进行抑或终止,完成体凸显事态的终止点,与事态的整体性无关,未完成体通常不是一个独立的体,包括起始、进行/持续(动作/状态)、惯常和反复等体意义。从体的层级上看,完整体/非完整体是一个"上位体"概念,"下位体"则由起始、进行/持续(动作/状态)、惯常和反复等体意义组成,如表4-1:

表4-1 上位完整体/非完整体与不同下位体

上位体	完整体(PRFV)	非完整体(IMPRFV)
下位体	запеть/записать 开始唱/开始写 (起始)	запевать/записывать 唱/写 (进行)
	попеть/пописать 唱一会儿/ 写一会儿 (进行)	попевать/пописывать 常常唱/ 常常写 (惯常)
	допеть/дописать 唱完/写完 (完成)	допевать/дописывать 唱完/写完 (完成)

需说明的是,俄语中上位体和下位体均由动词来表达,换言之,俄语的体已完全语法化为动词的形态。根据 Lyons(1977:705)和 Binnick(1991:135—136),体的研究起源于斯拉夫语,由斯拉夫语先译为法语后才引入英语。这可能是以 Vendler(1967)和 Langacker(1987,2002,2008)为代表的很多学者研究英语或汉语动词体的缘由。但问题是,英汉语句子层面的语法体无法独立由动词表达,这与不同语言中语法体的语法化程度有关,该问题下文再论述。表 4-1 显示,下位体相同时,上位体可不同,如表"进行/完成"下位体意义时,可用完整体或非完整体来表达:

(1) a. Она попела.(完整-进行)
   she **PRFV**.sing(for a while).PST.FEM
   She had been singing(for a while).

b. Она запевала. (非完整-进行)
   she **IMPRFV**.sing.PST.FEM
   She had been singing.

c. Она допела.(完整-完成)
   she **PRFV**.finish.sing.PST.FEM
   She finished singing.

d. Она допевала.(非完整-完成)
   she **IMPRFV**.finish.sing.PST.FEM
   She finished singing. (She didn't sing after that.)

(1a)(1b)的下位体意义均为进行体,但在上位体上,(1a)用完整体,言者强调正进行的事态已构成了一个完整的有界整体"一会儿",而(1b)用非完整体,言者凸显正在进行中的事态是无界的,无法构成一个整体。(1c)(1d)的下位体意义均为完成体,但上位体不同,(1c)用完整体,强调已完成的事态是一个有界整体,而(1d)用非完整体,强调事态终止后的无界状态,无法构成一个整体。相比较而言,上位完整体/非完整体是句子层面的语法体,下位体则是动词的内在情状,即动词的行为类型(金立鑫2008a)。(1a)(1d)表明,上位完整体/非完整体更能体现言者对事态的认知状况,完整体/非完整体决定了言者对事态的认知是有界的还是无界的,完整体/非完整体与事态的完成/进行与否并无直接对应关系,类似例子如例(2)。另一个值得注意的现象是,俄语中带有表示"起始"意义词缀的动

词同时也表示完整体,不能表非完整体,如下例(3):

(2) a. Он не пойдет в ресторан,

    he not go-PRFV.PRS.3SG. in diningroom,

    он уже ел.

    he already eat-IMPRFV.PST.3SG.MAS.

    He is not going to the diningroom and he already ate something.

  b. Он открывал окно,

    he open-IMPRFV.PST.3SG.MAS. window,

    поэтому в комнате так холодно.

    so in room so cold

    He opened the window, so it is so cold in the room.

(3) a. Она запела.(完整-起始)

    she PRFV.begin.to.sing.PST.FEM

    She began to sing.

  b. Она записала.(完整-起始)

    she PRFV.begin.to.write.PST.FEM

    She began to write.

    其实俄语中的上位完整体/非完整体是体范畴的原型,即原型体,而下位起始/进行/完成是非原型体,原型体是言者对事态的阶段或状况的真实认知反映。俄语上下位体搭配中的完整-进行、非完整-完成、完整-起始从我们汉语族群的角度来看一般不可接受,汉语中不存在这种体意义的搭配,如(4a),若将"完整"替换为"完成"仍不可行,完成-进行、未完成-完成、完成-起始在汉语中是矛盾的体搭配。英语也不存在非完整-完成和完整-起始的体搭配,但英语传统语法中有"完成-进行"的体搭配,如(5a)(5b),但是这种体搭配与完整性与否没有关系,本质上是进行体,英语"have"不是完成体的专有标记,如(5c)(5d):

(4) a. *他一直在唱了一会儿。(完整-进行)

  b. 她一直在唱。(进行,无完整义)

  c. 他唱完了(不再唱了)。(完成,无非完整义)

  d. 她开始唱了。(起始,无完整义)

（5）a. She had been singing.

b. He has been living here since 1990.

c. I have known him since last year.

d. She got off the bus at last station.

也就是说,英汉语中若表达事态的起始点、持续或进行段,体意义一般就是起始体、持续体或进行体,不能解读为完整体或完成体。既然英汉语中没有俄语中的那种完整体/非完整体,那么英汉语中起始/进行/完成的上位体是什么? 英汉语中的上位体可抽象为"实现/未实现",是言者对事态在时间上实现与否的反映,在体的层级性上,起始体、进行体和完成体是实现体,将起始体、将进行体和将完成体是未实现体。与俄语不同的是,上位实现/未实现是非原型体,下位起始/进行/完成是原型体,英汉语下位体是言者对事态阶段或状况的直接反映。

4.3.2　体范畴的显赫性差异

Bhat(1999)从语法化程度、强制性、系统性和渗透性四个方面来判断语言中时-体-情态三个范畴中哪个范畴更凸显,刘丹青(2011,2014)则从语法化程度、类推性、强制性、频率性和适用性五个方面来考察语言中的某一范畴是否显赫。凸显和显赫在概念意义上大致相似。在以上两个系列的判断标准中,系统性与类推性对应,渗透性与适用性对应,都指扩张性,语法化程度则包括频率性,因此这两个系列的判断标准可合并为语法化程度、强制性、系统性和扩张性四个方面,这四个标准与凸显性或显赫性程度成正比。

俄语是体范畴显赫的语言。第一,从语法化程度看,俄语上下位体均已经语法化为动词的形态,表起始/进行/完成/惯常的不同下位体意义通常由动词的词根异干来表达,上位完整体/非完整体一般体现为完全语法化的动词对偶形式,除了也用动词的词根异干形态来表达体对立以外,相当多的动词用有无动词前缀来表达,完整体带有前缀,而非完整体没有前缀。无论是动词的词根异干还是前缀,都是高度语法化的形态手段。第二,俄语上下位体由动词承载的方式也体现了体的强制性和系统性,俄语中任何动词从词库中提取时本身已带有上下位体标记,进入句法层面无法改变这些体形态,也就是说,句子层面的任何动词同时负载上下位体,上下位体在表达上有规律可循,表"开始做某事"或"做一会儿某事"意义的动词通常用完整体形式,表"反复/惯常"意义的动词通常用非完整体形式,但"完成某事"可用完整体和非完整体两种形式,用完整体强调动作行为的结果,用非完整体则着眼"不再做某事"。第三,显赫范畴通常具有向其他范畴扩张的倾向,根据 Šmelev & Zaliznjak(2006),俄语体范畴有向情态范畴扩张的倾向,即用体的形式来表达情态意义,完整体/非完整体的形态对立可表达不同的情态意义,非完整体倾向表达道义情态,完整体则倾向表达能愿情态(dynamic modality),如下例(Šmelev & Zaliznjak 2006:2):

(6) a. Zdes' možno$_{\text{PRED ADV}}$ **perechodit'**$_{\text{IMPRFV}}$ ulicu.

      you   may   cross [permissibility] street

      You may cross the street here. [permissibility]

   b. Zdes' možno$_{\text{PRED ADV}}$ **perejti**$_{\text{PRFV}}$ ulicu.

      you   can   cross [possibility] street

      You can cross the street here. [possibility]

    芬兰语、波兰语、捷克语及格鲁吉亚语中的体范畴表达同俄语类似。尤为值得注意的是芬兰语,芬兰语中显赫的体范畴意义由名词的格标记(case marker)来表达,格标记是一种高度语法化的形态手段,表达动词和其直接名词性受事论元之间的关系,受事论元的受影响度通常体现动作行为是否具有完整性,宾格(accusative, ACC)对应完整体,部分格(partitive case, PART)对应非完整体,Kiparsky(1998:286)用表4-2展示这一对应关系。可发现:当动词为无界时([-B]),受事论元标记为部分格,表非完整体;当动词为有界时([+B]),受事论元的标记决定了表完整体还是非完整体,受事论元标记为宾格表完整体,受事论元标记为部分格则表非完整体。

表4-2　宾格/部分格与完整体/非完整体的对应

	[+B] object	[-B] object
[+B] verb (telic)	Russian: napisal (**PRFV**) pis'ma Finnish: kirjoitti kirjeet (**ACC**) 'wrote the letters'	Russian: pisal (**IMPRFV**) pis'ma Finnish: kirjoitti kirjeitä (**PART**) 'wrote letters'

平衡语种样本视阈下时-体范畴的类型与共性研究

	[+B] object	[−B] object
[−B] verb (atelic)	Russian：pisal（**IMPRFV**）pis'ma Finnish：kirjoitti kirjeitä（**PART**）'was writing the letters'	Russian：pisal（**IMPRFV**）pis'ma Finnish：kirjoitti kirjeitä（**PART**）'was writing letters'

　　体显赫的语言中除了动词有形态标记外,完整体和非完整体的差异与宾语名词的有定性具有互动关系。斯拉夫语系中除了保加利亚语外都缺乏定冠词,保加利亚语完整体要求宾语名词带有一个有定冠词,而非完整体则无此限制,如下例(7);捷克语尽管缺乏有定冠词,但完整体/非完整体的对立和宾语名词有定/无定的关系与比利时语异曲同工,如下例(8)(de Swart & Verkuyl 1999：25—26):

(7) a. ＊Az　izpix　　　kafe.
　　　　I　　drank-PRFV　coffee
　　　　I drank coffee.
　　b. Az　izpix　　　kafe-to.
　　　　I　drank-PRFV　coffee-the
　　　　I drank the coffee.
(8) a. Pletla　　　　　　　　vetry.
　　　　Knitted-3SG.FEM-IMPRFV　sweaters-PL.ACC
　　　　She was knitting sweaters.
　　b. U-pletla　　　　　　　vetry.
　　　　Knitted-3SG.FEM-PRFV　sweaters-PL.ACC
　　　　She knitted（all）the sweaters.

　　相比以上俄语、芬兰语和捷克语等体显赫的语言,英语和汉语尽管有表达体的手段,但均不是体范畴显赫的语言。从语法化程度上看,英汉语完成体/未完成体的语法化程度低,没有形成体对立的形态标记,未完成体不是一个独立的体意义,包括进行体(动作)、持续体(状态)、惯常体和反复体。有两个方面的问题值得注意:一方面,动词体或动词内在情状不能决定句子的语法体,如具有终结意义的成就动词"死/离开"在句子层面并不一定表终结（如"he is dying/他快要死了"和"he is leaving/他正离开呢"）；另一方面，句子层面的语法体是多形式的语义范畴，句子体往往受各个语法成分的影响，如下英语例（9）：

(9) a. He has fallen in love with her.

　　b. He has read the text for ten minutes.

　　c. She ate a slice of beef.

　　d. She ate beef.

英语句中含有 have 并不意味着表完成体，（9a）中动词短语的内在状态情状和（9b）中的时间状语使得句子体不能作完成体解读。（9c）和（9d）均可解读为完成体，但（9d）还可解读为（过去时）惯常体，表达述谓主体过去惯常的动作行为，此时受光杆宾语的影响。

学界对汉语的体范畴一直没有达成共识，吴福祥（2005）主张汉语完成体和进行体的语法化程度低，而尚新（2007）等学者则认为汉语是体显赫的语言。其实汉语的体范畴相对于时范畴较为显赫，但若与俄语等语言中的显赫体范畴相比则不显赫。汉语句子层面的语法体同英语类似，也具有合成性，尽管动词词尾"了/着"可表完成体和进行体，如（10a）（10b），但也存在两方面的问题：第一，动词的内在情状也会影响句子体，动词词尾"了"不是完成体的充分条件，如（10c）（10d）中的状态情状动词"养/戴"使得句子体不能为完成体，动词词尾"着"也不是进行体的充分条件，如（10e）中的处所主语和（10f）中的状态情状动词影响了句子体的解读，不表进行体。第二，动词词尾"了/着"不是完成体和进行体的强制性标记，缺乏系统性，其他很多无"了/着"的句子也表完成体/进行体，如（10g）（10h）：

(10) a. 我画了一幅油画。　　　b. 他正读着《诗经》呢。

　　 c. 她养了两只宠物兔。　　d. 爸爸戴了一副太阳镜。

　　 e. 墙上写着警示语。　　　f. 他打着条纹领带。

　　 g. 床下的老鼠吱吱地叫个不停。　h. 我刚刚到图书馆。

以往研究对动词词尾"了/着"可否独立表达体意义有争论，刘勋宁（2002）持肯定意见，而金立鑫（2003）持否定意见。上例（10）表明，动词词尾"了/着"不能独立表达体意义。综上所述,英汉语的体范畴在语法化程度、强制性和系统性方面程度较低,英汉语均不是体显赫的语言:一方面,动词体尽管对句子语法体有影响,但不是语法体的决定性因素;另一方面,句子语法体具有组合性,往往不是单一语法成分所能完全表达的。英汉语句子体的组合性与俄语等体显赫语言中句子体由动词形态来表达显然不同。

4.3.3 体-时共现的限制差异

任何语言在表述事态时都包含两个基本内容:一是体所表达的事态的阶段或状况,二是时所表达的事态在说话者和听话者所认可的时轴上处于哪个位置。若将时-体看作功能范畴或语义内容,自然语言中的任何句子都包含时-体这两个功能范畴,无论时-体的语法化程度如何。空间视点体语言和时间视点体语言在体意义和时意义共现的限制方面有明显差异。

在俄语、波兰语及捷克语等空间视点体语言中,完整体和非完整体意义与时意义在同一小句中共现时有不同限制,非完整体可出现在过去时、现在时和将来时意义的句子中,而完整体只能出现在过去时和将来时意义的句子中,完整体意义不能与现在时意义共现。从动词标记上看,俄语、波兰语和捷克语的完整体动词为现在时带零形态标记,其时间指称不能指向"现在",只指向"将来"。从逻辑蕴涵(logic implication)关系上看,俄语、波兰语和捷克语遵守"完整体蕴涵非现在时指称"的蕴涵关系,该蕴涵关系的逻辑可能如下真值四分表:

表4-3 俄语、波兰语及捷克语完整体蕴涵非现在时指称逻辑真值表

体	时	
	非现在时指称(过去/将来)	现在时指称(现在)
完整体	真	假
非完整体	真	真

据表4-3,俄语、波兰语和捷克语中存在完整体-非现在时指称、非完整体-非现在时指称和非完整体-现在时指称三种时-体共现方式,完整体-现在

时指称不存在。非现在时包括过去和将来，下例俄语可验证该蕴涵关系：

（11）a. Он　открывал　　　　　окно.　　（完整体-过去时指称）

      he　PRFV-open-PST.3SG　window-3SG.NEU

      He opened the window.

    b. Он　открываем　　　　　окно.　　（完整体-将来时指称）

      he　PRFV-open-PRS.3SG　window-3SG.NEU

      He will open the window.

    c. Он　крывал　　　　　　　окно.（非完整体-过去时指称）

      he　IMPRFV-open-PST.3SG　window-3SG.NEU

      He opened the window. (He didn't open after that.)

    d. Он　крываем　　　　　　окно.（非完整体-现在时指称）

      he　IMPRFV-open-PRS.3SG　window-3SG.NEU

      He is opening the window.

    e. Он　будет　　　крывать　　окно.（非完整体-将来时指称）

      he　3SG.FUT　IMPRFV-open　window-3SG.NEU

      He will open the window.

  俄语的时在表达方式上有现在时零形态、过去时动词后缀和将来时词汇标记"будемъ"，将来时词汇标记"будемъ"只能用于非完整体动词。（11b）中的动词尽管带现在时零形态，但动作发生的时间只能指向将来，因此完整体动词只有过去和将来两种时间指称，如（11a）（11b）；非完整体动词则有过去、现在和将来三种时间指称，如（11c）（11d）（11e）。完整体与现在时指称不共现的这种现象在波兰语和捷克语中也存在，如波兰语和捷克语中表"做/处理"意义的完整体动词"zrobić/udělat"在没有携带表过去时的动词后缀时，只能指称将来。完整体与现在时指称不能共现意味着这些语言没有类似英语中的"现在-完成"意义的表达方式，现在-完成在这些语言中用过去时-非完整体表达，而过去-完成则用过去时-完整体表达，如下俄语例（12）：

（12）a. Она　смотрела　　　　　　этот　новый　спектакль？

      she　IMPRFV-see-PST.FEM　this　new　drama

      Has she seen this new drama?

b. Она　　посмотрела　　　　　этот　новый　спектакль？
　　she　　PRFV-see-PST.FEM　　this　　new　　drama
　　Did she see this new drama？

俄语、波兰语和捷克语中体-时共现的限制符合 Malchukov(2009：27)所提出的如下限制等级：完整体-过去时>完整体-将来时>完整体-现在时。等级上越靠左侧越具优先选择，受到的限制越小，而越靠右侧受到的限制越大，要么缺失，要么需要更多标记。该等级其实体现了一个蕴涵共性，即右侧蕴涵左侧，也就是说，一语言中若有右侧完整体-现在时的共现，则一定有左侧完整体-过去时和完整体-将来时的共现，但若一语言中有左侧完整体-过去时和完整体-将来时的共现，则不一定有右侧完整体-现在时的共现。需要注意的是，该蕴涵等级只适用于空间视点体语言，不适用于时间视点体语言。

问题是，英语和汉语这类时间视点体语言中的体-时表达有何规律？在英汉体-时的不共现方面，Dowty(1977)曾发现不同情状类型的动词词组分别用于进行体时和一般时(现在/过去)时，语义上具有蕴涵关系，具体表现为：达成动词词组表达动作行为引发时点上的事物状态改变，进行体不蕴涵一般时(现在、过去)，如(13a)；活动动词词组表达事件或动作行为在时段上的持续，进行体蕴涵一般时(现在、过去)，如(13b)；成就动词词组表达时点上的事件或动作行为改变，进行体不蕴涵一般过去时，如(13c)：

(13) a. 达成动词词组

drawing a circle (unaccomplished) ⇏ draws a circle (accomplished) / drew a circle (accomplished)

b. 活动动词词组

pushing a cart (progressive) ⇒ pushes a cart (habitual) / pushed a cart (perfect)

c. 成就动词词组

falling asleep (unachieved) ⇏ fell asleep (achieved)

上例(13)中的蕴涵和非蕴涵关系其实指的是动作行为在不同时间上的真值情况。(13a)中达成动词词组的进行体表事物"圆圈"未达成，而一般现在时和过去时中的事物"圆圈"已达成,如果从惯常时间上或进行动作后时间上再来表达这个动作行为,那么惯常时间上或进行动作后时间上的表达为"假",因而在语义上前者无法蕴涵后者。(13b)中活动动词词组的进行体表进行的动作行为,一般现在时和过去时表动作行为的惯常或终结状态,如果从惯常时间上或进行动作后时间上再来表达这个动作行为,那么惯常时间上或进行动作后时间上的表达为"真",因而语义上前者蕴涵后者。(13c)中成就动词词组的进行体表动作行为"入睡"未实现,一般过去时则表动作行为"入睡"实现,如果从进行动作后时间上再来表达这个动作行为,那么进行动作后时间上的表达为"假",语义上前者无法蕴涵后者。上述只是涉及体-时不共现时进行体和一般时(过去、现在)之间的蕴涵关系,那么体-时共现有何限制? 从下位体角度看,英汉语的完成体均可出现在过去、现在和将来三个时中,如:

(14) a. I had finished the work.　　b. I finished the work.

　　c. I have finished the work.　　d. I will have finished the work.

从(14a)—(14d)中完成体标记的复杂度看,从简到繁依次为(14b)>(14a)/(14c)>(14d),由此,我们大致可建立一个体-时共现限制等级:完成体-过去时>完成体-现在时>完成体-将来时,等级上越靠左侧越具优先选择,受到的限制越小,而越靠右侧受到的限制越大,要么需要更多标记,要么缺失。完成体是实现的,将完成体是未实现的,因而完成体-将来时的共现限制最大。若从英汉语的上位体实现/未实现角度看,在时-体的共现上,过去和现在均可与实现体/未实现体共现,而将来只能与未实现体共现,那么可建立一个英汉语的时-体蕴涵共性,即将来时蕴涵未实现体,如下逻辑真值四分表所示:

表4-4　英语和汉语将来时蕴涵未实现体逻辑真值表

时	体	
	未实现体	实现体
将来时	真	假
非将来时	真	真

据表4-4,英语和汉语中存在将来时-未实现体、非将来时-未实现体和非将来时-实现体三种时-体共现方式,而将来时-实现体在英汉语中不存在。由于非将来时包括过去和现在,下例可验证这个蕴涵关系:

(15) a. He will go to the station tomorrow.
　　　明天他将会去车站。　　　(将来时-未实现体)
　　b. He would go to the station at that moment.
　　　当时他要去车站。　　　(过去时-未实现体)
　　c. He can go to the station now.
　　　现在他可以去车站。　　　(现在时-未实现体)
　　d. He went to the station at that moment.
　　　当时他去了车站。　　　(过去时-实现体)
　　e. He is going to the station.
　　　他正去车站。　　　(现在时-实现体)

4.4　体类型差异的认知动因

人类对时间的认知有"时间移动模式"(moving-time model)和"自我移动模式"(moving-ego model)两种模式(Fleischman 1982；Anderson & Keenan 1990)。时间移动模式将现实世界(包括说话者)看作静态恒量,将时间看作动态变量,时间从将来向过去流动,时间流动过程中经过现实中的所有事态。自我移动模式将时间看作静态恒量,将现实世界(包括说话者)看作动态变量,自我移动是从过去走向将来,移动过程中经过静态时轴上的一切时点和时段。这两种时间认知模式图示如下(Fleischman 1982：323—324):

图4-3　时间移动模式和自我移动模式

空间视点体属于时间移动模式,时间视点体则属于自我移动模式。这种时间认知区分只是从体意义的角度来讲的,是一种总体上的时间认知倾向,而非绝对。在不涉及体意义的语言编码中,时间移动模式语言中也会有自我移动模式的编码,自我移动模式语言中也会有时间移动模式的编码,如英语具有时间移动模式"the coming week"和自我移动模式"the week ahead"两种模式的语言表达。Guillaume(1990:141—142)(转引自Hewson 2012:513)将以时间移动模式来认知的时间称为"下行时间"(Descending Time, DT),将以自我移动模式来认知的时间称为"上行时间"(Ascending Time, AT),下行时间是人们对时间进行认知的客观意象,而上行时间则是对时间进行认知的主观意象。换言之,前者是客观时间,后者是主观时间,后者是一种主观上静止的通向未来的时间。我们将它们的区别表示如下图:

 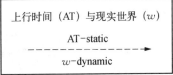

图4-4　下行时间和上行时间与现实世界的关系

空间视点体采用下行时间模式,时间视点体则采用上行时间模式,造成时间认知差异的原因在于对同一现实世界采取不同的参照物或观察视点。无论下行时间或上行时间,参照物必须是静态的,犹如观察者在行驶的火车上观察路边的树:以火车为静态参照,路边的树向后移动;以路边的树为静态参照,火车向前行驶。同理,空间视点体以现实世界为静态参照,时间下行移动,时间视点体以时间为静态参照,现实世界上行移动。空间视点体以现实世界(空间)中的点或段为参照,时间视点体以时轴上的点或段为参照,因而选择时间域还是空间域中的静态参照物是造成体类型差异的主要原因。

对于时-体共现的限制差异,空间视点体以静态空间为参照,时间下行过程转瞬即逝,在说话时间上很难观察到一个完整事态,时点性事态也很难恰好发生在说话时间上,因而空间视点体语言现在时不能与完整体共现。时间视点体语言以静态时间为参照,过去和现在已发生或正发生的事态是实现,未发生的事态是未实现,但未实现未必是将来时,而将来时必定是未实现,因而时间视点体语言中将来时不能与实现体共现。两种体类型都有上下位的体层级,上下位体可归结为原型体和非原型体,原型体在语言中占据更重要的语法地位,两种体类型中的视点体均是原型体,但其在上下体层级中处于不同的层次,如下图所示:

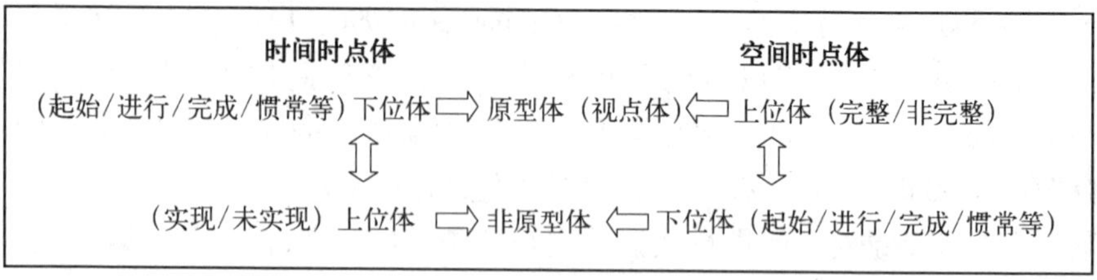

时间时点体		空间时点体
(起始/进行/完成/惯常等)下位体 ⇨ 原型体(视点体)⇦ 上位体(完整/非完整)		
⇕		⇕
(实现/未实现)上位体 ⇨ 非原型体 ⇦ 下位体(起始/进行/完成/惯常等)		

图 4-5 不同体类型的原型体和非原型体

4.5 小 结

国内外学界体范畴研究领域尽管成果斐然,但忽略了体具有跨语言的类型差异,导致了将相同的体概念应用于所有语言的泛用现象。不同语言族群描述事态的阶段或状况时,并不采取完全相同的参照视点。体范畴有空间视点体和时间视点体两种类型,前者以俄语、芬兰语和捷克语为代表,后者以英语和汉语为代表,这两种体类型在认知范畴化原型、体范畴层级、体范畴的显赫性和体-时共现限制等方面具有跨语言的显著差异。不同体类型语言有不同的时间认知模式,选择时间域还是空间域中的静态参照物是造成体类型差异的认知动因。

国内学界不少学者将汉语的完成体看作完整体实为不妥。英语和汉语尽管在体编码手段上迥异,但都可归入时间视点体类型语言,与以俄语为代表的空间视点体类型语言有较大差异,体类型差异可归因于不同的时间认知模式,当然这只是我们基于有限语种样本的一种理论假设,尚需要在大规模语种样本中进一步验证。

第五章

英语二分时与情态屈折语假设的非兼容性

5.1 引 言

　　学界不少学者认为英语没有将来时,现在和将来时间表达均用现在时的零形态,will/shall 只是情态表达手段(Lyons 1977;Comrie 1985;Trask 1999;Giannakidou 2014;王和玉、温宾利 2015)。王和玉、温宾利(2015)基于最简句法提出的"情态屈折语假设"支持英语无将来时。该假设认为时只是表达"现实"(过去-现在)的语法手段,将"will/shall"分析为显性情态屈折语 T_{MOD},而一般现在时表将来事态句中则存在隐性情态屈折语 T_{MOD},认为英语情态屈折语 T_{MOD} 和时屈折语 T_{TNS} 呈互补分布,汉语情态屈折语 T_{MOD} 和体屈折语 T_{ASP} 呈互补分布,从而得出结论:"will/shall"本质上是现在时表将来意义,它们主要体现情态意义,将来意义只是非现实情态的一种解读方式,证据之一是古英语无将来时。

　　时-体-情态在概念意义上分别指对事态的时间定位、对事态的阶段或状况描述、对事态的看法或态度,不同语言可有不同表达手段。若以此角度看,情态屈折语假设中的"将来意义"(futurity)其实是体意义,即将来未然事态(将行体)。本章试图在回答以下问题的基础上,论证英语有将来时,并从语言事实本身证明时-体-情态在表征上并无明显界限,可以共现;跨语言时-体-情态之间的关系纵然复杂,但仍有诸多规律可循,同时也间接为形式句法分析提供启示:句法上 T_{MOD}-T_{TNS}-T_{ASP} 不呈互补分布。

第一,从假设的逻辑自洽角度看,因情态屈折语假设将时限定为只表"现实",导致"will/shall"同时承载"现实"(现在时零形态)和"非现实"(情态)。二分时和情态屈折语是否兼容?

第二,从共时角度看,"will"在不同语境中可有"言者的预期/预测"(认识情态)和句中"述谓主体的意愿/意图"(能愿情态)两种解读,而"shall"除了这两种解读外,还可表"言者对事态必定发生的预期"(认识情态)和句中"述谓主体的应允/决意"(道义情态)。"现在时表将来意义"的说法是否能涵盖"will/shall"的这些释义?

第三,"将来意义只是非现实情态的一种解读方式"的观点可理解为:非现实是根本,将来意义(将行体)不过是非现实的一种衍生物。若仅考虑情态,非现实可包括认识、道义和能愿,那么非现实与"will"的意义交集只有认识和能愿,而与"shall"的情态意义交集则有认识、道义和能愿。若从时-体-情态的语法化角度看,"将来意义"(将行体)是否就是由这些情态意义演变而来?古英语无将来时是否意味着当代英语也无将来时?

第四,从跨语言角度看,将非现实限定为情态范畴尚有不妥。根据笔者考察,现实/非现实从跨语言上看不属于单一范畴,但通常与时-体-情态三个范畴有关,究竟与哪个范畴关联视具体语言而定。那么不同语言中现实/非现实和时-体-情态之间有何关系?时-体-情态是否有类型差异?若有,有何表现?英语中将"will/shall"仅限定为非现实情态标记有何不妥?

5.2 英语二分时和情态屈折语假设的问题

情态屈折语假设支持英语二分时,但其在世界语言的时类型认识和时的定义方面尚值得进一步探讨,具体表现在:第一,认为时与时间不一致,时只是体现"现实"的语法手段;第二,将世界语言中有二分时作为英语的时可二分的证据。

陆丙甫(2006:37)曾指出,语法研究中形-义间的一致性应作为语法分析的一个起点,一致性应当作正常的理想常态,而不一致关系应处理为异常状态。那么情态屈折语假设有关时与时间不一致的论断真的是语言事实吗?仔细追究起来,并非如此。上述第一个观点的本质是,首先将"will/shall"限定为非现实情态的专有标记,而不是将来时标记,将来意义源自对非现实情态的解读,因而会产生无法为事态提供时间参照点、无法将句子命题进行时间定位和无法表达现实情态等后果。但问题是,"will/shall"作为非现实情态的专有标记是否合适?该问题是本章中从共时、历时和跨语言等方面进行验证的关键。该假设第二个观点与第一个观点一脉相承,其实世界语言的时不只有二分,还有三分和多分,若将时仅定义为时间的形态表达手段,三分和多分也有广泛的语言事实。经考察以往类型学成果中的语料,结果如表5-1所示:

表 5-1　世界语言的时类型及典型语言

时 类 型		典型语言举例
二分时	过去时/非过去时	卡拉达语(Kannada)、伊丁语(Yidiŋ)
	将来时/非将来时	图康伯西语(Tukang Besi)、霍皮语(Hopi)、塔克尔玛语(Takelma)、拉科塔语(Lakota)、迪厄巴尔语(Dyirbal)
	现在时/非现在时	印地语(Hindi)(尚不确定,有兼表过去和将来的词,如 *kal* 表昨天或明天,*parson* 表前天或后天)
三分时	过去时/现在时/将来时	立陶宛语(Lithuanian)、库鲁克语(Kurukh)
多分时	多个过去时/现在时/多个将来时	亚美尼亚语(Armenian)、格列博语(Grebo)、哥达语(Kota)、哈亚语(Haya)、延巴语(Yémba)

表5-1中除了现在/非现在的印地语尚不确定外,其他语言都用形态手段表示时的差异。也就是说,上表二分时中的将来/非将来、三分时和多分时中的将来时均使用形态手段。假如"将来"是一种非现实,若认为时

只是体现"现实"的语法手段,那么上表语言中用形态手段表达的将来时也不能称之为时,这样时的定义从跨语言来讲显得过于严格。该定义一方面可能考虑到句法理论假设模型的需要,另一方面可能是对 Whaley(2009:204)的误读,后者的意思是,从跨语言角度看,时、体、语气(mood,情态的语言表征)均可帮助表达时间,不过它们不是"时间现实"(temporal reality)的直接反映,而是言者反映时间现实特定角度的语法手段。"时间现实"指过去、现在和将来的时间,其中"现实"不是现实/非现实中的"现实"(realis),该表述强调言者表达时间的主观性。Whaley(2009:206—207)也指出,不同语言用不同语法手段来表达时(如形态或词汇等)。

现在问题是,世界语言中的二分时是否可作为英语的时可二分的证据?先看典型过去/非过去二分时语言的时标记特点,如下印度境内的卡拉达语:

(1) 卡拉达语(Bhat 1999:17)

    a. avanu   manege   ho:-d-a.

       he   home   go-PST-MAS.3SG

      He went home.

    b. avanu   manege   ho:gu-tt-a:ne.

       he   home   go-NONPST-MAS.3SG

      He goes home (habitual)./He will go home.

(1a)中过去时标记为"d",而(1b)中显性非过去时标记"tt"兼表现在时间和将来时间。若说英语用现在时(或非过去时)零形态兼表现在时间和将来时间似乎也能说得过去,但事实并非这么简单。情态屈折语假设支持以往英语二分时论所持的观点,即"will/shall"和其他普通动词一样都负载现在时零形态,提出显性情态屈折语 T_{MOD}("will/shall")和隐性情态屈折语 T_{MOD}(一般现在时句中)假设,将来意义(将行体)源于显性/隐性情态屈折语。该假设的主要观点可表示如下:

(2) a. He **will**[显性 T_{MOD}-将来意义]-Ø[现在时(现在/将来时间)] get up early.

    b. He [隐性 T_{MOD}-将来意义] get-Ø[现在时(现在/将来时间)]-s up early tomorrow.

此处需要说明我们处理（2b）中时标记和人称标记共现的方式，两者共现时，时标记比人称标记更倾向靠近动词，这是世界语言的共性。按情态屈折语假设，（2a）（2b）中现在时零形态 Ø 兼表现在时间和将来时间，将来意义（将行体）源于显性/隐性 T_{MOD}。下面按该假设所言的英语无将来时进一步推理看看会产生什么问题。

问题一：按照该假设，尽管零形态 Ø 兼表现在时间和将来时间，（2a）由于有显性情态屈折语"will"，只能表"现在时+将来意义"，并且"will"无论表达言者预期/预测还是句中述谓主体"he"的意愿/意图，将来意义（将行体）均来源于对非现实情态的解读。问题是：（一）"will"的所谓非现实情态表达功能只可能由言者的预期/预测或述谓主体的意愿/意图解读出，但若从跨语言时-体-情态的演变顺序及英语"will"的语法化路径看，将来意义（将行体）只能源于述谓主体的意愿/意图，不能源于言者的预期/预测。言者的预期/预测源于将来时，而将来时源于将来意义（将行体）。这牵涉到演变顺序问题。（二）"will"分别表言者预期/预测和述谓主体意愿/意图时，句子的时是否相同？这些问题下文会依次论述。

问题二：按该假设，（2b）中由于存在一个隐性 T_{MOD}，也只能表"现在时+将来意义"。可衍生出将来意义的隐性 T_{MOD} 是否是必需的？我们的疑问有如下两点：

第一，（2b）中句尾将来时间词"tomorrow"具有什么功能？若从句法层次上看，"tomorrow"应低于隐性 T_{MOD} 而高于 V，可看作 VP 的修饰性附加语，那么将来时间上的事态自然是将来意义。因而在表将来意义上，"tomorrow"比隐性 T_{MOD} 更有资格，也更具经济性。我们认为，英语中类似（2b）的句子均是言者陈述计划、安排或规定本身，强调说话时间上的计划或安排等，而不指涉计划或安排中的具体事态，关键是，其与情态表达无关，言者不需要表达预期/预测或者述谓主体不需要表达意图/意愿，因此用默认现在时，那么隐性 T_{MOD} 不是必需的。这类表达在汉语中一般采用"光杆"VP 结构，也不需要情态成分或其他时间副词/助词的参与，如（2b）译为"他明天早起"，类似句如：

（3）a. 他们十月份举行运动会。They hold sports meeting in October.
　　　b. 小李明天值班。Xiao Li is on duty tomorrow.

第二,根据情态屈折语假设,由于隐性 T_{MOD} 的存在,(2b)若不含将来时间词,仍可为将来事态句。由于该假设持二分时论,由此动词携带现在时零形态 Ø,而零形态 Ø 兼表现在时间和将来时间,那么将来意义更应从零形态 Ø 具有表将来时间的功能中解读出来,因为事态是发生在将来时间中。这种解读更直接、更具经济性,若再假设一个可衍生出将来意义的隐性 T_{MOD} 将会出现冗余现象。倘若隐性 T_{MOD} 假设的原因是:该句不含将来时间词,零形态 Ø 又兼表现在时间和将来时间,假设一个可衍生出将来意义的隐性 T_{MOD} 是为规避零形态 Ø 也可表现在时间而产生的"现在事态意义"解读。但该理由会导致英语二分时不具经济性,因为英语中不含任何时间词的现在时简单句如果既可表现在时间上的事态,也可表将来时间上的事态,将会出现大量歧义现象。因而从经济性角度看,隐性 T_{MOD} 假设和二分时并存不太经济省力。

问题三:情态屈折语假设认为,跨语言中时与时间不一致,时只是表达"现实"(过去–现在)的语法手段,英语情态屈折语和时屈折语呈互补分布,"will/shall"的现在时零形态是标句中心语 C 上的现在时[PRE]特征直接传递给情态屈折语 T_{MOD} 的结果。因该假设持二分时,所以"will/shall"同时承载现在时零形态 Ø 和非现实情态。特征传递假设尽管使得情态屈折语和时屈折语不共现,却导致一个不可协调的矛盾,即造成"will/shall"同时承载"现实"(现在时)和"非现实"(情态)的不合理现象。其实将时限定为只表现实或只有二分时的做法不符合跨语言事实,三分时语言如立陶宛语和库鲁克语等,多分时语言如亚美尼亚语、格列博语(Grebo)、哥达语(Kota)、哈亚语(Haya)、延巴语(Yémba)等,这些语言的将来时均用形态手段,若说这些形态手段因表非现实的将来时而不是时的表达手段显然不妥。

至此,还有个问题需要说明:前文例(1b)典型二分时语言卡拉达语用同一标记表示非过去时(现在时间和将来时间)为何不会出现大量歧义?这涉及认知范畴化问题,范畴化是人类对客观世界中具体或抽象事物进行分类的认知活动,时间本质上是一种抽象事物或心智概念,不同语言族群对时间区间的划分不尽相同,不同民族的哲学必然涉及时间维度(宇宙观和人生观等)、事态维度(知识论和认识论等)和情态维度(模态逻辑以及实然、或然世界的划分和认知等)的认知,语言中的语法手段必然会体现这些思考或者认知心理结构。Botne(2012:537)发现,多分时语言族群对时间的划分与该族群对自然周期和生活周期的认知或记忆及认识价值取向有关。卡拉达语族群对现在时间和将来时间的概念区分不敏感,其现在时间和将来时间的范畴化程度低,语言表达中也就没有歧义现象,例中的英文释义只是语言调查者以英语族群思维加以标注而已。英语族群则不同,其现在时间和将来时间的范畴化程度高,有明确的现在时间和将来时间的概念认知。因此,以往不少研究将英语等归为过去时/现在时(或非过去时)对立的语言其实并不妥。

5.3 英语 will/shall 和汉语"会/要"的时-体-情态表征

当代英语中,下例(4a)中的"will"有(4b$_1$)(4b$_2$)两种情态解读,而"shall"除了当主语为第一人称时可与"will"互换的用法外,还有两种用法,如(5a)中"shall"的(5b$_1$)(5b$_2$)解读:

(4) a. He *will* call you.

   b$_1$. (I think) The event that he calls you will happen.

   b$_2$. There is an event that he has a will to call you.

(5) a. He *shall* finish his work.

   b$_1$. (I think) The event that he finishes his work will certainly happen.

   b$_2$. There is an event that he promises to finish his work.

(4a)中"will"既可表达言者的预测/预期(认识情态),即(4b$_1$),也可表达述谓主体"he"的意愿/意图(能愿情态),即(4b$_2$)。(5a)中"shall"既可表达言者对事态必定发生的预期(认识情态),即(5b$_1$),也可表达述谓主体"he"的应允/决意(道义情态),即(5b$_2$)。若采用事件语义的新戴维森(neo-Davidson)刻画方法(Parsons 1990; Rothstein 2004),(4b$_1$)和(4b$_2$)可分别刻画如下:

(6) a. $\exists e[\text{CALL}(e) \land \text{AG}(he, e) \land \text{TH}(you, e) \land \text{At}(e, st<et)]$

b. $\exists e\exists e_1\exists e_2[e=^s(e_1\cup e_2)\wedge HAVE(e_1)\wedge AG(he,e_1)\wedge TH$
（intention，e_1）$\wedge CALL(e_2)\wedge AG(he,e_2)\wedge TH$
（you，e）$\wedge At(e_1,st=e_1t)\wedge At(e_2,st<e_2t)]$

（$4b_1$）的逻辑式（6a）意思是，有一个可能事态 e，该事态发生在说话时间之后；（$4b_2$）的逻辑式（6b）意为，事态 e 由事态 e_1 和事态 e_2 组成，事态 e_1 表示在说话时间上"他有一个意愿/意图"，事态 e_2 表示在说话时间之后"他给你打电话"。

从逻辑式可看出，"will"的言者预测/预期不是命题内容，而"will"的述谓主体意愿/意图则包含在命题内容中。从句义上看，"will"的言者预测/预期解读不表说话时间上言者的预测/预期"行为本身"，而表说话时间后可能发生的"未然事态"，表示将来时-将行体。"will"的述谓主体意愿/意图解读则包含两部分语义：一是说话时间上述谓主体的意愿/意图本身，其与言者的情态表达无关，该意愿/意图本身是"现在已然事态"；二是说话时间后意愿/意图的可能实现，是"将来未然事态"。其实"will"的这种情态解读相当于"am/is/are going to"所表达的时-体意义，这种解读表现在时-将行体。（5a）中"shall"的（$5b_1$）和（$5b_2$）分别表达言者的肯定预期和述谓主体的应允/决意，分析与"will"同理。可以讲，说话时间上的"意愿/意图/应允/决意"事态和说话时间后的未然事态是现实和非现实的对立。

综上所述，情态屈折语理论假设"will/shall"是"现在时表将来意义"的观点有其合理的一面，涵盖了"will"的意愿/意图和"shall"的述谓主体应允/决意解读时句子所表达的现在时-将行体，但无法涵盖"will"的言者预测/预期和"shall"的言者肯定预期解读时句子所表达的将来时-将行体。这表明，区分言者情态和述谓主体情态并识别它们是否包含在命题内容中是决定时意义差异的重要因素。

汉语中也存在类似现象，不少学者认为助动词"要"和"会"都是将来时标记（张济卿 1998a，1998b；石毓智、白解红 2007；张万禾、石毓智 2008），如石毓智、白解红（2007：39）虽注意到"要"的概念义包括时轴上两个不同位置（现时"希望/打算"的心理状态和将来"得到某东西或做某事"），但由于没有区分时和体以及言者情态和述谓主体情态，只将其当作将来时标记。"会"也是如此，区分言者情态和述谓主体情态将决定时的差异，如下例：

（7）a. 他要去办公室（了）。　　　（述谓主体意愿/意图,现在-将行）

　　　b. 他早晚要后悔（＊了）　　　（言者预期/预测,将来-将行）

　　　c. 他会说德语（了）。　　　　（述谓主体能力,现在-持续）

　　　d. 他会去办公室（＊了）。　　（言者预期/预测,将来-将行）

例（7）表明,"要"和"会"都有言者情态和述谓主体情态的解读,情态的载体差异在句子层面能用句尾语气助词"了"测试出来。句尾语气助词"了"表达言者的"断言"认识情态,言者可用句尾语气助词"了"对述谓主体的意愿/意图/能力（能愿）进行断言,如（7a）和（7c）,但是言者不能用句尾语气助词"了"对自己的预期/预测（认识）进行断言,如（7b）和（7d）。"了"的断言认识情态不具推论性,其与预期/预测认识情态的推论性相冲突。

"要"和"会"在时-体意义表达上同英语"will/shall"类似,做言者情态解读时表将来时,做述谓主体情态解读时表现在时。（7a）和（7c）中"要/会"所表达的述谓主体情态包含在命题内容中,而（7b）和（7d）中"要/会"所表达的言者情态不属于命题内容。

下面情况也能证明英语有将来时。英语限定句中表将来的定位性时间词虽不是时标记,但会影响时标记,尤其是位于句首的将来时间词,其与时不能发生冲突,如:

（8）a. ＊**Tomorrow** he *is going to/is about to/is to/wants to/plans to* call you.

　　　b. He *is going to/is about to/is to/wants to/plans to* call you **tomorrow**.

例（8）中的谓语结构均表达说话时间上述谓主体的意愿/意图,表现在时-将行体,为何（8a）不合法而（8b）合法? 句首时间词倾向与参照时间关联,句尾时间词则倾向与事态时间关联（Hornstein 1993）。参照时间其实是视点时间,在区分时和体的情况下,时由说话时间和参照时间的关系决定,体由参照时间和事态时间的关系决定,而说话时间和事态时间的关系对时-体没有贡献（Johnson 1981；Klein 1994；Olsen 1994；Thompson 2005；金立鑫 2008b；于秀金 2013a,2013b,2014）。（8a）中与参照时间关联的句首时间词位于说话时间的将来,谓语结构需用将来时；（8b）中与事态时间关联的句尾时间词和谓语结构所表达的现在时-将行体没有冲突。换句话说,以将来的参照视点来看待说话时间上述谓主体的意愿/意图不合情理。同理,如果表将来的定位性时间词出现在"will"限定句中,若位于句尾,时-体-情态的表达兼容,若位于句首,"will"表述谓主体的意愿/意图解读不可接受,如:

(9) a. **Tomorrow** he *will* call you.

    a₁. (I think) The event that he calls you *will happen* tomorrow. (言者预期/预测)

    a₂. * There is an event that he *will have a will* to call you tomorrow. (* 述谓主体意愿/意图)

  b. He *will* call you **tomorrow**.

    b₁. (I think) The event that he calls you *will happen* tomorrow. (言者预期/预测)

    b₂. There is an event that he *has a will* to call you tomorrow. (述谓主体意愿/意图)

至于英语中用过去时形式表虚拟、礼貌或委婉等意义,则是由显赫的过去时范畴向认识情态的扩张所致,当然扩张过程是历时的,这个问题下一节会进一步论证。总体而言,相对于体和情态,英语的时显赫,其时-体-情态及其主要标记如下分布图所示:

过去时				现在时			将来时		
屈折(普通动词)	should/might	would/could	零形态(普通动词)	must/may	can	will(shall)		
完成/未完成-虚拟	允许/义务	委婉/礼貌	完成/未完成	预期/预测-允许/义务	允许-能力	将行/将完成-预期/预测-意愿/意图		
体-认识	道义	能愿	体	认识-道义	道义-能愿	体	认识	能愿

图 5-1 英语显赫时与非显赫体-情态的范畴对应及其主要标记

综上分析,情态屈折语理论假设有关"will/shall 现在时表将来意义"的说法不能涵盖"will/shall"的所有释义,因为英语有将来时。此外,时-体-情态的共现也从侧面说明句法上情态屈折语 T_{MOD}、时屈折语 T_{TNS} 和体屈折语 T_{ASP} 并不呈互补分布,它们可以看作不同层级投射的功能中心语,在过去时句中也可共现,如"At that moment he was going to leave."。

汉语词尾体标记"了/过"可与句尾表情态意义的语气词"了/啦"共现（他去了/过美国了/啦），因而汉语情态屈折语 T_{MOD} 和体屈折语 T_{ASP} 也不呈互补分布。

5.4　从跨语言时-体-情态共性看英语显赫时的扩张

本节探讨上文中第二个问题。假如非现实只涉及情态，则包括认识、道义和能愿，那么情态屈折语假设所言的"将来意义"（将行体）是否源于对这些情态意义的解读？或者说，历时上将来事态体义是否由它们衍生而出或演变而来？古英语无将来时能否决定当代英语也无将来时？

5.4.1　跨语言时-体-情态的共时/历时共性

根据 Dahl（1985）对 64 种语言的统计以及 Bhat（1999）对印度境内和部分南岛语系语言的调查，世界语言中时-体-情态三个范畴在语言表达上倾向纠缠在一起（俄语等除外），多数情况下很难完全剥离，造成了时-体-情态的复杂形-义对应关系。但当表时-体-情态的语法成分共现时，还是表现出跨语言共性。Bybee（1985a：34—35）建立了一个跨语言屈折词缀离动词词干远近的距离等级，如下所示：

动词词干>配价>语态>体>时>情态>人称或数

等级上从左向右离动词词干越来越远，动词词干和屈折词缀之间在意义和形式上存在距离象似性，某一范畴离动词词干的语义关系越远，语言形式上就越远。上述等级上的体、时、情态是相邻的三个范畴，一方面反映了它们都是与事态具有密切关系的范畴，另一方面反映了体、时、情态与事态本身的语义关系越来越远，越来越主观化。这是时-体-情态在共时上的跨语言倾向。

若从与谓词的关系来看,体、时及情态的辖域由低到高或由里到外构成一个语义层级,如(10a)希多特萨印第安语中体、时及情态的显性标记离动词由近至远,辖域构成如(10b)的层级(Hengeveld 2011:578):

(10) a. Wíra i   ápáari ki   stao   ski.
     tree it grow   INGR REM.PST CERT
     The tree must have begun to grow a long time ago.
   b. [Certainty[Remote past[Ingressive[predicate+arguments]]]]

在(10b)的辖域层级中,辖域从小到大依次为:起始体>远过去时>确信(预测)情态。若从跨语言语法化倾向来看,体、时及情态的演变遵循从低辖域到高辖域的方向,而不会相反,因此总体语法化趋势是由体标记向时标记再向情态标记演变(Hengeveld 1989:142)。这是时-体-情态在历时上的跨语言倾向。该演变路径与Bybee(1985)所提出的语法化倾向是一致的,即语法成分在演变过程中与动词越来越不相关。

5.4.2 英语中显赫时向体-情态的扩张

英语的时显赫,时可以向非显赫的体和情态扩张。从跨语言角度讲,一显赫范畴首先向其邻近范畴或与其有密切关系的范畴扩张很可能具有普遍性。英语中显赫的时向体和情态扩张分别有两种可能方式,可图示如下:

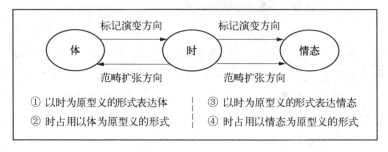

图5-2 时-体-情态标记的历时演变与时的扩张

需要说明的是,从体到时再到情态这种从低辖域到高辖域的历时演变与语言库藏类型学(刘丹青 2011,2012,2014)中显赫范畴的历时扩张可能有关联,但不是一回事。从低辖域到高辖域的演变可能是显赫范畴扩张的原因,也可能是其他原因。演变若是显赫范畴扩张驱动的,则有两种可能情况:显赫的低辖域范畴向非显赫的高辖域范畴扩张,或者显赫的高辖域范畴向非显赫的低辖域范畴扩张。根据刘丹青(2011,2014)的论述,显赫范畴的评估标准为语法化程度高且具有强制性、系统性和扩张性。我们将显赫范畴向非显赫范畴扩张归纳为两种方式:第一,以显赫范畴为原型义的表达形式可表达非显赫范畴义;第二,显赫范畴占用以非显赫范畴为原型义的表达形式。显赫范畴扩张的动因是语言经济性原则中的聚合经济性,或曰"物尽其用原则",即一语言形式尽可能被充分利用以表更多意义。

图 5-2 中包含跨语言时-体-情态的标记演变共性与英语时的扩张方向两个方面的内容,英语中的显赫时向体扩张有①和②两种可能方式,向情态扩张有③和④两种可能方式。跨语言时-体-情态的标记在历时演变过程中,并不总是遵循体标记→时标记→情态标记,某个阶段可能不存在,比如一些语言中可能只存在体标记向情态标记的演变,缺少中间的时标记阶段,但不会存在情态标记→时标记→体标记的反方向演变倾向。同理,英语中时的扩张不论采用何种方式,原型范畴的标记在负载非原型范畴意义时,不能产生情态标记→时标记→体标记的顺序,但某个阶段的标记演变可能不存在。下面看看英语中显赫的时向体和情态扩张的四种方式是否符合上述跨语言倾向。

(一)时向体扩张

1. 以时为原型义的形式表达体,主要体现为过去时形式(元音更替和外部屈折"-ed")表终结体。由于当代英语中体不显赫,这种体义主要依赖对事态时间的解读而产生。根据 Bybee et al.(1994:150),元音更替和外部屈折"-ed"在古英语中就表过去时,其中"-ed"由古英语"dyde"(即"do")的过去时发展而来,而后被应用于其他动词。这种情况没有发生"时标记→体标记"演变的异常现象。

2. 时占用以体为原型义的形式,主要表现为将来时占用以将行事态为原型义的"will/shall"。该情况发生当代英语之前,因为当代英语中将行体只是一种推论性解读,"will/shall"已发展成以将来时为原型义的手段,而"will/shall"做述谓主体的意愿/意图/应允解读所表的现在时因为使用默认的零形态不典型,所以这种情况符合"体标记→时标记"的演变顺序。

（二）时向情态扩张

3. 以时为原型义的形式表达情态。在当代英语中表现为：第一，过去时形态的扩张，即用过去时为原型义的"would/might/could/should/had better"等形式表虚拟、礼貌或委婉、职责、劝告及愿望等情态，如下例（11a）—（11e）。第二，将来时词汇的扩张，即用将来时为原型义的"will/shall"形式表预测/预期情态，如下例（11f）（11g）。这些方面均符合时标记→情态标记的演变。当代英语不存在用现在时零形态表情态的情况，"must/can/may"虽承载各种情态和现在时，如下例（11h）—（11k），但情态不由零形态表达，而由历时上已出现的不同词汇义表达，这可能是零形态无法凸显情态的缘故。该情况类似于"will/shall"表述谓主体的意愿/意图/应允。

(11) a. But for his help, we *would/might* be working now.

  b. He *should* leave now.　　c. *Could* you help me?

  d. You *had better* leave.　　e. I *would rather* he left now.

  f. I think he *will* help us.　　g. I'm sure he *shall* leave tomorrow.

  h. You *must* finish it.　　i. He *must* be in the room.

  j. He *can/may* swim.　　k. You *can/may* come in now.

4. 时占用以情态为原型义的形式。在当代英语中没有表现，即历时上不存在"情态标记→时标记"的演变。这个论断也是对"will/shall 只表情态而不表将来时"观点的反驳。证据是，根据 Hengeveld（2011：580），英语中"will"的语法化路径如下所示（从左向右演变）：

动词>**意愿/意图(情状概念)**>将行(事态)>将来时(序列性)>**预测(命题内容)**

在以上演变等级上，"will"在古英语中是动词（意为"欲望"），从左向右依次演变，古英语无将来时还能说得过去，是因为"will"还未演变到这个阶段。但由于当代英语中"will"已具有最后一个阶段"预测（命题内容）"的意义，而这个意义是由将来时（序列性）演变而来的，认为当代英语无将来时也不符合"will"的历时演变规律。第二阶段"意愿/意图"和最后阶段"预测"的区分很关键。我们将演变过程推理如下：

"意愿/意图"是古英语中动词"will"(欲望)的引申义,应仍属于动词的词汇义范围,是动词的内在情状,相当于"want"类动词的词汇义,由于古英语没有专门的体标记,那么动词的内在情状就会对事态的表达起作用,因而继续引申为"将行事态",再进一步根据事态在时轴上的序列性引申为"将来时",最后引申为对非现实命题的"预测或预期"。在意义演变过程中,"will"的动词身份也发生了变化。实际上,当代英语中"will"有关述谓主体的"意愿/意图"解读只是历时上动词"will"的一种引申义在当代英语中的"意义滞留"。历时中的"意愿/意图"本质上属于动词的内在情状概念,包含在命题内容中,不应看作附加在命题内容之外的情态。由将来时引申出的"预期/预测"则是附加在命题内容之外的认识情态。

"shall"与"will"的演变区别在于,由于古英语中动词意义不同,"shall"第二阶段应为"应允/决意(情状概念)",最后阶段为"肯定预测(命题内容)"。

至此可以讲,情态屈折语假设所言的"will/shall 主要体现情态意义,将来意义只是非现实情态的一种解读方式"尚有不妥。无论是从跨语言时-体-情态的演变共性还是英语"will/shall"的演变过程来看,都找不到"将来意义"(将行体)是由情态意义演变而来的历时证据,也就是说,英语中"先有非现实情态,将来意义只是通过解读而衍生出"的可能性极低,英语历时中"will/shall"不存在"情态标记→时标记→体标记"的演变。

语义地图(semantic map)是语言类型学界描写个别语言中某个语法形式与其多种意义的关系以及跨语言中某功能范畴与表达形式之间关系的方法,其重要理念是"连续性假说"(Connectivity Hypothesis),即任何语言的某一范畴或任何一种结构的某一范畴在概念空间图上的投射必须是一个连续区域(Croft 2008:134)。语义地图既能展示个别语言的个性在跨语言共性概念空间上的分布,也能展示个别语言中某些语言现象的语法化过程。语义地图有一个蕴涵共性,在一个连续区域内,若一语言中某个语法形式可表达该连续区域内两端的概念义,则该语法形式一定能表达该连续区域内中间的概念义。前文"will"的语法化路径可看作"will"语法化的语义地图,"will"若在共时上能表达"意愿/意图"和"预测",则必能表达中间的"将行体"和"将来时"。

现代汉语助动词"要"既能表达述谓主体的意愿/意图,也能表达言者的预期/预测,那么"要"一定可以表达将行体和将来时。由于"要"同时承载时-体-情态意义,做将来时解读时,表言者的预期/预测,而做现在时解读时,则表述谓主体的意愿/意图。两种解读中的将行体意义不变。一语言表达形式从意愿/意图到最近将行体的演变具有跨语言倾向,这一倾向已被诸多学者所证实(Heine 1997;Kuteva 1998;Romaine 1999),如下例尼日尔-刚果语系的班图语——斯瓦希里语:

(12) 斯瓦希里语(Heine 2002:90)

    a. a-   na-   taka   ku-   ni-   ita.
       he-   PRS-   want   INF-   me-   call
       He wants to call me.

    b. a-   na-   taka   ku-   fa.
       he-   PRS-   want   INF-   die
       He wants to die. / He is about to die.

    c. M-   ti   u-   na-   taka   ku-   anguka.
       C3-   tree C3-   PRS-   PROX   INF-   fall
       The tree is about to fall.

据 Heine(2002:86),如果语境在一语言形式的语法化过程中起了驱动作用,或者说,在一语言形式从 A 意义到 B 意义的演变中,如果语境是一个重要诱因的话,则往往经历四个阶段:Ⅰ起始阶段(源意义)→Ⅱ联结语境阶段(目标意义前景化)→Ⅲ转换语境阶段(源意义背景化)→Ⅳ规约化(目标意义),如下表所示:

表 5-2　不同语境中一语言形式从表达 A 意义到 B 意义的语法化过程

阶　　段	语　　境	所产生的意义
Ⅰ起始阶段	不受约束	源意义
Ⅱ联结语境阶段	有一个经推理产生新意义的特定语境	目标意义前景化
Ⅲ转换语境阶段	有一个与源意义不相容的新语境	源意义背景化
Ⅳ规约化阶段	目标意义的解读不依赖于任何语境	目标意义

若依据上述四个阶段来判断斯瓦希里语中"taka"("want")的语法化程度,可以看出,"taka"只演变到第三阶段,即有新语境使得"taka"的意义与其源意义不相容,"taka"仍需要一个新语境来解读为目标意义,因而"taka"还没有完全规约化为最近将行体标记。

其实上表中阶段Ⅰ和阶段Ⅱ是以语言形式的 A 意义和 B 意义并存竞争的阶段,对于现代汉语中的"要"而言,由于其动词所表达的意图和助动词所负载的时-体-情态意义目前处于并存阶段,那么可以讲,现代汉语"要"的语法化程度仍处于第三阶段。对于现代英语中的"will"而言,尽管其动词所表意义已经消失,但仍同时负载时-体-情态意义,并不是情态意义的专有标记,那么"will"的语法化程度也处于第三阶段。

5.5 跨语言现实/非现实范畴和时-体-情态的关系

情态屈折语假设接纳 Bhat(1999)和 Palmer(2001)等诸多学者的观点,将非现实看作情态,但 Bybee et al.(1994:236—240)曾指出将现实/非现实作为一个有效范畴进行跨语言对比研究很令人怀疑,因为从跨语言角度看,现实/非现实并不能一刀切地归为情态范畴。我们认为,语言库藏类型学有关显赫范畴及其扩张性的理念对研究跨语言现实/非现实有启发意义,具体表现在:根据笔者的考察,现实/非现实跨语言倾向于与时-体-情态意义关联,究竟与这三个范畴中的哪些范畴关联视具体语言而定,如尤拉卡雷语中非现实包括将来、祈使、否定和惯常体的意义(van Gijn & Gipper 2009:155),而伊马斯语中非现实则指传说中的过去和不确定的将来(Foley 1991:237)。从表达形式上看,若一语言中现实/非现实显赫,则范畴化程度和语法化程度高,且具有强制性、系统性和扩张性。那么问题是,若一语言中现实/非现实显赫或者不显赫,时-体-情态有何表现,时-体-情态显赫还是不显赫?我们考察了 18 种语言简单句中现实/非现实、时、体和情态四个范畴的显赫性,结果如下表:

表5-3 跨语言现实/非现实与时-体-情态的显赫性对比(显赫○;不显赫×)

语　言	现实/非现实	时	体	情态
英语(English)	×	○	×	×
法语(French)	×	○	×	×
西班牙语(Spanish)	×	○	×	×
卡拉达语(Kannada)	×	○	×	×
尤拉卡雷语(Yurakaré)	×	○	×	×
喀雅傣尔德语(Kayardild)	×	×	×	○
阿库玛韦语(Achumawi)	×	×	×	○
切凯语(Q'eqchi)	×	×	×	○
俄语(Russian)	×	○	○	×
捷克语(Czech)	×	○	○	×
波兰语(Polish)	×	○	○	×
缅甸语(Burmese)	○	×	×	×
泰雷诺语(Terêna)	○	×	×	×
穆纳语(Muna)	○	×	×	×
穆尤渥语(Muyuw)	○	×	×	×
喀多语(Caddo)	○	×	×	×
图康伯西语(Tukang Besi)	○	×	×	×
莱沃语(Lewo)	○	×	×	×

　　经过考察和对比上表中各语言的情况,研究发现如下:

　　第一,一种语言若现实/非现实范畴显赫,则现实和非现实均有语法化程度较高的专有标记,并且现实标记和非现实标记呈互补分布,不能共现。该倾向性对情态屈折语假设也不利,表现如下:(一)若英语无将来时,

"will/shall"是非现实专有标记,但现实的专有标记是什么? 实际情况是现实没有专有标记,这种分布不合情理。(二)据该假设,时是表现实的语法手段,"will/shall"是非现实情态专有标记,这种处理一方面导致英语是现实/非现实显赫的语言,另一方面又导致现实/非现实标记共现的矛盾,如"will/shall"同时承载表现实的现在时零形态和非现实情态,"would"同时承载表现实的过去时形态和非现实情态。可以讲,英语中现实/非现实的范畴化程度低,不是英语语法范畴体系中的核心成员,处于边缘地位,"will/shall"不是非现实专有标记。

第二,在 7 种现实/非现实显赫的语言中,时-体-情态中的三个范畴倾向于均不显赫。在 11 种现实/非现实不显赫的语言中,时-体-情态中至少有一个范畴是显赫的。就是说,现实/非现实和时-体-情态之间存在显赫非均衡性。这种倾向性若是世界语言的蕴涵共性,该现象很可能与认知范畴化有关。若现实/非现实显赫,现实/非现实在范畴意义上已涵盖了时-体-情态的意义,只是在不同语言中可能有不同的意义解读,就是说,现实/非现实的"原型"在有的语言中是时,有的语言中是体,有的语言中是情态,时-体-情态中的一个或更多范畴意义已通过显赫的现实/非现实表达出来,若时-体-情态中的那个范畴再显赫的话,必然出现语法标记的冗余现象。这不符合语言的经济性原则。该倾向性对研究汉语时-体-情态有启发,由于汉语缺乏显性形态标记,不易观察,需专门论述,我们将在第七章论证汉语是现实/非现实显赫而时-体-情态三个范畴均不显赫的语言。

第三,在现实/非现实不显赫的语言中,俄语、捷克语和波兰语的时和体两个范畴均显赫,而其他现实/非现实不显赫的语言只有时或情态一个范畴显赫。我们在考察过程中发现,这三种语言中尽管时的语法化程度高(主要是过去时),但相比较而言,体比时更显赫,有以下证据:首先,从语法化程度上看,体标记已高度语法化,体现为派生构词词缀,在词库中已经存在,而时(过去时)则体现为屈折词缀,前者比后者语法化程度更高。其次,在系统性方面,"完整体/非完整体"对立体现为动词体对偶形式对立(少数动词以词根异干的形态表体义对立),而不同的时在形态方面没有形成对立。最后,在强制性方面,从词库中提取动词时,动词已带体标记,句子层面无法改变体意义,而时标记有时不是必需的,如俄语、捷克语和波兰语中完整体用于将来时不需要添加助动词或其他表时成分。

从以上可看出,俄语、捷克语和波兰语中完整体/非完整体与英语中"完成体/未完成体"的表达方式相距甚远。与其说俄语、捷克语、波兰语三种语言和英语一样现实/非现实不显赫,不如说前三种语言的体具有类型学价值。这种体类型以往学者有过关注,但观点不一:Comrie(1976:62)提出完整体/非完整体是跨语言中典型的体类型,而完成体不是,因为完成体在很多语言中可以与完整体/非完整体中的体自由搭配,例如保加利亚语的完成体与非完整体搭配,俄语的完整体和非完整体均可与完成意义搭配;但 Dahl(2000:17)认为俄语的完整体/非完整体系统与语言类型学中的典型体系统不同,完整体与时间指称没有必然联系。这些学者虽注意到(非)完整体与(未)完成体的差异,但没有作出跨语言的体类型区分,也未进一步研究。

我们认为,完整体/非完整体的对立很可能以"有界/无界"(bounded/unbounded)作为划分标准。这虽是一个假设,但有历时方面的证据:根据 Bybee et al.(1994:87),斯拉夫语、格鲁吉亚语、马尔吉语(闪-含语系乍得语族)、莫基尔语(南岛语系密克罗尼西亚语族)等语言中的完整体标记有一个重要来源,历时上由表示"定界意义"的副词(adverbial bounders)演变而来,它们类似于英语"eat up""write down"中的副词"up/down"等。

5.6 小 结

本章一方面从情态屈折语假设与英语二分时的问题、"will/shall"的共时解读、时-体-情态的跨语言演变与英语显赫时扩张的一致性、现实/非现实与时-体-情态的关系等几个方面论证了英语有将来时,另一方面试图揭示跨语言时-体-情态在表征上虽倾向纠缠,但仍有诸多规律或共性可循。跨语言时-体-情态在表征上倾向纠缠在一起是语言类型学界达成的共识,但如何纠缠以及纠缠中有何规律等问题至今困扰着学界。情态屈折语假设试图取消将来时、为"将来意义"(实为体意义)和情态意义划界限的做法其实并没摆脱时-体-情态在表征上倾向无界限的处境。暂不论非现实和情态的关系,该假设支持英语二分时论的实质是:"will/shall"负载两个方面的意义,即零形态的现在时和非现实情态,而将来意义则来自对非现实情态的解读。这种处理方式虽没提及体这个概念,但已默认"will/shall"同时承载时-情态-将来意义(体)。

基于最简句法的情态屈折语假设支持英语二分时论,本章结合语言库藏类型学和语法化的研究思路,从跨语言时-体-情态的范畴关联视角对该假设的有关论断进行检验,结果不支持该假设。具体研究结论如下: 第一,共时角度上,情态屈折语假设中的"隐性情态屈折语和二分时论并存"违背语言经济性原则,"显性情态屈折语和二分时论并存"无法涵盖"will/shall"有将来时-将行体(言者预期/预测是非命题内容)和现在时-将行体(述谓主体意愿/意图属于命题内容)两种解读。第二,语法化角度上,述谓主体意愿/意图历时上是动词的词汇引申义,实为动词的内在情状,可演变为将来意义(将行体),但言者预期/预测是由将来时演变而来的认识情态,将来意义(将行体)不可能源于言者预期/预测。这符合世界语言时-体-情态的语法化规律和英语中显赫时的历时扩张倾向。第三,跨语言上,现实/非现实不是单一情态范畴,其与时-体-情态在显赫性上呈不均衡分布;在现实/非现实范畴化程度高的语言中,现实/非现实标记呈互补分布。英语中现实/非现实的范畴化程度低,若说"will/shall"是非现实的专有标记而现实标记却阙如,也不支持英语无将来时。

　　可以讲,英语中"can/may/must"等助动词同时负载情态和现在时意义,只是在解读时它们的词汇义所表达的情态对零形态的现在时产生了压制,使得情态义更加凸显;而"might/should/could"用于表非过去事态时,本质是历时上显赫的过去时形式向情态扩张,由于它们的时形式与其所表达的时间不一致,或者说这些形式没有表达它们所应表达的过去时间,那么必定产生言外之意,使得更强烈的情态义有机会得以形成,历时上这种显赫过去时形式向情态扩张的动因很可能是语用推理,由此产生重新分析的语法化机制,最终形成语用法的语法化案例。这也表明,时-体-情态的纠缠不仅仅表现在共时上,在历时上也已经有体现。总体而言,在当代英语中,"will/shall"尚没有从将来时标记完全演变为情态标记,而"might/should/could"可看作情态专有标记,因为历时中它们的过去时意义在当代英语中几乎已被情态义完全抑制。

跨语言时-体-情态的
范畴化层级

6.1 引 言

  以往对跨语言时-体-情态的共性研究体现在共时和历时两个方面。在共时上,若时-体-情态三个范畴分别用屈折词缀标记,那么需遵守以下等级(Bybee 1985: 34—35): 配价<语态<体<时<情态<人称或数。等级上各个范畴的屈折词缀从左向右离动词词干越来越远,等级上的体-时-情态是相邻的三个范畴,各个范畴在形-义关系上具有距离象似性,某一范畴意义离核心动词词干所表达的事态越远,其屈折词缀形式就离动词词干越远。从与谓词的关系看,等级上体-时-情态的辖域从左向右或由低到高构成一个语义层级,Hengeveld(2011: 579—580)将体-时-情态的辖域关系用五个参数进行定义,这五个参数距离谓词由近到远或者辖域从低到高: 谓词属性<情状概念<事态<序列性事件<命题内容。体-时-情态的跨语言历时共性表现在语言标记的演变倾向上,Hengeveld(1989: 142)提出,从语法化来看,体-时-情态的演变遵循从低辖域到高辖域的方向,而不会相反,因

此跨语言的总体语法化趋势是,由体标记向时标记再向情态标记演变。该演变路径与 Bybee(1985)所提出的语法化倾向是一致的,即语法成分在演变中与动词越来越不相关。我们主张,体-时-情态从低辖域到高辖域的演变若是由显赫范畴向非显赫范畴扩张导致的,则有两种可能:显赫低辖域范畴向非显赫高辖域范畴扩张,即以低辖域范畴为原型义的表达手段表高辖域范畴;显赫高辖域范畴向非显赫低辖域范畴扩张,即低辖域范畴的表达手段被高辖域范畴占用(参见于秀金、张辉 2017)。

时-体-情态在共时和历时上的共性是基于三者分别标记的倾向性,但根据 Dahl(1985)对 64 种语言的统计以及 Bhat(1999)对印度境内和部分南岛语系语言的调查,世界语言中时-体-情态三个范畴在语言表达上倾向纠缠在一起(俄语等除外),多数情况下很难完全剥离。其实包括汉英语在内的很多语言的时-体-情态表征表现为多功能的形式,同时时-体-情态又分别为多表征形式的语义范畴。时-体-情态分别标记或共享手段很大程度上都反映了这三个范畴之间具有密切的关系,从共时和历时上看均有体现。那么它们究竟具有何种关系?

6.2 跨语言时-体-情态的范畴化层级假设

学界鲜有研究涉足跨语言时-体-情态的范畴化,我们尝试构建跨语言时-体-情态的范畴化层级来阐释两个问题:第一,时空是人类的基本认知域,然而时空的原型在不同语言中有别,世界语言可分为时空原型为有界/无界的语言和时空原型为现实/非现实的语言;第二,跨语言时-体-情态的表达形式倾向无明显界限。

在时空原型为有界/无界的语言中,有界/无界的下位基本层次范畴也包含时-体-情态三个范畴,但哪个范畴是有界/无界的原型?这种类型的语言与时空原型为现实/非现实语言不同,后者中时-体-情态中的任何范畴在不同语言中都可能成为原型范畴。从范畴化过程来看,从体到时再到情态是一个从具体到抽象的过程,体表达各种事态的阶段或状况,任何事态首先占据物理空间,然后才有抽象空间(时)和主观态度(情态),这是人类认知各种事态的基本次序,因而体比时和情态更能直接反映空间属性。通常情况下,在以有界/无界为时空原型的语言中,体更倾向于作为有界/无界的原型,即体比时和情态更易成为显赫范畴。在这类语言中,既然体是有界/无界的原型范畴或显赫范畴,那么体的低层次范畴必然以有界/无界作为划分标准,即"完整体/非完整体"。

　　以现实/非现实为时空原型的语言与以有界/无界为时空原型的语言在时-体-情态的显赫性上有较大差异,后者因为有界/无界为范畴化过程,体范畴(完整/非完整)往往表现为显赫范畴,但对于前者,不同语言中现实/非现实的显赫性差异较大,并且现实/非现实的原型究竟是时-体-情态中的哪个范畴也具有语种差异,这导致了一些学者如 Bybee et al.(1994:236—240)认为,现实/非现实能否作为一个有效范畴进行跨语言对比研究还很令人怀疑。跨语言的倾向是,在时空原型为现实/非现实的语言中,显赫性在现实/非现实范畴和时-体-情态范畴之间具有非均衡性。我们将人类语言中时-体-情态的范畴化层级构建如下:

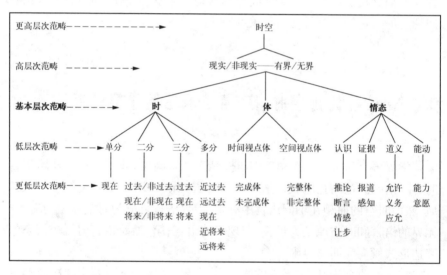

图 6-1　跨语言时-体-情态的范畴化层级理论假设

　　在上图的时-体-情态的范畴化层级中,处于较高层次上的范畴(包括更高层次、高层次和基本层次)具有 Ungerer & Schmid(2001:84)所言的"聚类功能"(collecting function),即根据某种或某些属性将一些符合条件的成员聚合到各自的下位层次范畴内。在更高层次的时空范畴中,现实/非现实和有界/无界是跨语言中时空的两个不同原型范畴。以现实/非现实为时空原型的语言族群对时间更敏感,而以有界/无界为时空原型的语言族群对空间更敏感。

同理,高层次范畴上的现实/非现实和有界/无界都将时-体-情态聚合到各自范畴下。时-体-情态三个范畴与现实/非现实、有界/无界都倾向具有蕴涵关系。以现实/非现实为时空原型的语言表现为:将来时蕴涵非现实,已终结/正进行/持续的事态蕴涵现实,预期/预测/假设认识情态蕴涵非现实。以有界/无界为时空原型的语言则表现为:现在时蕴涵无界,完整事态蕴涵有界,不确定性认识情态蕴涵无界。当然这些蕴涵关系从跨语言角度讲只有倾向性,不具绝对性。

需要对以有界/无界为时空原型语言中的现在时蕴涵无界和不确定性认识情态蕴涵无界进行说明。在这类语言中,现在时上的事态总是指非完整事态(包括正进行或持续、惯常或反复),即完整事态不可能发生在现在时间上,这类语言(如俄语、捷克语和波兰语)没有像英语那样的"现在完成时",英语现在完成时的意义在这些语言中必须用"过去时-非完整体"来表达。此外,这些语言中完整体的所谓"现在时零形态"形式必须作将来时解读。不确定性认识情态蕴涵无界主要指,事态的结果、事态的时间、事态的次数和事态的证据等对于说话者来讲具有不确定的属性,是无界的,比如乌拉尔语系的爱沙尼亚语中的"部分格"所表达的意义通常是无界的,可以负载不完整或不确定的证据型情态。

综上所述,跨语言总体上时-体-情态三个范畴在语言表征上没有明显界限就有了理据,无论是在以现实/非现实为时空原型还是以有界/无界为时空原型的语言中,时-体-情态均倾向于以语族相似性的名义聚合在现实/非现实、有界/无界的系统下。

6.3 时空原型为有界/无界语言的完整体/非完整体

6.3.1 显赫完整体/非完整体的理据与表现

从范畴化过程来看,从体到时再到情态是从具体到抽象的过程,体表达事态的阶段或状况,任何事态首先占据物理空间,然后才有抽象空间(时)和主观态度(情态),这是人类认知事态的基本次序,因而体比时和情态更能反映空间属性。在以有界/无界为时空原型的语言中,体更倾向是有界/无界的原型,即体比时-情态更易成为显赫范畴。我们发现,具有这种范畴化的语言有印欧语系东/西斯拉夫语族的俄语、捷克语和波兰语,乌拉尔语系的芬兰语、爱沙尼亚语和匈牙利语,南岛和高加索等语系的部分施-通格语言等。

先看这类语言中体显赫的表现。从语言表达上看,一范畴意义越使用形态手段来表达越趋于显赫,大致表现为(>指强于):形态手段>句法手段>词汇(刘丹青 2011:291)。语言表达方式上,这类语言的体意义主要有动词前缀(如斯拉夫语)、动词后缀(如马尔吉语)、格标记(如芬兰语)和逆被动态(如萨摩亚语)等表达方式,词缀、格标记和逆被动态都是形态-句法手段,它们的语法化程度高,且具有强制性和系统性。

俄语、捷克语等斯拉夫语中的完整体和非完整体通常构成对应词偶(少数以异干形式),完整体动词有前缀,非完整体动词用零形态,如下例(1)俄语和例(2)捷克语:

(1) 俄语

    a. Он　писал　　　　　　письмо.

       he　IMPRFV.write.PST.MAS　letter.NEU.ACC

       He was writing a letter.

    b. Он　написал　　　　　письмо.

       he　PRFV.write.PST.MAS　letter.NEU.ACC

       He finished writing a letter.

(2) 捷克语(Gillian 1997:162)

    a. Pil　　　　　kávu.

       IMPRFV.drink.3SG　coffee.ACC

       He was drinking some coffee.

    b. Vypil　　　　　kávu.

       PRFV.drink.3SG　coffee.ACC

       He drank up the coffee.

乌拉尔语系的芬兰语和爱沙尼亚语等语言中宾语使用不同的格标记来表达体意义,使用宾格或"所属格"(genitive)标记表达受事整体上受到动作行为的影响,强调受事的有界性,体意义上对应完整体,而使用"部分格"表达受事部分上受到动作行为的影响,强调受事的无界性,体意义上对应非完整体,如:

(3) 芬兰语(Hopper & Thompson 1980: 262)

    a. Liikemies   kirjoitti kirjeen   valiokunnalle.

      businessman   wrote   letter.ACC committee-to

      The businessman wrote a letter to the committee.

    b. Liikemies   kirjoitti kirjettä   valiokunnalle.

      businessman   wrote   letter.PART committee-to

      The businessman was writing a letter to the committee.

(4) 爱沙尼亚语(Miljan 2008: 2)

    a. Raul   ehitas   suvila-t.

      Raul.NOM build.PST.3SG cottage-PART.SG

      Raul was building a cottage.

    b. Raul   ehitas   suvila.

      Raul.NOM build.PST.3SG cottage-GEN.SG

      Raul built a cottage.

例(3)和例(4)反映了受事名词和动作行为之间的动态同构关系,物量和动作量之间具有渐变同质性,而体意义正是通过物量的有无界性体现出来的。这类体意义的解读方式与 Langacker(2002: 87)有关完整体/非完整体与可数名词/不可数名词之间的类比是一致的:完整体与可数名词相似,两者内部均是异质的、有界的且具可重复性;重复的完整体相当于反复体,非完整体则与不可数名词相似,两者的内部均是同质的、无界的且具不可重复性。

在有些体显赫的施-通格语言中,逆被动态这种语法化较高的手段用来表达体意义,根据 Spreng(2012),因纽特语的逆被动态语素本质上是体语素的一种变体,表达非完整体意义,如下(5b)为(5a)的逆被动态:

(5) 因纽特语(Spreng 2012: 13)

    a. anguti-up   arnap   kunik-taa.

      man-ERG   woman(ABS) kiss-PAR.3SG/3SG

      The man kissed the woman.

    b. anguti   kunik-si-vuq   （arna-mik）.

       man（ABS） kiss-AP-IND.3SG woman-mik

       The man is kissing（a woman）/someone.

    施-通格语言中的体显赫往往会导致"格分裂"（case split），即同一语言中由于完整体和非完整体的差异而分别使用施-通格配置和主-宾格配置。如果格分裂是由体因素导致的，那么施-通格配置出现在完整体句中；如果格分裂是由时因素导致的，那么施-通格配置出现在过去时句中（Dixon 1994：99）。也就是说，主-宾格配置则出现在非完整体句中。这种由体因素制约的格分裂主要出现在南岛语系波利尼西亚语族、印欧语系印度-伊朗语族和高加索语系北高加索语族等施格语言中，如南岛语系萨摩亚语和印欧语系印地语：

（6）萨摩亚语（Milner 1974：635）

    a. na   va'ai-a   e-le-tama   Ø-le-i'a.

       PST   look-PRFV   ERG-the-boy ABS-the-fish

       The boy spotted the fish.

    b. na   va'ai-Ø   Ø-le-tama   'i-le-i'a.

       PST   look at-IMPRFV NOM-the-boy ACC-the-fish

       The boy looked at the fish.

（7）印地语（Laka 2006：177）

    a. Raam-ne   roTii   khaayii   thii.

       Raam-ERG   bread.（ABS）FEM eat-PRFV.FEM was.FEM

       Raam had eaten bread.

    b. Raam   roTii   khaataa   thaa.

       Raam（NOM） bread（ACC） eat-IMPRFV.MAS was.MAS

       Raam was eating bread.

    （6a）和（7a）是使用完整体的施-通格配置，（6b）和（7b）是使用非完整体的主-宾格配置。值得注意的是，这两种语言的体显赫有着直接的证据：例（6）萨摩亚语两句中格配置与时无关，两句的时均为功能词"na"标记的过去时，其语法化程度也低于标记体意义的动词后缀；例（7）印地语两句的时为过去时，但时意义均隐含在体标记中。

前文例(7)这种以体标记表达时意义的情况可看作显赫的体向非显赫的时扩张的表现,即显赫范畴扩张方式之一的以显赫范畴为原型义的表达手段可表达其他范畴义。这种扩张方式在其他分裂施格语言中也存在,如印第安语系的乔尔语,在不及物动词句中,完整体句中的论元使用通格,完整体隐含过去时,非完整体句中的论元使用施格,非完整体隐含现在时:

(8)乔尔语(Coon 2013:62)

    a. Tyi   ts'äm-i-yoñ.

       PRFV   bathe-INTR-ABS.1SG

       I bathed.

    b. Mi   a-ts' äm-el.

       IMPRFV   ERG.2SG-bathe-NML①

       You bathe. (You do bathing.)

在有些语言中,当句中包含表将来的时间从句时,主句的完整体表达将来时,如塔希提语(Tahitian)、阿布哈兹语(Abkhaz)和拜宁语(Baining)(Bybee et al. 1994:95)。在没有任何表时标记的情况下,完整体表达将来时的情况在俄语、捷克语、波兰语、芬兰语和马尔吉语中尤为明显,这些语言的完整体动词在非过去时独立小句中隐含将来时,即当完整体动词带有与现在时同样的零形标记时表达将来时,而完整体与现在时的配置在这些语言中通常是缺省的,如俄语和芬兰语:

(9)俄语

    Он   приидет.

---

① 根据 Coon(2013),乔尔语不及物句中存在分裂 S,在完整体不及物句中,S 标记为通格,其语法地位相当于及物句中的 P,强调 S 的受事性,不能自主发出动作;在非完整体不及物句中,S 标记为施格,其语法地位相当于及物句中的 A,强调 S 的施事性,能自主发出动作。此时动词不带名词性补语,而且动词必须以名词性成分的身份出现,但句子必须有述谓性,因而这类所谓的"名词性成分"必须作为更高层次谓语的论元,这个更高层次谓语通常被认为是轻动词(light verb),此句的真实意义解读是"You do bathing.",即"你洗澡(你做洗澡的动作)"。

he PRFV.go.3SG.（PRS）

He will go.

（10）芬兰语（Sulkala & Karjalainen 1992：306）

  Outi lukee   kirjan.

  Outi read.（PRS）.3SG book.ACC

  Outi will read a book.

  以显赫完整体/非完整体为原型义的表达手段还可表达情态意义,比如俄语中的情态范畴语法化程度较低,没有像英语中那样的情态助动词,其情态意义有时靠副词和限定性的情态动词来表达,有时由显赫的体形式来表达。根据张家骅(2004),俄语非完整体(过去时/现在时)可表达拟定行为意义(确信在将来必然发生),非完整体(现在时)有时被称为"情态实际化现在时",将过去发生的行为当作现在发生的行为,表达说话者对行为的惊讶或愤懑。此外,非过去时的完整体形式除了可表达将来时外,还可表达句中述谓主体的"能力"情态(abilitive),如：

（11）俄语

  Я никак не постигну.

  I no way not PRFV.understand.PRS

  I can't understand.

  爱沙尼亚语中以完整体/非完整体为原型义的格标记可表达"证据型"情态(evidential),非完整体与非完整证据情态共享"部分格"标记,而完整体与完整证据情态共享零形标记。表达非完整证据的部分格标记来源于表达非完整体的部分格标记,前者是在后者所触发的同一结构中合乎文法的格一致(case agreement)而出现的(Tamm 2009：373)。在表达非完整性的证据情态意义时,部分格标记可出现在非限定性动词或限定性动词上,如(12a)和(12c)：

（12）爱沙尼亚语（Tamm 2009：367；373）

  a. Mari   kuulis   kägu   kukku-va-t.

    Mary[NOM] hear-3SG.PST cuckoo. PART cuckoo-PART_EVID

    Mary heard a/the cuckoo cuckoo.

b. Mari   kuulis   kägu.

    Mary［NOM］   hear-3SG.PST   cuckoo.PART

    Mary heard a/the cuckoo.

c. Mari   kirjuta-va-t   raamatu-t.

    Mary［NOM］   write-PERS.PRS.PTCP.PART   book-PART

    Reportedly/allegedly, Mary is writing a book.

d. Mari   kirjutas   raamatu-t.

    Mary［NOM］   write-3SG.PST   book-PART

    Mary was writing a book.

　　(12a)中带部分格标记的"kukkuvat"是非限定性动词,(12c)中带部分格标记的"kirjutavat"是限定性动词,它们均表达非完整性的证据情态,而(12b)和(12d)是没有表达非完整性证据情态的句式,这两句的动词均不带部分格标记。从历时角度看,根据 Tamm(2009：373),(12a)中非限定性动词"kukkuvat"原来是宾语"kägu"的修饰语(解读为"Mary heard a cuckooing cuckoo."),该宾语带部分格标记、表达非完整体意义,为保持格一致性,修饰语也带上了与其所修饰的宾语相同的部分格。但在后来发展阶段,宾语"kägu"经过重新分析而前移于动词后,与动词紧密联系,以表达事态的非完整性,修饰语则位于宾语之后,成为宾语的非限定性谓语,而其部分格标记则继续保留,逐渐成为表达非完整性证据情态的标记。同理,我们认为,(12c)中限定性动词上表达非完整性证据情态的标记"t"也是来源于其宾语上表达非完整体意义的标记。从表达非完整性证据情态角度讲,这很可能是从非限定性动词到限定性动词的一个类推。因而合理的推理是,爱沙尼亚语中从非完整体到非完整证据情态的这种扩张方式历时上是由象似性驱动的,经历了重新分析和类推的过程。

　　显赫完整体/非完整体的另一扩张方式是,完整体/非完整体范畴占用以其他范畴为原型义的表达手段,比如体范畴向领属范畴(领有"possession"和所属"genitive")或存在范畴扩张,即体意义占有以领属或存在意义为原型义的表达手段。问题是,这种扩张方式为何不是以领属或存在为原型义的表达手段来表达体? 跨语言的历时演变倾向是,领属/存在范畴的表达形式一般先于体范畴的表达形式产生,在形态丰富的语言中,共时上的体(以及人称、时、性、数、格、态)往往居于"语法范畴"的核心地位,而领属/存在范畴则处于"语法范畴"的边缘地位。一般推理是,表达领属/存在意义的形式被后起的显赫体范畴侵占,而不是领属/存在范畴向体范畴扩张。印第安雅基语中的语素"-ek"可标记完整体和领有:

(13) 雅基语(Jelinek & Escalante 1988: 414)

a. Peo   kar-   ek.
   Pete   house-PRFV
   Pete has house(s).

b. Peo   vuit- ek.
   Pete   run-PRFV
   Pete ran.

前文曾提到,在体显赫的分裂施格语言中,完整体和非完整体的差异甚至影响格配置。其实完整体、施格、领属(或存在)三者之间具有密切关系,Trask(1979: 398)发现,施格语言中的施格通常与表领属意义的属格、与格(dative)和方位格(locative)共享同一标记,因为施格语言中施-通格配置通常负载完整体意义,动作行为的施事被看作动作行为的领有者,而施格语言又没有非施格语言中(如英语)类似 have 的动词,因而施事被标记成与属格等相同标记的施格标记。在分裂施格语言乔尔语中,施格和属格(第三人称)共享标记"i",如下(14a)(14b),而完整体标记"tyi"可表达存在意义,此时是前置词,相当于英语的 in/on 等,如下(14c)。我们的推理是,"tyi"的原型在历时上是一个表达存在意义的动词,而存在可识解为动作行为结束后的情状,"tyi"被体范畴侵占后,逐渐虚化为表完整体的功能词和表存在意义的前置词。

(14) 乔尔语(Coon 2013: 52;87)

a. Tyi   [i-k'ux-u   waj   jiñi   alob].
   PRFV   ERG.3SG-eat-TR tortilla DET   child
   The child ate tortillas.

b. [i-ts'ì   jiñi   alob]
   ERG.3SG-dog   DET   child
   the child's dog

c. Añ   kabäl [aj-ts'äm-el-ob]   tyi   jà.
   LOC   many   CL-bathe-NML-PL   PREP   water
   There are many bathers in the water.

先看"现实/非现实"这对概念。Comrie（1985：39—40）和 Mithun（1999：173）这样定义现实/非现实：现实是已经发生或正在发生的实现了的情状，非现实是现实之外的所有情状，纯粹是在思想领域通过想象来认识的情状。现实/非现实的表达形式在不同语言中的语法化程度有差异，可用实义词汇、功能词和附着语素或词缀来表达（Palmer 2001），但在范畴归属上学界尚没有定论。不少学者如 Bhat（1999）和 Palmer（2001）等将它们归入语气或情态范畴，但一些学者如 Bybee et al.（1994：236—240）认为，将现实/非现实作为一个有效范畴进行跨语言对比研究还很令人怀疑，因为跨语言中现实/非现实不能清晰地归入某个语义范畴。Givón（1994：266）提出非现实既是功能范畴又是形式范畴，这反映了不同语言中非现实的语法化程度差异，有的语言中其语法化程度高而成为形式上的语法范畴，而有的语言中其语法化程度低，可看作认知概念上的功能范畴。我们将（非）现实和时-体-情态均看作功能范畴，从而使得不同语言中同一功能范畴之间或特定语言中不同功能范畴之间的显赫性差异具备对比基础。根据笔者的考察，现实/非现实标记所表达的意义通常与时-体-情态有关，但不同语言族群对它们的认知可能不同，究竟表时-体-情态中的哪个范畴视具体语言而定，如：

（15）穆尤渥语（Bugenhagen 1993：18）

    a. yey b-a-n   Lae nubweg.

       I   IRR-1SG-go Lae tomorrow

       I will go to Lae tomorrow.

    b. yey n-a-n   Lae.

       I   REAL-1SG-go Lae

       I went to Lae.

（16）喀多语（Chafe 1995：356）

    a. kaš   sahʔ   yi＝bahw.

       PROH   2.AG.IRR   see

       Don't look at it.

    b. kas   sa   náy＝ʔaw.

       OBL   3.AG.IRR   sing

       He should/is obliged to sing.

（17）图康伯西语（Donohue 1999：153）

    a. no   baiara   é.

       3SG.SUBJ.REAL   pay   3SG.OBJ

       She has paid it.

    b. na   baiara   é.

       3SG.SUBJ.IRR   pay   3SG.OBJ

       She is going to pay it.

    穆尤渥语非现实标记类似于汉英语"将会/will"，兼表"将来+未完成+预期/预测"，将来时通常比体和情态更凸显，现实标记只出现在过去时句中，现在时句可有标记或无标记，但有标记时须为非现实，因而穆尤渥语现实/非现实更注重过去/非过去二分时意义。喀多语非现实标记一般表情态，如禁止、命令和义务等。图康伯西语（非）现实标记主要与体有关，现实标记表完成，非现实标记表未完成。

    认知中的"范畴化"是人类对现实世界中具体或抽象事物（包括语言本身）进行分类的认知活动，不同语言族群因文化背景或环境差异，其范畴化过程也可能不同。现实/非现实究竟与时－体－情态中的哪一个范畴关联因语言族群差异而不同，原因是，时－体－情态三个范畴本身对于不同语言族群并不具有相同的重要性和敏感性，即它们在不同语言族群中可能具有不同的范畴化程度。对于特定语言族群而言，时－体－情态三个范畴中有的范畴被认为负载更多现实/非现实的属性，成为该族群这三个范畴中的核心范畴，有的范畴则被认为负载较少现实/非现实的属性，成为边缘范畴。从范畴化及其原型理论（Lakoff 1987；Taylor 2002）的角度看，现实/非现实的"原型"在不同语言族群中有别，前文例（15）至（17）语言中对现实/非现实的原型认知有差异，可图示如下：

图 6 - 2　跨语言现实/非现实的原型

原型成员比边缘成员的范畴化程度高,是现实/非现实范畴系统中的典型成员。现实/非现实的原型在穆尤渥语中是时,在喀多语中是情态,在图康伯西语中是体。也就是说,人类对客观世界的范畴化在现实/非现实范畴中表现出原型效应。

以现实/非现实为高层次范畴的语言在分布上,除了前文提到的穆尤渥语、喀多语及图康伯西语外,印欧语系的英语、法语、荷兰语等,汉藏语系的汉语、缅甸语、泰语等,玻利维亚境内的尤拉卡雷语,巴西境内泰雷诺语,以及巴布亚境内阿麦雷语、伊马斯语等都是以现实/非现实为高层次范畴的语言。缅甸语和泰雷诺语中的现实/非现实是语法化了的显赫范畴,如下例(18)和(19);而现实/非现实在尤拉卡雷语中是非显赫范畴,时范畴则为语法化了的显赫范畴,体现为将来/非将来对立,将来用动词后缀"-shta",非将来为零形态,如下例(20):

(18) 缅甸语(Myint 1994:126; Okell & Allott 2001:248)

    a. θú=sʰi=ko　　　θwà=mε.

      his=place=to　　go=IRR

      I will go to his place.

    b. mìlāu=tɛ́　　　ətʰɛ́=ma　　əkõu　　pa=θwà=tε.

      burn=REAL　　inside=at　everything　lose=go=REAL

      Everything was lost in the fire.

(19) 泰雷诺语(Ekdahl & Grimes 1964:268)

    a. pih-óp-o.

      go-DIR-REAL

      He went to where he came from.

    b. hyoko　　　pih-ép-o.

      NEG.IRR　　go-DIR-REAL

Do not go where you came from.

（20）尤拉卡雷语（van Gijn & Gipper 2009：157）

    a. tishilë   bobo-y   ti-tib   talipa.

       now   hit/kill-1SG.SUBJ   1SG-pet   chicken

       I just killed my chicken.

    b. tishilë   mi-la-bobo-shta-tu.

       now   2SG-AFO-hit/kill-FUT-1PL.SUBJ

       Now we are going to kill him（to your detriment）.

6.4.2　现实/非现实和时-体-情态的显赫非均衡性

穆尤渥语、喀多语及图康伯西语中（非）现实范畴显赫，语法化为形态手段，时-体-情态范畴尚未语法化。van Gijn & Gipper（2009：155）发现尤拉卡雷语中（非）现实范畴未语法化，时范畴则为语法化的形态。跨语言中（非）现实不是单一范畴，其原型为时-体-情态之哪一范畴，因语言不同而不同。据此，我们初步提出如下理论假设：

> 显赫性在现实/非现实和时-体-情态之间具有非均衡性。当现实/非现实为非显赫范畴时，其下位范畴层级上时-体-情态中的任何范畴在不同语言中都可能成为显赫范畴，该显赫范畴就是现实/非现实的原型。当现实/非现实本身显赫时，有以下两种可能：
>
> 第一，时-体-情态中的任何范畴都不显赫，现实/非现实的原型是时-体-情态中的一个或多个范畴；或者说，当时-体-情态均不显赫时，现实/非现实倾向显赫；
>
> 第二，时-体-情态中也有范畴显赫，现实/非现实的原型是时-体-情态中不显赫的范畴。显赫现实/非现实的原型不可能是时-体-情态中的显赫范畴，这是语言的经济性原则所致。

可以讲，现实/非现实从跨语言角度看不属于单一范畴，其原型范畴是时-体-情态中的哪个范畴随语言族群不同而不同。那么上述理论假设是否适用于英语和汉语？

先看英语。英语没有语法化程度高的现实/非现实标记,即现实/非现实不显赫,而时的语法化程度高于体和情态,且具系统性和强制性。显赫的时必然具有扩张性,主要表现为两种方式:以时为原型的表达手段可表达体意义;以时为原型的表达手段可表达情态意义。对于第一种扩张方式,由于不同情状类型的动词会影响句子体(如"I have lived there since last year."不表完成),以时表体主要表现在两个方面:第一,非状态情状类型的动词(活动、单活动、成就、达成)用于过去时可表完成体,完成体的解读通常由过去时表动作行为终结而推导出,如(21a)(21b);第二,在表达按规定、时间表、计划或安排将要发生的事态时,用现在时表达将行体,如(21c)(21d)。以时为原型的表达手段来表达情态表现在多个方面,如用过去时形式表达虚拟、委婉或礼貌以及义务等情态,如下例(22):

(21) a. She danced at the party.   b. He saw a snake.

     c. We get off at the next stop.   d. The train leaves at 9 o'clock.

(22) a. If only she would go with me!   b. Would you follow me?

     c. It is time you went to bed.   d. You should leave at once.

还有一个值得注意的问题,英语中用将来时"will"形式表达预期或预测等情态,这种标记虽然语法化程度不高,但具系统性和强制性,可看作将来时标记向认识情态的扩张。学界有的研究认为将来时"will"的用法是从情态发展而来,这其实是误解,混淆了"述谓主体的义务或意图"和言者的情态,"述谓主体的义务或意图"本质上是一种情状概念,与言者的情态表达无关。根据 Hengeveld(2011:580),英语"will"的语法化路径是:动词 >义务/意图(情状概念)>将行标记(事态)>将来时(序列性事件)>推测(命题内容)。在这个演变等级上,第二个阶段的"义务/意图(情状概念)"与最后阶段的"推测(命题内容)"不同,后者才是言者的情态。

汉语中时和情态均不显赫无可争议,争论主要集中在体方面。其实汉语的句子体和英语类似,句子体是多形式的语义范畴,句子体具有组合性,动词的内在情状、论元的属性、时-体助词和时间状语都可能影响句子体义,汉语的体也不显赫。汉语中完成体/未完成体语法化程度较低,未完成体包括进行体(动态)、持续体(静态)、惯常体和反复体,这些未完成体的表达手段多种多样,而完成体表达同英语类似。在含词尾"了"的独立小句中,若动词为状态情状类型,句子一般不表完成,如(23a)(23b)。"了/

着"虽然语法化程度较高,但在特定体意义的表达上不具强制性和系统性;其他很多没有"了"的结构也可表完成体,如(23c)—(23f);无"着"的结构可表进行体,如(23g)—(23j):

(23) a. 我养了一只鹦鹉。　　　　　b. 他戴了一副变色眼镜。

　　　c. 王教授刚刚到首都机场。　　　d. 老王去年已经离世。

　　　e. 他的双轨没获得纪检部门的证实。　f. 公交车被乘客挤得满满的。

　　　g. 他激动得浑身颤抖。　　　　　h. 角落里哗啦啦地响。

　　　i. 我(正)在读《红楼梦》。　　　j. 那只懒猫睡得呼呼的。

既然汉语中时-体-情态均不显赫,根据显赫性在现实/非现实和时-体-情态之间的非均衡性理论假设,汉语中现实/非现实范畴必然显赫。下一章论证其显赫的证据和扩张表现。

6.5　小　结

本章提出了一个跨语言时-体-情态的范畴化层级假设,该层级可解释两个方面的问题:第一,世界语言中的时-体-情态在语言表达上并非界限分明,倾向纠缠在一起;第二,世界语言可划分为时空原型为有界/无界的语言和时空原型为现实/非现实的语言。时-体-情态在语言表达上缺乏明显界限的原因在于,它们在范畴关系上具有倾向性蕴涵关系。以现实/非现实为时空原型的语言表现为:将来时蕴涵非现实,已终结/正进行/持续的事态蕴涵现实,预期/预测/假设认识情态蕴涵非现实。以有界/无界为时空原型的语言则表现为:现在时蕴涵无界,完整事态蕴涵有界,不确定性认识情态蕴涵无界。从范畴层级上看,时-体-情态三个范畴以家族相似性的名义聚合在现实/非现实、有界/无界的系统下。

在时空原型为有界/无界的语言中,完整体/非完整体比时-情态更容易成为显赫范畴,因为体更倾向是有界/无界的原型。具有这种范畴化的语言包括印欧语系东/西斯拉夫语族的俄语、捷克语和波兰语,乌拉尔语系的芬兰、爱沙尼亚语和匈牙利语,南岛和高加索等语系的部分施-通格语言等。在时空原型为现实/非现实的语言中,时-体-情态的显赫性情况比较复杂。当现实/非现实为非显赫范畴时,时-体-情态中的任何范畴在不同语言中都可能成为显赫范畴。当现实/非现实本身显赫时,有两种可能:第一,时-体-情态中的任何范畴都不显赫;第二,时-体-情态中也有范畴显赫,现实/非现实的原型是时-体-情态中不显赫的范畴。具有这种范畴化的语言包括印欧语系的英语、法语、荷兰语等和汉藏语系的汉语、缅甸语、泰语等。从跨语言时-体-情态的范畴化层级角度看,英语和汉语中的时-体-情态在范畴化关系上具有共性。

汉语时-体-情态的
上位范畴：（非）现实

7.1 引 言

　　国内学界有一个问题尚存争论：英语的时显赫而体不显赫、汉语的时不显赫已达成共识，但汉语的体尚有争论。比如，陆俭明（1999）提出汉语没有像印欧语的那种体，吴福祥（2005）则从世界语言完成体和进行体的语法化程度角度指出汉语完成体和进行体的语法化程度较低，但不少学者认为汉语是体显赫的语言（如孙英杰 2006；尚新 2014b 等）。学者们的观点差异如此之大，汉语时-体-情态方面的隐性规律是否还未完全发掘出来？

　　本章借鉴语言库藏类型学（刘丹青 2011,2012,2014）的理念，即显赫范畴的扩张方式有以显赫范畴为原型义的表达手段可表达其他范畴义和显赫范畴占用以其他范畴为原型义的表达手段两种，从跨语言现实/非现实和时-体-情态的范畴关联角度来看汉语中的相关现象，试图阐释我们的观点：根据上一章有关跨语言时-体-情态的范畴化层级假设，汉语中时-体-情态的上位范畴现实/非现实是一个显赫范畴,而时-体-情态三个范畴均不显赫。

7.2　汉语现实/非现实范畴显赫的证据

我们将研究对象限于中性语境下的合法独立小句,汉语中现实/非现实显赫是相对于其下位时-体-情态三个范畴而言的。以往已有研究从(未)实现或(非)现实分析汉语中的一些具体问题,如金立鑫(2002,2003)将"实现"看作"起始、持续、结束"的上位概念,张立飞、严辰松(2010)从现实/非现实角度解释否定词"不/没/别"的语义差异,周韧(2015)则从汉语副词的分布看(非)现实。张雪平(2009,2012)试图构建汉语中的现实/非现实范畴,主张现实/非现实是语义语法范畴。我们曾尝试从时-体-情态的角度建立起汉语系统的显赫(非)现实范畴(于秀金 2016b,2017b)。现代汉语中的"了/着/过"都是"多功能形式",一个形式对应多个功能,我们曾根据"了/着/过"的不同功能将它们划分为"了/着/过"的不同语素(于秀金、吴春相 2017)。下面提供其他两个方面的证据:第一,语法化程度较高的典型时-体助词"了$_1$/了$_2$/着$_1$/过$_{1-2}$"在中性语境下的独立小句中只能表达现实,不能表达非现实。我们所言的典型时-体助词指学界很多学者使用的"动态助词"或"事态助词",在中性语境下的独立小句中,它们既负载体意义,也具有默认的时意义。由于动态助词的说法通常与时意义无关,本章不使用该术语。第二,汉语现实/非现实显赫还表现在时-体助词词尾"了$_1$"和句尾"了$_2$"共现的问题以及现实标记和非现实标记之间的关系方面。

我们采取的思路是:排除"了$_1$/了$_2$/着$_1$/过$_{1-2}$"的同形异质语素"了$_3$/了$_4$/着$_2$/着$_3$",揭示"了$_1$/了$_2$/着$_1$/过$_{1-2}$"的真实身份,证明汉语(非)现实显赫,重新审视非显赫时-体-情态标记的纠缠,如时-体纠缠(了$_1$/了$_2$/着$_1$/过$_{1-2}$)、时-情态纠缠(将会/将要/会/要)和时-体-情态纠缠(了$_2$ 和了$_3$ 同形且同位置),以(非)现实为视角解释这些标记组配时的(不)合格现象,最终展现显赫(非)现实与非显赫时-体-情态的范畴对应关系。

若说"了$_1$/了$_2$/着$_1$/过$_{1-2}$"这些时-体助词只表达现实意义,则有两个问题需解释:一是区分"了/着/过"的不同语素,有些语法化程度较高的

"了/着/过"不是典型时-体助词;二是验证方法问题。下面依次讨论。需说明的是,前贤对"了/着/过"的研究成果颇丰(孔令达 1986;李兴亚 1989;石毓智 1992;房玉清 1992;戴耀晶 1997;刘一之 2001;刘勋宁 2002;金立鑫 2002,2003;胡建华、石定栩 2006;陈前瑞 2008 等),限于篇幅,恕不重复列举。以下论证与以往研究不同之处在于:以典型时-体词"了₁/了₂/着₁/过₁₋₂"只表现实意义为假设,从所谓反例入手,采取共时和历时相结合的方式来排除反例,以便验证假设。

> **7.2.1** "了/着/过"的同形异质性

7.2.1.1 未然连动句和假设条件句中的"了"

先看表未然或非现实连动句中的词尾"了",有两种情况:V_1 了(O)+VP_2,V_1 补了(O)+VP_2。对于第一种情况,朱德熙(1982:69)曾认为"了₁"可出现在表将来的连动句中,不少学者进一步拓展解读朱先生的表述,提出"了₁"可表将来时或未然,如下例(1):

(1) a. 他们[$_{VP1}$吃了饭][$_{VP2}$去超市]。
   b. 你们[$_{VP1}$到了车站][$_{VP2}$打电话]。
   c. 你们[$_{VP1}$脱了鞋][$_{VP2}$上床]。
   d. 我们[$_{VP1}$穿了正装][$_{VP2}$出门]。

其实上述观点并不妥:第一,将来时不由词尾"了"表达,而是基于两事件的先后关系推导出来的,将来时本质上由光杆 VP_2 负载,不能说 VP_1 或者"了"本身表达将来时。第二,句中词尾"了"不是"了₁",而是一个结果补语,上例(1a)—(1d)VP_1 中"了"可分别替换为结果补语"完""达""下/掉""上",强调在 VP_1 的结果后会发生 VP_2,其语法化程度与马希文(1983)所言的北京话中做补语的动词弱化形式"了"相当。

对于第二种情况,学界一般认为,"V+补语+了+O"中的"了"是"了₁",但是这种说法一般局限在表现实或已然的句中。若在表非现实或未然的连动句中,"V+补语+了+O"是第一个谓语结构,会出现如下对立:

（2）a. 我们上完（了）课去图书馆。　　b. 我们吃完（了）饭去超市。

　　c. 你们穿好（了）正装出门。　　d. 你们听懂（了）录音举手。

（3）a. 我们跳下（＊了）河捕鱼。　　b. 我们打开（＊了）窗户通风。

　　c. 你们穿上（＊了）正装出门。　　d. 你们爬上（＊了）树摘果子。

　　有人或许认为，（2）已含结果补语"完、好、懂"，那么其中的"了"是"了₁"。但问题是，这些"了"仍可省略，并且含趋向补语"下、开、上"的例（3）中词尾"了"不可添加。可确认的是，例（2）（3）中的"了"不是结果补语，那么它们是否是"了₁"？若换个视角看，在未然连动句中，动结式接纳词尾"了"，而动趋式排斥词尾"了"，那么原因应该在动结式和动趋式的差异上。例（2）和（3）不含"了"时均合法，但在不含"了"的情况下，它们所表达的两动作关系有差异，以不含"了"的例（2）和（3）为例，图示如下：

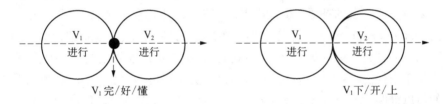

图7-1　"V₁ 结果补语 O+V₂O"的　　　图7-2　"V₁ 趋向补语 O+V₂O"的
　　　　　　未然连动　　　　　　　　　　　　　　未然连动

　　就连动结构中的两事态而言，背景信息（background）在前，回答"为什么"或"怎么样发生"等问题，前景信息（foreground）在后，回答"发生了什么"（方梅2005：169）。但是在不含"了"的情况下，含有动结式的例（2）和含有动趋式的例（3）在"怎么样发生"问题上有差异：前者表先后关系，背景之后出现前景，即强调 V₁ 终结后发生 V₂；后者表包孕关系，在背景中出现前景，即强调 V₂ 发生在由 V₁ 所导致的状态中。需注意的是，汉语中有的"V₁ 结果补语 O+V₂O"未然连动表包孕关系，如"我们杀死（＊了）这头猪卖肉"，而有的"V₁ 趋向补语 O+V₂O"未然连动则表先后关系，如"你们游过（了）河上公路"。不过总体而言，在未然连动小句中，表先后关系时"了"可有可无，表包孕关系时不可有"了"。

　　问题是，学界一般认为"了₁"表终结或实现意义，如果例（2）（3）中是"了₁"，由于连动小句表未然事态，例（2）中结果补语已表 V₁ 的终结，为何还可添加表终结或实现的"了₁"？此外，例(3)所表的包孕关系只是我们的认知识解，因 V₂ 发生在 V₁ 之后，逻辑上可添加"了₁"，以强调 V₁ 终结后发生 V₂，为何却不允许？

其实在上述不含"了"的未然连动小句中，无论先后关系还是包孕关系都是我们的认知识解，小句中并没有显性标记。我们认为，若添加"了"，它不是"了₁"，而是一个强调先后关系的补语"了₄"。这种处理可解释上述问题：一方面，被识解为先后关系的未然连动小句拥有了显性标记，更凸显先后关系，并且补语"了₄"与句中结果补语或趋向补语(如"过")在意义上互补；另一方面，被识解为包孕关系的未然连动小句必然排斥强调先后关系的标记。

上述假设可从历时语法化方面得到支持。根据杨永龙(2009：194，200)、曹广顺(2009：37—38)，晚唐五代时，"VO 了,VP₂"中"了"逐渐前移变为"V 了 O,VP₂"，变化的动因是动补结构的类推，"了"相当于表获得结果或完成意义的补语"得、却"等，"了"的语法化程度较低，仍是动相补语(phase complement)，其在背景结构中强调先后关系，在前景结构中强调已然。另据曹广顺(2009：38)、石毓智(2002：46)，独立结构"V 补了 O"产生于宋代，主要表已然，其中"了"为语法化程度较高的"了₁"。那么我们可以推断，"V 补了 O,VP"应产生于宋代或宋代以后，其可看作是"V 了 O,VP"的类推。"V 补了 O,VP"有已然和未然两种表达，已然表达中的"了"是"了₁"，而未然表达中的"了"在背景结构中，仍是强调先后关系的动相补语，其存在的原因是，事件先后关系为其核心意义，未然中的完结或获得结果义已由补语负载。"了₁"和表事件先后关系的补语"了₄"一直保留至现代汉语中，它们的语法化程度不同，演变分化如下图所示：

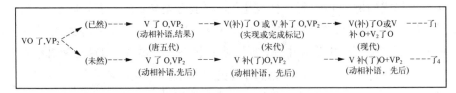

图 7-3 "了₁"和"了₄"的分化

陈前瑞、张华(2007：69)考察了唐五代《祖堂集》中的"VO 了,VP₂"和宋代《三朝北盟会编》中的"V 了 O,VP₂"以及两著作中的"V 了,VP₂"，认为两事件的语义关系由客观事件先后关系变为广义因果关系。后者的测试方法为,两小句之间不能加"之后",但两小句可通过"因为/既然……所以/那么"等来连接。我们主张,解读为广义因果关系的两小句与解读为事件先后关系的两小句最好加以区分,前者不是我们所言的连动句,而是复合句,假如在演变中这两种句式里两个小句的意义都趋于融合在一个小句结构中,那么在现代汉语中的表现不同,前者是复合句中的紧缩句(如"那个小孩哭不淌眼泪""同学们迟到罚站"),后者才是单句中的连动句。因此,认为"V 了 O, VP$_2$"或"V 了, VP$_2$"中两事件关系由事件先后关系变为广义因果关系尚值得商榷。

在现代汉语中,"了$_1$"和表事件先后关系的补语"了$_4$"的差异是:独立小句中"了$_1$"不可省略,表实现或终结,而在表未然的"V 补了 O+VP"中,若补语是结果补语,事件先后关系可从连动结构中推导出,那么补语"了$_4$"可省略,但其在表包孕关系的未然连动结构中被排斥。那么问题是,"了$_4$"可否出现在已然连动句中? 其实在已然连动句中,比如前景结构中已有"了$_1$"或"了$_2$",两事态无论是先后关系还是包孕关系,背景结构中若再添加"了$_1$",句子一般不可接受,如下:

(4) a. *他们吃了$_1$饭去了$_1$超市。
　　b. *他们吃完了$_1$饭去了$_1$超市。
　　c. *他们穿了$_1$正装出了$_1$门。
　　d. *他们穿上了$_1$正装出了$_1$门。
(5) a. *他们吃了$_1$饭去超市了$_2$。
　　b. *他们吃完了$_1$饭去超市了$_2$。
　　c. *他们穿了$_1$正装出门了$_2$。
　　d. *他们穿上了$_1$正装出门了$_2$。

若上例(4)(5)背景结构中一定要添加"了$_1$",则两个谓语结构一般分化为两个小句才可接受。由于已分化为两个已然小句,那么此时表先后关系的"了$_4$"就没有必要存在,因为"已然"已成为所强调的信息。在信息的强调上,已然与未然连动句不同,我们很难说未然连动句强调"未然",那么两事态先后关系和包孕关系自然成为所强调的信息。其实已然连动句中也可含"了$_4$",不过其表先后关系的意义被已然义所压制,其语法身份仍然是补语,但通常以结果补语的身份出现,可替换为其他补语,如下:

（6）a. 他牵了₄/上牛去了集市。

　　b. 那条鱼我煮了₄/熟/完吃了。

　　c. 他们吃了₄/完饭去了超市。

　　d. 他们穿了₄/上正装出了门。

　　需要对前文动相补语的概念作一说明。"phase complement"为赵元任所提出，吕叔湘译为动相补语（赵元任1979），也有学者将类似概念称为状态补语（梅祖麟1994；吴福祥2001/2002），此处的状态补语不是朱德熙（1982）所言的带"得"组合式述补结构所带的状态补语。动相补语或状态补语表示实现或完成的补语性成分，其语法化程度低于时-体助词。但问题是，英文"phase"指情状或事态的任何变化或持续阶段，我们采取宽式定义，认为动相补语或状态补语可以指涉情状或事态的各个阶段，即包括时点性和时段性的阶段。

　　下面再看假设条件句。若说词尾"了₁"和句尾"了₂"表现实意义，有人也许会给出如下反例，认为"了₁/了₂"可表达将来或非现实意义。

（7）a. 你再不来，我就死了这条心。

　　b. 你再不来，我就杀了你的狗。

　　c. 你再不来，我就去图书馆了。

　　d. 你再不来，他就离开教室了。

　　例（7）中词尾和句尾"了"与将来时和非现实无关，将来时由从句和主句的条件关系决定，很大程度上取决于"再不……，就……"结构，主句通常无法独立使用，因而不能说"了"表达将来时或非现实。那么（7a）（7b）中的"了"是否是词尾"了₁"，（7c）（7d）中的"了"是否是句尾"了₂"？

　　先看词尾"了"。其实（7a）（7b）中的"了"不是词尾"了₁"，而是一个结果补语，（7a）中的"了"可替换为结果补语"掉"，（7b）中的"了"可替换为结果补语"死/掉"，语法化程度与前文"了₄"相似，如推论句"他会害了₄/死/惨我！"和祈使句"杀了₄/掉/死那条恶犬！"在"再不……，就……"结构中，若词尾"了"是"了₁"，则不可替换为其他补语或者出现在动补结构中，句子接受度较低，如：

（8）a. *你再不来，他就去了图书馆。

b. ＊你再不来，我就下了班。

c. ＊你再不来，他们就打完了球。

d. ＊你再不来，我就离开了教室。

再看句尾"了"。前文(7c)(7d)的将来或非现实意义仍取决于"再不……，就……"结构。我们主张其中句尾"了"是语气助词"了₃"。在表将来非现实的复句中，"就……"通常凸显句中述谓主体的主观意愿情态，而句尾"了₃"则表言者的肯定断言情态，言者可对述谓主体的意愿进行肯定断言。"就……了"的意义很大程度上相当于"一定会……"但在含有典型句尾"了₂"的表现实或已然的句中，不可如此替换。因此，"就……了"中的"了"更应看作表情态意义的语气助词"了₃"。(7c)中"就……了"表言者对自己意愿的肯定断言，而(7d)中"就……了"表言者对述谓主体"他"的意愿的肯定断言。意愿情态和断言情态差异在形态丰富的语言中较为明显，如朝鲜语中表达意愿/意志的形态"-gett"和表示预测/推断的形态"-l geot si da"。

值得注意的是，(7c)(7d)中的句尾"了₃"可以省略，从而使得言者的肯定断言情态意义消失，但问题是，类似句子中有的"了₃"可省，有的不可省，如下对立：

(9) a. 你再不来，我就离开教室(了)。

b. 你再犯错误，我就批评你(了)。

c. 再不努力，你就错过机会＊(了)

d. 再不进攻，你就输掉比赛＊(了)。

汉语句尾语气助词一般可省略且句子合法，但例(9c)(9d)中的"了"不可省，难道这两句的"了"是句尾时-体助词"了₂"？其实不然，仍为"了₃"。马庆株(1988)提出动词的自主/非自主性，袁毓林(1991：11)则进一步指出，自主动词隐含动作发出者有意识地发出动作行为，而非自主动词隐含动作发出者无意识地发出动作行为。上例(9)中的"离开、批评"是自主动词，而"错过、输掉"是非自主动补短语。当省略句尾"了₃"，言者的肯定断言情态意义消失，从而凸显句中述谓主体的意愿情态。但(9c)(9d)中由于非自主动补短语所表达的动作行为具有无意识性，述谓主体意愿和无意识性构成矛盾,因而"了₃"不可省。也就是说,类似例(9)的主句中若含有非自主动词或短语,"了₃"很关键,其主要凸显言者对事态的肯定断言,而非凸显者对述谓主体意愿的断言。

7.2.1.2 未然连动句和祈使句中的"着"

助词"着"可表持续状态和进行动作在学界基本无异议,标为时-体助词"着₁",如下(10a₁)(10a₂),不过表动作进行义时一般与"在"连用,单独使用时句子不大自足。除了这两种意义外,《现代汉语八百词》(吕叔湘1984:665—667)中"着"还有其他四种用法:存在句中动作产生的状态、连动结构、形+着+数量、祈使句中的动/形+着+点儿。在这些用法中,"着"基本都表达现实性。但问题是,表未然连动句和祈使句中的"着"是否就表非现实?这些"着"是否也是"着₁"? 如下(10b)(10c):

(10) a₁. 桌上放着₁一本字典。

　　 a₂. 他们(在)狼吞虎咽地啃着₁西瓜。

　　 b₁. (明天)我开(着)车上班。

　　 b₂.(下午)我们坐(着)船过河。

　　 b₃.(过会儿)我站着吃饭。

　　 c₁. 认真听(着)!

　　 c₂. 提着那个包!

　　 c₃. 慢(着)点儿!

　　 c₄. 记着点儿!

先看未然连动结构(10b₁)—(10b₃)。其中"着"在背景结构中,与将来时或非现实无关,(10b₁)(10b₂)若删除"着"尽管意义略有差异,但句子合法且仍表非现实,现实/非现实性取决于后续的前景结构。(10b₃)中的"着"不可省则可能与语法限制有关。(10b₁)—(10b₃)连动句中 V₁ 或 V₁O 本质上做 V₂ 或 V₂O 的伴随方式状语,单音节 V₁ 做状语则倾向与 V₂ 结合为一个复合词(如"笑谈")或动补结构(如"跑进")。那么(10b₁)—(10b₃)中的"着"有什么功能? 这里的"着"可看作表伴随方式的动相补语,伴随义来源于其历时上的附着义。尽管其意义和语法身份比较虚,但与"着₁"不同。

上述解读有历时方面的证据。"[V+着]+O"和"[V₁+着]+[V₂+O]"

大致都出现于唐五代时期(曹广顺 2009;吴福祥 2004),但它们的来源并不相同。据吴福祥(2004:20—21),"[V+着]+O"来源于"V+[着+处所名词]",后者中"着"有介词性质,有方位补语"在"和趋向补语"到"两个意义,指动作本身或动作对象附着在一个处所上。唐五代时,处所名词位置出现受事宾语 O,O 与 V 直接发生联系,不需由"着"引出 O,整个结构向"[V+着]+O"演变,但其中"着"还是一个动相补语,其意义来自之前的表示"到"意义的"着(著)",表示动作实现和完成,之后被解读为动作实现或完成后的持续状态,典型的"着₁"形成于北宋。据曹广顺(2009:113),"着₁"的进行意义是在持续意义的基础上发展而成的。

然而学者们并没有考察连动结构"[V₁+着]+[V₂+O]"的来源,该结构一直沿用到现代汉语中。理论上讲,唐五代时"[V+着]+O"中的"着"还是一个动相补语,那么当时"[V₁+着]+[V₂+O]"中的"着"就不应该是"着₁"。其实"[V₁+着]+[V₂+O]"中"着"的意义也可理解为来源于附着义,即 V₁ 附着在 V₂ 上,也就是我们现在理解的伴随义,那么其意义并非像"[V+着]+O"中的"着"那样先表动作实现和完成,之后被解读为动作实现或完成后的持续状态。也就是说,唐五代时和现代汉语中的"[V₁+着]+[V₂+O]"在意义上并无多大差异,其中"着"不是"着₁",可记作"着₂"。诸如"这花儿闻着真香"句中的"着"也是"着₂",表达闻的动作对嗅觉感受的伴随。

再看祈使句(10c₁)—(10c₄)。祈使句表道义情态,不同语言族群对祈使的认知不同,有的语言用现实标记表祈使,有的语言用非现实标记表祈使(Palmer 2001:2)。假如汉语祈使句表非现实,但该非现实性不由"着"来表达,而由祈使句式或祈使语气来表达。那么祈使句中的"着"有何功能?袁毓林(1992:272)提出"V+着!"句式要求人或事物处于(进入或保持)某种状态,张黎(1996:8)则认为"着"表示一种状态,这种状态在不同的句式中呈现出不同的态势。前文提到,吴福祥(2004:25)认为"着₁"来自"到"的演变,唐五代时还是动相补语,表动作实现或完成,宋代发展为持续体标记,才表动作实现或完成后的状态。这与有些学者认为的"着₁"来自唐五代之前的"在"不同。那么吴先生所言是否属实?林新年(2004:106—107)对《祖堂集》中的"着(著)"作了穷尽式考察,结果支持吴先生的论断,即表"在"义的"着(著)"语义指向其后的处所名词,最终演变为现今闽语、吴语等方言中的方位介词,而"到"义的"着(著)"语义指向其前的动词谓语,最终演变为现代汉语共同语中表持续义的"着₁"。

由此我们的推理是,现代汉语带"着"祈使句中的"着"也来自表示"到"意义的"着(著)",表示言者要求听者"达到或进入"某种状态,在唐五代时也是动相补语,由于其表未实现或未完成,沿着不同于"着₁"的另一条主线演变,直至现代汉语中如袁毓林(1992)所言的要求听者"处于(进入或保持)"某种状态。比如现代汉语"提着包!"可有两种解读:第一,听者原来没提包,言者要求提上包,这时言者不强调持续,只是要求听者"达到或进入"状态,持续义只是动作实现后不可避免的状态;第二,听者原来提着包,但有想放下包的动作或已放下包,言者要求继续"保持"提包的状态,继续"保持"其实可解读为"重新进入"。这两种"着"意义解读都与唐五代时或之前的"到"义相关。此外,"进入或重新进入"与"着₁"所表示的动作实现后的持续状态在一个完整事态上是互补的,这恰好体现为含"着"的祈使句表未然和含有"着₁"的叙事句表已然的对立。从该意义上讲,祈使句中的"着"不应是"着₁",可记作"着₃",其语法化程度与前文的"着₂"相当,演变如下图所示:

图7-4 "着₁"和"着₃"的分化

在现代汉语中,认为祈使句中"着₃"表状态持续的观点也很难成立。这主要体现如下,由于"着₃"在祈使情态的辖域内,假如祈使句中"着₃"表状态持续,则该祈使句是言者对某种"持续状态"的祈使,而"动作进行"本质上是一种"持续动态",那么理应也可对"动作进行"进行祈使,但如下(11a₁)—(11d₁)却不合法,这显然不合逻辑。

(11) a₁. *[跑着₁步]! ≠ a₂. [跑步]!   a₃. 他[(在)跑着₁步]。

    b₁. *[吃着₁饭]! ≠ b₂. [吃饭]!   b₃. 他[(在)吃着₁饭]。

    c₁. *[扫着₁雪]! ≠ c₂. [扫雪]!   c₃. 他[(在)扫着₁雪]。

    d₁. *[敲着₁门]! ≠ d₂. [敲门]!   d₃. 他[(在)敲着₁门]。

e_1. [提着$_3$ 包]！ ≈ e_2. [提包]！ e_3. 他[(＊在)提着$_1$ 包]。

f_1. [戴着$_3$ 帽子]！ ≈ f_2. [戴帽子]！ f_3. 他[(＊在)戴着$_1$ 帽子]。

g_1. [打着$_3$ 领带]！ ≈ g_2. [打领带]！ g_3. 他[(＊在)打着$_1$ 领带]。

h_1. [骑着$_3$ 马]！ ≈ h_2. [骑马]！ h_3. 他[(＊在)骑着$_1$ 马]。

　　已然持续动态和持续状态的差异可用能否加"在"测试,如($11a_3$)—($11h_3$),持续动态句缺少"在"时不自足,而持续状态句不可添加"在"。($11a_1$)—($11d_1$)不合法表明,无法对持续动态或动作进行加以祈使,但省略"着$_1$"后,可以对"达到/进入"持续动态的动作进行祈使,如($11a_2$)—($11d_2$)。($11e_1$)—($11h_1$) 和($11e_2$)—($11h_2$)尽管可起到相同的语用效果,但($11e_1$)—($11h_1$)由于含有"着$_3$",其强调"达到/进入"持续状态,而"达到/进入"持续状态又离不开($11e_2$)—($11h_2$)这些言者所希冀发生的动作。

　　袁毓林(1992:274—275)通过对各类动词的考察提出,能进入"V+着!"句式中的动词 V 需具有[+自主]、[+状态]、[+附着]三个语义特征,但 V[+状态]和 V[+附着]这两个动词集合是基本重合的。实际上,[+附着]很大程度上是一个冗余义项,若如袁先生所言的"坐着"状态附着在坐具上,"扛着"状态附着在肩上,那么类似"慢着/机灵着(点儿)"就无处可附着了。然而其中[+状态]义项的提出很关键,我们将其理解为动词的内在状态情状,内在状态情状往往用[+持续]义项来刻画。那么可以讲,($11e_1$)—($11h_1$)之所以会产生是对持续状态祈使的误解,很大程度上与这类动词的内在状态情状有关。既然动词的内在情状是持续状态,再将"着"限定为表状态持续义,显然产生了冗余现象。此外,"V+着!"句式中动词具有[+状态]义项的限制又使得其他情状类型的动词如活动、单活动、成就和达成动词一般不能进入"V+着"式,如下对立:

(12) a. 慢着点儿！　　　高着点儿！　　　机灵着点儿！

　　　 戴着帽子！　　　穿着鞋！

　　b. ＊吃着(饭)！　　＊敲着(一下)！　　＊来着！

　　　 ＊到着！　　　　＊绣着(一朵花)！

从一定程度上讲,祈使语气本身表达使成,因而有些祈使句中的"着₃"可省略(慢点儿、高点儿、机灵点儿),有些"着₃"可替换为其他补语(如"戴上帽子""穿上鞋"),但意义上有差异,省略"着₃"后,"(重新)达到/进入状态"的意义就不凸显了,仅仅强调动作本身。与未然推论句的"了"是补语"了₄"类似,未然推论句的"着"也是补语"着₃",如下(13a)(13b):

(13) a. (明天出门时,)我会提着₃公文包。

    b. (明天开会时,)我会穿着₃正装。

    c. (明天你来时,)我会在读(*着₁)书。

    d. (明天开会时,)我会在拍摄(*着₁)会场。

先看(13a)(13b)。首先,"着₁"不是完全语法化的持续体/进行体专门标记,表现在两个方面:一、表达动作进行(或持续动态)时,独立使用"着₁"句子不自足;二、表达持续状态时,一般与内在情状为状态类型的动词搭配,或如袁毓林(1992)所言的要求动词具有[+状态]义项,持续状态义是动作行为发生后所产生的结果,持续状态义还与动词的内在情状有关,"着₁"单独不能表达该意义。其次,已然句"……在+V+着₁+O(呢)"合法,但添加情态助动词"会"的未然句不合法,如(13c)(13d)。而(13a)(13b)中的"着"应为补语"着₃",可替换为其他补语如"上",主要强调"进入/到达状态"这个动作行为本身。若认为(13a)(13b)中的"着"是"着₁",那如何解释(13a)(13b)合法而(13c)(13d)却不合法?若将"会"看作未然标记而"着₁"是已然标记,这个问题可得到解释。也就是说,在中性语境下的独立小句中,已然标记和未然标记倾向呈互补分布,未然在汉语中主要通过情态副词"将要/将会/必须"、情态助动词"会/要/应该/可以"等来表达。我们将"着₃"的意义刻画如下图7-5:

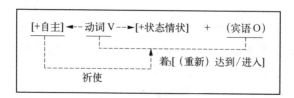

图7-5 "着₃"的语法意义

7.2.1.3 "了/着/过"不同语素的语法身份及其在历时中的地位

再看"过"。"过"可分为表终结义句中的"过$_1$"、表经历义句中的"过$_2$"和做趋向补语的"过$_3$"。其中"过$_3$"常被学界视为动词,我们主张它已虚化,可将其看作介词,如"跳过栅栏/超过对手",它可出现在现实或非现实句中,但"过$_3$"与句子的现实/非现实性无关,也与我们所言的时-体助词无关。在含有"过$_1$"的终结义句中,强调事态终结或终结的后果,事态的终结点或终结的后果仍在言者的"视点/视阈"内,"过$_1$"可替换为"了$_1$"(如"我吃过$_1$一个苹果")。在含有"过$_2$"的经历义句中,强调现时上事态的隐含性否定,事态的终结点或终结的后果不在言者的"视点/视阈"内,"过$_2$"不可替换为"了$_1$"(如"他去过$_2$德国")。值得注意的是,"过"的这两种意义很大程度上要看其与何种内在情状类型的动词搭配,"过$_2$"与状态或成就情状的动词搭配时,句子往往表经历,如(14a)—(14d);"过$_1$"与其他情状类型的动词搭配时,句子经常表终结,如(14e)—(14j):

(14) a$_1$. 小李当过$_2$(＊了$_1$)兵。　　　（经历）　　　≠
　　　a$_2$. 小李当了$_1$兵。　　　　　　　（状态动词）
　　　b$_1$. 他住过$_2$(＊了$_1$)地下室。　　（经历）　　　≠
　　　b$_2$. 他住了$_1$地下室。　　　　　　（状态动词）
　　　c$_1$. 老王死过$_2$(＊了$_1$)两只羊。　（经历）　　　≠
　　　c$_2$. 老王死了$_1$两只羊。　　　　　（成就动词）
　　　d$_1$. 我看见过$_2$(＊了$_1$)外星人。　（经历）　　　≠
　　　d$_2$. 我看见了$_1$外星人。　　　　　（成就动词）
　　　e$_1$. 他跳过$_1$(了$_1$)舞。　　　　　（终结）　　　≈
　　　e$_2$. 他跳了$_1$舞。　　　　　　　　（活动动词）
　　　f$_1$. 我散过$_1$(了$_1$)步。　　　　　（终结）　　　≈
　　　f$_2$. 我散了$_1$步。　　　　　　　　（活动动词）
　　　g$_1$. 我敲过$_1$(了$_1$)一次门。　　　（终结）　　　≈
　　　g$_2$. 我敲了$_1$一次门。　　　　　　（单活动动词）
　　　h$_1$. 她眨过$_1$(了$_1$)一次眼睛。　　（终结）　　　≈
　　　h$_2$. 她眨了$_1$一次眼睛。　　　　　（单活动动词）
　　　i$_1$. 我吃过$_1$(了$_1$)早饭。　　　　（终结）　　　≈
　　　i$_2$. 我吃了$_1$早饭。　　　　　　　（达成动词）

j_1. 他爬过$_1$（了$_1$）那座山。　　　　（终结）　　≈

j_2. 他爬了$_1$那座山。　　　　　　　　（达成动词）

例（14a）—（14d）中"过$_2$"与状态或成就情状的动词搭配时，"过$_2$"句强调经历，"过$_2$"明显具有对现时状态的隐含性否定意义，而"了$_1$"没有这种意义，因而（14a$_1$）—（14d$_1$）句和（14a$_2$）—（14d$_2$）句在意义上差异较大。（14e）—（14j）中"了$_1$"与活动、单活动和达成情状的动词搭配时，"过$_1$"并不像"过$_2$"那样明显具有对现时状态的隐含性否定意义，此时"过$_1$"句更倾向表终结，而"了$_1$"与这些情状类型的动词搭配时也倾向表终结，因而（14e$_1$）—（14j$_1$）句和（14e$_2$）—（14j$_2$）句在意义上虽不绝对等同，但具有相似性。从形式上看，经历义句的"过$_2$"语法化程度较高，其后不能添加"了$_1$"；终结义句中的"过$_1$"后面可再添加"了$_1$"，也可不添加，因而"过$_1$"可充任时-体助词或动相补语，它的语法化程度没有"过$_2$"高。综上所述，"过$_1$"句的终结义和"过$_2$"句的经历义还受到不同内在情状类型的动词的影响，我们无法说，"过$_1$"和"过$_2$"分别独立表达终结义和经历义，但是，"过$_1$"和"过$_2$"的共同点是都表现实。

综前所述，"了/着/过"语法化程度较高的不同语素在现代汉语中并存，不同语素具有不同的功能，共时上它们的语法身份以及所表意义归纳如下表：

表7-1　"了/着/过"语法化程度较高的不同语素及其语法身份/意义

语素	语法身份/意义
了$_1$	词尾时-体助词，不可省略，中性语境下独立小句中负载体意义和默认时意义。
了$_2$	句尾时-体助词，不可省略，中性语境下独立小句中负载体意义和默认时意义。
了$_3$	句尾语气助词，一般可省略，不可省是因为非自主动词或短语的限制。
了$_4$	词尾结果补语或表先后关系的动相补语，语法化程度低于时-体助词。
着$_1$	词尾时-体助词，不可省略，中性语境下独立小句中负载体意义和默认时意义。
着$_2$	"V 着+V 或 Adj"中词尾表伴随的动相补语，来源于"着"的附着义。
着$_3$	词尾表（重新）达到/进入状态的动相补语，来源于"着"的补语"到"的意义。

语素	语法身份/意义
过₁	词尾时-体助词和动相补语的过渡阶段,但时-体助词身份更凸显,表终结体义和默认时意义。
过₂	词尾时-体助词,表经历体义和默认时意义。
过₃	词尾趋向补语,具有向介词虚化的倾向,可出现在已然或未然句中。

　　需说明的是,上表中将"了₁/了₂/着₁/过₁₋₂"称为时-体助词并不意味着它们是特定时-体意义的标记,因为汉语的时和体均未完全语法化,它们不能独立表达某种特定的时-体意义,只要它们与动词搭配,句子的时-体意义必然会受到动词内在情状的影响。吴福祥(2009:162—163)曾指出,语法演变中,新形式出现后,旧形式并未立即消失,新旧形式往往有一个并用和竞争的阶段,"了/着/过"都经历了"动词>结果补语/趋向补语>动相补语>体助词"的语法化过程。因为现代汉语体助词在中性语境下的独立小句中还具有默认的时表达功能,那么等级中的体助词就是本章所言的时-体助词。我们将共时中"了/着/过"语法化程度较高的不同语素在历时演变中的地位表示如下(从左向右演变):

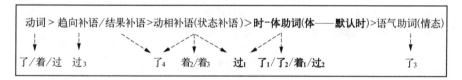

图 7-6　共时上"了/着/过"的不同语素在历时中的地位

7.2.2　现实/非现实对立的表现

7.2.2.1　"了₁/了₂/着₁/过₁₋₂"的现实标记身份

　　有两个方面的问题需先说明:第一,前文"着₂/着₃"和"了₃/了₄"都可出现在非现实事态句中,但非现实性并不由它们表达。这说明语言中某个成分可出现在表达某个语义范畴的句式中,但并不意味着该语义范畴由该成分来表达,需要明晰常量、自变量和因变量之间的关系。第二,就时-体表达而言,我们只考虑较为典型的时-体助词,即"了$_1$/了$_2$/着$_1$/过$_{1-2}$",但称它们为典型时-体助词并不意味着它们是特定时-体意义的标记,因为汉语的时和体并未完全语法化。

在中性语境下的独立小句中考察某个语法成分的功能,最好遵循科学实验中的"控制变量法",即遵守从简到繁的程序,严格控制好常量和自变量,才能观察自变量与因变量的关系,或者常量和自变量的匹配与因变量的关系。比如,在"速度×时间=位移距离"中,可以设速度为常量、时间为变量,或者速度为变量、时间为常量,来观察时间和速度分别与位移距离的关系。需注意的是,常量中不能含任何具有表时间(或情态)意义的语法成分,否则无法准确观察自变量和因变量之间的关系,因为其他表时间(或情态)意义的语法成分也会影响因变量,很容易误将其他表时间(或情态)意义语法成分的功能归结为自变量的功能。如此一来,常量往往是不自足结构。下面按照控制变量法来验证典型时-体助词只表现实意义,我们用下表表示:

表 7-2 以时-体助词"了$_1$/了$_2$/着$_1$/过$_{1-2}$"为自变量、包含不同情状类型动词的不自足小句为常量

自变量	常量	因变量		显赫范畴
时-体助词	含"不同情状类型动词"的不自足小句	中性语境的自足独立小句	时-体意义	
了$_1$/了$_2$/着$_1$/过$_{1-2}$	含状态情状动词(他当班长)	他当了班长。	现在-持续	现实
		他当班长了。	现在-起始	
		他当着班长。	现在-持续	
		他当过班长。	过去-经历	
	含活动情状动词(老王作报告)	老王作了报告。	过去-终结	
		老王作报告了。	过去-终结或现在-起始	
		老王(在)作着报告。	现在-进行	
		老王作过报告。	过去-经历或终结	

自变量	常　量	因　　变　　量		显赫范畴
时－体助词	含"不同情状类型动词"的不自足小句	中性语境的自足独立小句	时－体意义	
了₁/了₂/着₁/过₁₋₂	含单活动情状动词（李明敲门）	李明敲了门。	过去－终结	现实
		李明敲门了。	过去-终结或现在-起始	
		李明(在)敲着门。	现在-进行	
		李明敲过门。	过去-经历	
	含成就情状动词（老王死五头牛）	老王死了五头牛。	过去-终结	
		老王死五头牛了。	过去或现在-终结	
		*老王死着五头牛。	—	—
		老王死过五头牛。	过去-经历	
	含达成情状动词（她绣一朵花）	她绣了一朵花。	过去-终结	现实
		她绣一朵花了。	过去或现在-终结	
		她(在)绣着一朵花。	现在-进行	
		她绣过一朵花。	过去-经历或终结	

表7-2有两方面内容需说明：第一，中性非自足小句不可含表时间或情态的成分，否则无法观察自变量和因变量之间的关系，因其他表时间或情态的成分也会影响因变量，易误将其他表时间或情态的成分功能归为自变量的功能。第二，"持续"用于静态，"进行"用于动态。用"终结"代替"完成"，后者易与动作对象或目标关联；这样做的目的是，"了₁"小句中不考虑动作对象或目标完成与否，只要事态终结就为终结体。观察表7-2可发现："着₁"不能与成就情状动词搭配，除了"着₁"和"过₁₋₂"的默认时分别为现在和过去外，这些时-体助词不能独立表达某种特定的时-体意义，只要它们与动词搭配，句子的时-体意义必然会受到动词内在情状的影响。但"了₁/了₂/着₁/过₁₋₂"的共同点是，都表达"现实"。

非现实在汉语独立小句中主要用情态副词"将会/将要/必须"、情态助动词"会/要/应该/可以"、非陈述性言语行为(如祈使语气)来表达,情态副词和助动词往往负载时和情态,但从表非现实角度看,它们是语法化程度较高的非现实标记。除了上述方式外,Givón(1994:269—277)以英语为例还提出动词补语和状语从句也可表非现实。动词补语指"want/plan/decide"等动词的不定式宾语或宾语从句。就英汉动词补语而言,问题有三:第一,英语动词补语的概念与其在传统语法中有别,也与汉语传统动词补语不具对等性;第二,有表(非)现实的手段不意味着该语言(非)现实显赫,英语的时显赫,(非)现实语法化程度低,汉语的(非)现实显赫,显赫范畴一般具有语法化程度较高的标记,目前只考察汉语独立小句中语法化程度较高的(非)现实标记;第三,英语动词补语的非现实其实取决于主要谓语动词"want/plan/decide"的词汇义,主要谓语动词本身一般表现实(过去-完成或现在-持续)。汉语中它们也默认为表现实,通常无法与非现实标记"将会/将要"共现(如"*将会想/计划/决定"),至于这些汉语动词的复杂宾语(用补语欠妥,易与传统语法概念相混)所表的非现实不但取决于主要谓语动词的词汇义,而且语法结构多样化,从语法化程度角度看不能算作非现实标记。英语状语从句的非现实表达主要指"when/if"引导的非现实从句及虚拟从句,我们只考察汉语独立小句的(非)现实表达,暂不探讨该情况。

值得注意的是,英语等印欧语中的非现实虚拟句可针对已然或未然事态作出假设或假想,但汉语中没有像英语等印欧语中那样的非现实虚拟句,这使得汉语具有与英语等印欧语非常不同的表达特点。汉语中针对未然事态的假想条件小句可看作非现实句,但汉语中针对已然事态的条件小句并不是非现实句,如在含有"过"的复句"任何人只要听过她唱歌,都会非常爱听"中,条件小句是现实句,结果小句是非现实句,两个小句都有标记,我们下文论及的现实标记和非现实标记不能共现是指必须在同一个小句中而言的。上述情况也是已然/未然或现实/非现实这个范畴在汉语中是显赫范畴的一个表现。英语等印欧语和汉语有无非现实虚拟句所导致的另一后果是,英语等印欧语中对已然/未然进行推测的虚拟句都是非现实句(如"He might/should have gone to Beijing yesterday."和"He might/should go to Beijing tomorrow."),而汉语中表推测的这类词"大概/或许/应该"与现实/非现实无关(如"他大概昨天去了北京"和"他大概明天去北京")。"大概/或许/应该"不是非现实标记,但也不是现实标记。汉语的这种表达特点会在下文现实标记和非现实标记的非兼容性这一节中详细论述。

刘丹青(2014：391)提出汉语没有时标记,只有体标记,但体标记在中性语境中都有各自默认的时。该视角为探讨中性语境下汉语句子的隐性时意义留有余地。在复句中,主句的时会受到时间从句的影响,这点上汉语与英语类似,如下例(15a)：汉语"正在"在不含其他时间词的中性独立小句中表"现在时-进行体",但在复句中若时间从句表过去时,那么主句也是过去时,"正在"的表时功能被时间从句取消,只有表体功能。即使在中性独立小句中,汉英语也具有可类比性,假如在"他正在听音乐/He is listening to the music."中添加表过去时的"当时",汉英原句的现在时均被取消,时由"当时"决定,如下(15b)。可以说,汉语尽管没有时的显性形态标记,但有自己的表达方式。独立小句的时取决于句中时间名词、时间副词和时-体助词,复句的时则需看从句的时或者主从句之间的句法关系。

(15) a. 我们到(了)车站的时候,他正在听音乐。

When we arrived at the station, he was/ * is listening to the music.

b. 当时他正在听音乐。

At that moment he was/ * is listening to the music.

7.2.2.2 否定陈述小句中"没"和"不"的现实/非现实表达

不少学者关注过"没"和"不"这对否定词。比如,吕叔湘(2002)提出"没"用于过去和现在的客观叙述,不能用于将来；"不"用于主观意愿,可指过去、现在和将来。但是吕先生有关"不"的解释欠妥,我们很难说"他不去北京"可指过去,"这花儿不香"也不是用于主观意愿。汪有序(1987)基于判断动词、静动词、变动词、动动词的分类,考察了"没"和"不"在"过去"和"非过去"上的不对称分布。但是他有关"没"只能用于过去的观点不妥,如"现在鱼还没熟"。张立飞、严辰松(2010)基于语料库从现实/非现实角度解释它们的差异,认为"没"否定的句子是现实的,"不"否定的句子是非现实的认识模式。但诸如"他不是学生""鱼不熟"等都是现实的。侯瑞芬(2016)提出"没"只有客观性,"不"既有客观性又有主观性,主观性为主,认为"不"可用于已然句,如疑问句"他昨天怎么不来开会?","没"可用于未然句,如假设条件句"如果我十点还没到,你就先走"。但我们困惑的是,"不"用于已然句和"没"用于未然句极其受限,该说法在最常见的否定陈述性小句中很难成立,比如"＊他昨天不来开会/＊他昨天不去北京""＊他明天没来开会/＊他明天没去北京"。本节我们暂且只观察最常见的否定陈述性小句中"没"和"不"的倾向性差异。

首先需说明的是,肯定和否定不是决定现实和非现实的必要条件,现实和非现实句都有肯定和否定,如现实句"他是/不是大学生"、非现实句"他会/不会去北京"。那么"没"和"不"的差异究竟在哪儿? 除了"没有"和"不是"的差异外,请看如下例(16)和(17)中的对比:

(16) a. (上周/现在)西瓜没熟。　(当时/现在)他的脸没红。
　　　(当时/现在)他没胖/瘦。

　　b. (上周/现在)西瓜不熟。　(当时/现在)他的脸不红。
　　　(当时/现在)他不胖/瘦。

(17) a. 昨天他没练歌/跑步。　　现在他没在练歌/跑步。
　　　＊明天他没练歌/跑步。　＊明天他没会练歌/跑步。

　　b. ＊昨天他不练歌/跑步。　＊现在他不在练歌/跑步。
　　　明天他不练歌/跑步。　　明天他不会练歌/跑步。

例(16)中"没"和"不"的否定陈述小句有共同点:都用于过去和现在,即都表现实,谓语都是形容词;但差异在于,(16a)中"没"的句子侧重没有发生"动态变化",(16b)中"不"的句子则强调不存在一种"静态量"。这种差异可用沈家煊(2005)所言的"无标记否定"和"有标记否定"来解释,(16a)中"没"的句子是无标记否定,否定的是"熟/红/胖/瘦"的下限义"至少有点熟/红/胖/瘦",(16b)中"不"的句子是有标记否定,否定的是"熟/红/胖/瘦"的上限义"完全或非常熟/红/胖/瘦"。这种差异也造成了"不太熟/不太红/不太胖"合法,而"＊没太熟/＊没太红/＊没太胖"不合法。例(16a)和(16b)可总结为:在否定陈述小句中,"没"可用于过去或现在的"动态变化"否定,为现实标记;"不"可用于过去或现在的"静态量"否定,为现实标记。

再看例(17)中"没"和"不"的差异。差异比较明显,"没"的句子可用于过去或现在的"动态活动"否定,不能用于将来的"动态活动"否定,为现实标记。"不"的句子不能用于过去或现在的"动态活动"否定,但能用于将来的"动态活动"否定,为非现实标记。需要说明的是,"＊昨天他不练歌/跑步"不是"＊昨天他不想/打算练歌/跑步"的意义,后者表达一种意愿,仍属于过去静态否定的范围。

综合例(16)和(17),若仅限于中性语境下的否定陈述小句,"没"和"不"的差异为:"没"为现实标记,用于过去或现在的"动态"否定;"不"有两种情况,为现实标记时,用于过去或现在的"静态"否定,为非现实标记时,用于将来的"动态"否定。"没"和"不"的倾向性差异如下图所示:

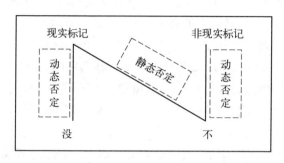

图7-7 否定陈述小句中"没"和"不"的现实/非现实表达差异

以往有研究关注过"没"和"了"不能共现或有时能共现的条件(金立鑫2005;王灿龙2006),我们认为学者们的解释不太浅显易懂,另外我们图7-7中的划分与其他学者也不同。下面从本章的理论体系角度重新阐释。解释之前有两个问题需说明:

第一,朱德熙(1982:70)提出,和"~了"相对应的否定形式是"没(有)~"。需注意的是,朱先生所言的"了"适用于现实标记"了$_1$/了$_2$",而不适用于语气助词"了$_3$"。"没"是一个动态否定的现实标记,顾名思义,它承载了否定断言的认识情态,那么相应的,其肯定形式"了$_1$/了$_2$"除了承载时-体意义外,还承载了肯定断言的认识情态。"了$_1$/了$_2$"作为显赫的现实标记承载了不显赫的时-体-情态意义,符合我们关于现实/非现实与时-体-情态的范畴化和显赫性分布的理论假设。现实标记"了$_1$/了$_2$"和语气助词"了$_3$"的句法层次和承载的信息如下图所示:

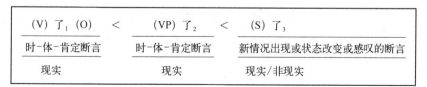

图7-8 "了$_1$/了$_2$/了$_3$"的句法层次与所承载的信息

第二,从世界语言来看,在现实/非现实显赫的语言中,现实标记和非现实标记不能在同一小句中共现。我们曾考察了一些现实/非现实显赫的语言(参看于秀金、张辉 2017),如缅甸语、泰雷诺语、穆纳语、穆尤渥语、喀多语、图康伯西语、莱沃语等,发现这些语言中现实/非现实均有语法化程度较高的标记,现实标记和非现实标记呈互补分布,不能在同一小句中共现。在现实/非现实不显赫的语言中,没有现实/非现实标记,也就谈不上现实标记和非现实标记不能在同一小句中共现。比如英语是现实/非现实不显赫的语言,过去式形式和过去分词形式可出现在现实句中(如"He went to the bus station./I have finished the work."),假如说过去式形式和过去分词形式是现实标记,但它们也可出现在非现实句(如虚拟句)中。现在时零形态也是如此,如果说现在时零形态是现实标记,但现在时零形态也可出现在非现实句(条件句)中,如下(18a)(18b)为虚拟句,(18c)(18d)为条件句,很多印欧语言都是如此。因此,现实/非现实显赫的语言和现实/非现实不显赫的语言的情况具有很大差异。

(18) a. If I were you, I would go to the bus station.

b. If I had started earlier, I would have finished the work.

c. If we study hard, we will pass the exam.

d. If he has time, he will come.

既然我们的理论假设是汉语是现实/非现实显赫的语言,那么汉语中会有两个现象:第一,现实标记和非现实标记不能在同一小句中共现;第二,显赫现实/非现实的下位范畴是时-体-情态,时-体-情态中也不允许有范畴发生冲突,如下例(19)和(20)中现实标记"了$_1$/了$_2$/着$_1$/过$_{1-2}$"和语气助词"了$_3$"分别与"没/不"的搭配情况:

(19) a$_1$. *他不去了$_1$北京。　　a$_2$. *他不[去北京了$_2$]。

a$_3$. [他不去北京]了$_3$。　　a$_4$. [他不再去北京]了$_3$。

b$_1$. *他没去了$_1$北京。　　b$_2$. *他没[去北京了$_2$]。

b$_3$. *[他没去北京]了$_3$。　　b$_4$. [他没再去北京]了$_3$。

(20) a$_1$. *我不吃过$_1$一个苹果。　　a$_2$. *他不去过$_2$德国。

a$_3$. *他不在散着$_1$步。

b₁. 我没吃过₁一个苹果。　　　b₂. 他没去过₂德国。

b₃. 他没在散(着₁)步。

　　前文提及,在否定的陈述小句中,"不"和"没"的差异倾向是:"不"作为现实标记来否定静态,作为非现实标记来否定动态,"没"作为现实标记来否定动态。例(19)和(20)各句描述的都是动态。(19a₁)(19a₂)中非现实标记"不"和现实标记"了₁/了₂"不允许共现,(19a₃)(19a₄)中的语气助词"了₃"无此限制。(19b₁)(19b₂)中虽没出现现实标记和非现实标记的冲突,但现实标记之间的情态意义出现冲突,"没"的否定断言和"了₁/了₂"的肯定断言形成冲突。语气助词"了₃"承载对现实/非现实的断言认识情态,往往隐含新情况出现或状态改变的意义,(19b₃)不合法是因"了₃"所断言的对象"他没去北京"并没有隐含新情况出现或状态改变的意义,而(19b₄)中"他没再去北京"则有此意义。(20a₁)—(20a₃)中非现实标记"不"和现实标记"过₁/过₂/着₁"发生冲突;(20b₁)—(20b₃)合法的原因是,现实标记"过₁/过₂/着₁"不承载肯定断言认识情态,在这一点上与"了₁/了₂"不同。

7.2.2.3　现实标记和非现实标记的非兼容性

　　在中性语境下的独立小句中,与现实相对的"非现实"在汉语中主要通过情态副词"将要/将会/必须"、情态助动词"会/要/应该/可以"和非陈述性言语行为(如祈使语气)等来表达,它们是语法化程度较高的非现实范畴标记,往往负载时和情态及未完成体,因而汉语非现实的原型与时-体-情态有关。下面看看现实标记和非现实标记在独立小句中的非兼容性。

　　首先看"了₁"和"了₂"共现的问题。刘勋宁(2002:78)提出北京话"了₁"和"了₂"共现的小句中出现"了₁"脱落的趋势,是因表过去的"了₂"隐含之前的动作实现,省去"了₁"是简化操作。这个表述并不完全准确,"了₂"和不同情状类型的动词共现时可表过去时或现在时。真正原因在于,"了₁"和"了₂"都是现实范畴标记,但"了₂"还隐含新闻报道意义,两者共现时,只表现实意义的"了₁"可省略。

　　情态副词和情态助动词在不同语境中往往可承载多种情态意义,我们暂不考虑语境,只考虑多种情态意义的可能性。先看"要/将要"与"了/着/过"的搭配,如:

(21) a$_1$. [天要/将要下雨]（了$_3$）。　　　　（感知证据情态）

a$_2$. [列车要/将要到达北京站]（了$_3$）。（感知证据情态）

b$_1$. [他要/将要去北京]（了$_3$）。　　　　（感知证据情态/意愿能动情态）

b$_2$. [他要/将要害了$_4$死你]（了$_3$）。　　（感知证据情态/意愿能动情态）

c$_1$. [你要努力学习]（了$_3$）。　　　　　（义务道义情态）

c$_2$. [你要加油]（了$_3$）。　　　　　　　（义务道义情态）

(22) a. *[他要/将要[去了$_1$北京]]。

b. *[他要/将要[去北京了$_2$]]。

c. *[他要/将要[吃过$_1$早饭]/[去过$_2$北京]]。

d. *[他要/将要[在跑着$_1$步]]。

　　根据 Palmer（2001）对认识情态、证据情态、道义情态和能动情态的分类，我们主张"要/将要"在表达言者的情态时，侧重言者的（可视/听觉型）感知证据情态，言者一般具有较确信的证据或述谓主体一般具有明显的迹象来证明某事就要确定发生。在情态表达类型这一点上，"要/将要"与"会/将会"不同，从而导致它们与"了$_3$"搭配时的合法性有别。下文会论及"会/将会"。

　　（21a）—（21c）中"要/将要"表达的情态小类不同。（21a$_1$）（21a$_2$）中"要/将要"表感知证据情态，（21b$_1$）（21b$_2$）中"要/将要"表感知证据情态或意愿能动情态，（21c$_1$）（21c$_2$）中"要/将要"表义务道义情态。（21b$_2$）中动词词尾"了"为结果补语"了$_4$"，各句中的句尾"了"为语气助词"了$_3$"。既然"了$_3$"表达新情况出现或状态改变或感叹的断言认识情态，那么言者可以对感知证据、意愿能动和义务道义进行进一步断言。这也表明，"了$_3$"的句法层次高于"要/将要"。除了情态意义外，"要/将要"还承载了时–体意义，但它们的真实身份是非现实标记，不能与现实标记"了$_1$/了$_2$/着$_1$/过$_{1-2}$"在同一小句中共现，如例（22）。

　　下面再看非现实标记"会/将会"。同"要/将要"类似，"会/将会"除了承载时–体意义外，在不同小句中还承载不同的情态意义。请看下例"会/将会"与"了/着过"的搭配情况：

（23）a₁. *［天会/将会下雨］了₃。　　　　（预测认识情态）

　　　a₂. *［列车会/将会到达北京站］了₃。（预测认识情态）

　　　b₁. *［他会/将会去北京］了₃。　　　（预测认识情态）

　　　b₂. *［他会/将会害了₄/死你］了₃。　（预测认识情态）

　　　c₁. ［他会/将会去北京］了₃。　　　　（意愿能动情态）

　　　c₂. ［他会/将会帮助你］了₃。　　　　（意愿能动情态）

（24）a. *［他会/将会［去了₁北京］］。

　　　b. *［他会/将会［去北京了₂］］。

　　　c. *［他会/将会［吃过₁早饭］/［去过₂北京］］。

　　　d. *［他会/将会［在跑着₁步］］。

　　非现实标记"会/将会"可承载言者的预测认识情态或句中述谓主体的意愿能动情态。（23a₁）（23a₂）和（23b₁）（23b₂）不合法的原因在于，在同一小句中，当"会/将会"表言者的预测认识情态时，其与"了₃"所表达的言者的断言认识情态形成冲突，因此删除"了₃"后句子才合法。但是当"会/将会"承载句中述谓主体的意愿能动情态时，言者可以对述谓主体的意愿进行断言，因而添加"了₃"后句子合法，如（23c₁）（23c₂）。（24a）—（24d）不合法是因为非现实标记"会/将会"和现实标记"了₁/了₂/着₁/过₁₋₂"相冲突。需注意的是，类似"墙上会/将会挂着₂一幅画"中的"着₂"是表附着义的动相补语，可替换为其他补语（如"上"等），不是隐含持续（进行）义的"着₁"。

　　最后看非现实标记"应该/可以/必须"。需说明的是，"应该/可以/必须"做非现实标记仅限于承载道义情态，此时它们也承载时-体意义。汉语中有些表推测的认识情态标记如"应该/可能/大概"等不是非现实标记，它们与现实标记可以在独立小句中共现，如下（25a）—（25d），它们也可以不与现实标记共现，如（25e）（25f）：

（25）a. 他应该/可能/大概［去了₁北京］。

　　　b. 他应该/可能/大概［去北京了₂］。

　　　c. 他应该/可能/大概［去过北京］。

　　　d. 他应该/可能/大概［在跑着步］。

　　　e. 他应该/可能/大概［去北京］。

　　　f. 他应该/可能/大概［去跑步］。

（25a）—（25d）和（25e）（25f）在时-体意义上的差异表明，表推测的认识情态标记"应该/可能/大概"与现实/非现实无关，它们不承载时-体意义。汉语中可能存在如下倾向：只承载情态意义而不承载时-体意义的语法成分不是现实/非现实标记。"应该/可能/大概/也许"只有情态意义，不表时-体意义，它们同表断言认识情态的语气助词"了₃"相似，"了₃"只表情态意义，不承载时-体意义，因而"了₃"不是现实标记，"应该/可能/大概/也许"也不是非现实标记，它们都可出现在现实/非现实句中。前文所论述的承载时-体-情态意义的"要/将要/会/将会"是非现实标记以及"了₁/了₂"是现实标记也表明了这一倾向。该倾向也是我们有关现实/非现实的下位范畴是时-体-情态的一个例证。如果"应该/可以/必须"限于表道义情态，它们与"了/着过"搭配会出现如下情况：

(26) a. [你应该/可以/必须[吃了₄掉/完那个苹果]]。

    b. [你应该/可以/必须[杀了₄掉/死那只虫]]。

    c. [你应该/可以/必须进考场]了₃。

    d. [你应该/可以/必须去北京]了₃。

(27) a. *[他应该/可以/必须[去了₁北京]]。

    b. *[他应该/可以/必须[去北京了₂]]。

    c. *[他应该/可以/必须[吃过₁早饭]/[去过₂北京]]。

    d. *[他应该/可以/必须[在跑着₁步]]。

（26a）（26b）中的词尾"了"是作结果补语的"了₄"，它与现实/非现实无关；（26c）（26d）中句尾加"了₃"合法，说明言者可以对道义情态进一步断言。（27）中各句不合法表明，表道义情态的"应该/可以/必须"是非现实标记，与现实标记"了₁/了₂/着₁/过₁₋₂"相冲突。

蔡维天（2010）曾提出汉语模态词的句法层次，即认识情态>道义情态>能动情态，我们支持该层次。最后，我们尝试构建汉语中现实/非现实与时-体-情态的范畴对应关系，我们曾做了尝试（参看于秀金 2016b），但仍不完善，遗漏了"了₁/了₂"可承载肯定断言、"要/将要/会/将会"可表多种情态意义的可能等方面。修正的对应图如下：

现实		非现实			现实/非现实	
了₁/了₂	着/过₋₂	要/将要	应该/可以/必须	会/将会	了₃	应该/可能/大概
体(默认时)-肯定	体(默认时)	体(默认时)-意愿/义务/感知	体(默认时)-职责/允许	体(默认时)-意愿/预测	断言	推测
(默认时)-体-肯定	(默认时)-体	(默认时)-体-能动/道义/证据	(默认时)-体-道义	(默认时)-体-能动/认识	认识	认识

图 7 - 9　现实/非现实与时-体-情态的对应及语法标记

7.3　汉语显赫现实/非现实范畴的扩张性

显赫范畴有扩张性,汉语非显赫时-体-情态不具扩张性,取而代之的是显赫(非)现实范畴,主要表现在现实及其表达手段的扩张方面。比如,词尾"了₁"可表与量范畴有关的意义,是边缘语义功能(刘丹青 2011:291),如(28)。

(28) a. 这双鞋大了₁一号。

　　b. 这条裤子短了₁两寸。

　　c. 我比你多了₁五分。

　　d. 这个教室比那个教室少了₁两台空调。

　　e. 他比我高了₁十厘米。

　　f. 室外温度比室内低了₁五摄氏度。

例(28)中的"了"是"了₁",不是做结果补语和动相补语的"了₄",但(28)中的"了₁"与现实标记"了₁"还是有差异,前者可以省略,并且不改变句子的现实性,意义上也不表事态的变化,而后者不可省略。这种现象可看作现实范畴向量范畴扩张的一种表现,扩张方式为以现实范畴为原型义的表达手段来表达量范畴义,量范畴义是"了₁"的边缘语义功能。我们推理,这种扩张很可能是历时上类推的结果,类推机制或许是,既然"了₁"的原型义是表现实,句法位置上位于动词后,而(28)中各句在无"了₁"的情况下仍表现实,句子谓语核心是与典型动词类似的形容词,那么表现实的"了₁"当然也可以类推到这类句子中。

另一扩张方式是,现实范畴占用以其他范畴为原型义的表达手段,主要表现为向领属范畴或存在范畴扩张。领属范畴中的"修饰性"（attributive）领属标记"的"和"述谓性"（predicative）领属标记"有"均被现实范畴所侵占,如:

(29) a₁.（昨天）王教授作的报告。 ≈ a₂.王教授作了报告。

b₁.（现在）王教授作的报告。 ≈ b₂.王教授在作报告。

c₁.*（明天）王教授作的报告。 ≠ c₂.王教授将会作报告。

d₁.网站带有盗号木马。 ≈ d₂.网站带了盗号木马。

上例(29)中含"的"和"有"的合法句都表现实意义,句后是各句的大致意思。其中"的"为时-体助词,表过去和现在事态时,意义大致分别相当于"了₁"和时间副词"在"所表达的意义;现代汉语中"有"只有动词释义,但此处具有虚化倾向,一般与某些状态情状类型的动词搭配,此时意义大致相当于"了₁"。既然"的"和"有"可表现实意义,那么为何说这种用法是现实范畴向领属范畴扩张,而不是相反? 显赫范畴的表达手段通常语法化程度高且具有强制性和系统性,尽管"了₁"和"在"在语法化程度上并不比"的"和"有"高,但从表达现实意义角度看,前者比后者更具强制性和系统性,或者说,"的"和"有"表现实的使用受到更多限制,如下例:

(30) a. 老王死了五头牛。 ≠ *老王死的五头牛。

b. 我在吃饭。 ≠ *我吃的饭。

c. 他吃了一个苹果。 ≠ *他吃有一个苹果。

d. 她绣了一朵花。 ≠ *她绣有一朵花。

此外,领属是"的"和"有"的原型范畴,现实是"了₁"和"在"的原型范畴,"的"和"有"可表现实,但"了₁"和"在"不表领属。仅就它们的表义功能不对称而言,现实范畴的领地大于领属范畴的领地,这是现实范畴本身扩张的结果,如下图:

图 7 - 10 现实范畴向领属范畴的扩张

从现实范畴向领属范畴的扩张尽管在共时上有体现,但扩张过程却是历时的,下面以虚化动词"有"表现实意义为例。现代汉语中除了领有动词"有₁"和虚化动词"有₂"外,还有否定领属及存在的动词"没₁"、否定现实的副词"没₂"和否定现实的副词"没有",如下例:

(31) a. 我没₁有那本书。　　　b. 教室里没₁人。

　　 c. 他没₂去香港。　　　　d. 他没有去香港。

在吴福祥(1995)和石毓智(2004)的基础上,我们将"有₁、有₂、没₁、没₂、没有(副词)"五个词在历史上出现的先后顺序排列如下(>表前于):

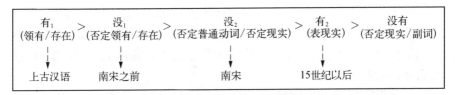

图7-11　"有₁/有₂/没₁/没₂/没有(副词)"的历时演变

领有或存在动词"有"早在上古汉语《诗经》中就已经出现了,如下例:

(32) a. 我有旨蓄,亦以御冬。　　　(《诗经·邶风·谷风》)

　　 b. 我有旨酒,以燕乐嘉宾之心。　(《诗经·小雅·鹿鸣》)

　　 c. 女子有行,远父母兄弟。　　　(《诗经·鄘风·蝃蝀》)

　　 d. 子兴视夜,明星有烂。　　　　(《诗经·郑风·女曰鸡鸣》)

例(32a)(32b)中的"有"为领有动词无可争议,石毓智(2004:37)为了在领有和完成体之间建立联系,认为(32c)(32d)中的"有"作完成义解读。但根据上下文,我们认为应作"存现"义解读。(32c)说的是一个女子正私奔向所爱的人,受到讥讽;而(32d)说的是两口子谈论着起床看夜景,星光正灿烂着呢。因此,解释为完成体有牵强之嫌。

其他语言中也有类似情况,英语助动词"have"尽管来源于领有动词,但由于受动词内在情状的影响,句子体义不一定表完成;另根据 Stassen(2009:5—7),法语中述谓领有标记"a"与完成及存现是同一标记,斯瓦希里语中述谓领有和进行体标记都是"na",塞尔维亚-克罗地亚语中述谓领有和存现都使用标记"ima"。其实领有、存现、进行以及完成都可纳入现实范畴之下。

"没₂"的出现晚于"没₁","没₂"否定动作或状态已经发生始于南宋(吴福祥 1995:153)。其实"否定动作或状态已经发生"也就意味着否定"完成或进行/持续"等现实事态。对上述图 7-11 的演变序列可进行如下推理:

"没₁"否定领有动词"有₁","没₂"否定普通动词,即否定现实义,从"没₁"到"没₂"是一个从否定领有动词到否定普通动词的类推。15 世纪后领有动词"有₁"开始虚化,可表现实意义,虚化机制是"有₁"的重新分析,即"没₂"否定的事态具有现实意义,那么"有₁"也可表现实意义,即"有₂"。重新分析后,从"有₂"到副词"没有"又经历了一个类推,即否定现实的"没₂"当然可以否定表现实意义的"有₂"。因此,副词"没有"中的"没"其实是"没₂"。

综上所述,"没₁→没₂→有₂→没有(副词)"四个词之间经历了"类推→重新分析→类推"的过程。其中"没₂→有₂"的重新分析过程就是现实范畴向领属范畴扩张的过程,这一过程时间跨度较大,从南宋到 15 世纪后历经几百年的时间。

下面再看看"的"。"的"的这种时-体用法早有学者关注(如宋玉柱 1981;刘公望 1988;张斌 2000;木村英树 2003;袁毓林 2003),学者们没有考虑类似前文例(29b₁)中可用于现在的用法,大都主张"的"可以做时间助词或时态助词,主要用于过去时间,表示已然事态,也就是我们所言的现实,如:

(33) a. 他上周去的北京。　　　b. 我昨天订的车票。
　　　c. 他前天回的国。　　　　d. 她上个月生的孩子。

我们认为,(33)中各句不仅仅承载了时-体意义,还应承载了"确信"的断言情态。根据向熹(2010:726—729),结构助词"的"始见于宋代,主要用于名词性定语和中心语之间,表示领属关系或修饰关系,后来"的"的应用范围不断扩大,动词和动宾短语加上"的"后也成为定语。苏政杰(2010:24)对以往诸多研究文献的观察也发现,学者们大都认可结构助词"的"在唐宋时期写作"底",宋元之后写作"的",到了元明时期,"的"有多种用法,比如"名词+的+(名词)""形容词+的+(名词/动词)""动词+的+(名词)"等。到了元明时期,"的"用在动词后可表两种事态:一是表持续,相当于"着",如(34a)(34b);另一种是表已经实现,也即现实性,相当于词尾"了",如(34c)(34d):

（34）a. 我情愿丢了这般好生意，跟的你去。

（元无名氏《货郎旦》三折）

b. 那西门庆笑的出去了。

（明兰陵笑笑生《金瓶梅》二十二回）

c. 赵盾出的殿门，便寻他原乘的驷马车。

（元纪君祥《赵氏孤儿》楔子）

d. 那拳头刚擦的一擦，便一个脚稍天哩。

（元李寿卿《伍员吹箫》一折）

在现代汉语中，"的"相当于持续"着"的用法已消失，但相当于词尾"了"的用法仍存在。我们在前文通过推理论证了"没$_1$→没$_2$→有$_2$→没有（副词）"经历了类推→重新分析→类推的过程，主张其中"没$_2$→有$_2$"的重新分析是现实范畴向领属范畴扩张的过程，经历了从南宋到 15 世纪后几百年的时间。巧合的是，表领属关系（或修饰关系）的"的"可用于表持续义或实现义的用法也发生于宋元明这个时期，含有"的"的领属结构虽然不像其他事态句那样可以用时-体-情态或者现实/非现实的概念来直接进行描述，但领属结构从概念意义上看往往隐含已经实现或者持续的现实情状，现实范畴占用以领属范畴为原型义的"的"可能存在重新分析的因素。我们推测，宋元明时代很可能是现实范畴向领属范畴大肆扩张的时期，修饰性领属标记"的"和述谓性领属标记"有"都在这个时期被现实范畴侵占。最后我们用下图表示现实范畴的扩张倾向：

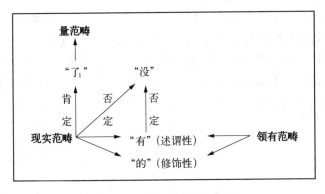

图 7-12 现实范畴的扩张性

7.4 小　结

本章通过论证现实/非现实为汉语的显赫范畴且具扩张性,来阐释汉语时-体-情态的形式纠缠问题,同时也初步验证我们在上一章提出的显赫非均衡性假设。现实/非现实在汉语中是一个显赫范畴,主要体现为已然/未然的对立,而时-体-情态三个范畴都不显赫,表现是典型的时-体助词与作为结果补语、动相补语和语气助词的其他语素具有同形异质性,量范畴和领属/存在范畴是汉语显赫现实/非现实进行扩张的非原型范畴。时-体-情态三个范畴都不显赫而现实/非现实是显赫范畴具体体现在四个方面:第一,在"了$_1$"和"了$_4$"的分化、"着$_1$"和"着$_3$"的分化中,现实已然/非现实未然起了驱动作用。第二,尽管"了$_3$/了$_4$/着$_2$/着$_3$"都可出现在非现实事态句中,但非现实性并不由它们来表达。第三,从"了/着/过"在历时中的不同语法身份和语法意义来看,"了$_1$/了$_2$/着$_1$/过$_{1-2}$"与"了$_3$/了$_4$/着$_2$/着$_3$/过$_3$"应看作"了/着/过"的不同语素,在论证时应该加以区分。助词"了$_1$/了$_2$/着$_1$/过$_{1-2}$"与"了$_3$/了$_4$/着$_2$/着$_3$/过$_3$"在共时上的并存很大程度上干扰了学界对汉语时-体问题的研究。第四,时-体助词与作为结果补语、动相补语和语气助词的同形异质语素纠缠在一起也说明了现代汉语并不是体显赫的语言。从某种程度上讲,时-体助词这个概念更恰当,它们只对时-体表达有辅助作用,并非特定时-体意义的显性专有标记。

人类语言在形-义关系上受经济性原则和象似性原则的支配:前者指用尽量少的形式表达尽量多的意义,但劣势是容易导致歧义;后者指语言形式尽量与人类的认知经验相对应,但劣势是易使语言过于复杂冗余。这本来是两个相互竞争的原则,但跨语言时-体-情态三个范畴总体在语言表征上趋于融合恰恰是经济性原则和象似性原则合作的结果:一方面,一语言形式尽可能表达时-体-情态多个意义(经济性);另一方面,时-体-情态三个范畴在语义上融合于现实/非现实,它们的语言形式也尽量融合(象似性),人类的认知概念结构尽可能与语言结构相对应。

第八章

跨语言（非）现实与时—体—情态的显赫性格局

世界语言中现实/非现实的概念意义和表达规律问题是语言类型学界的一个棘手问题。从概念意义上看，Comrie（1985：39—40）和 Mithun（1999：173）提出现实是已发生或正发生的实现了的情状，而非现实是通过想象来认识的现实之外的所有情状。但该定义不具普适性，如喀多语中的将来未然事态被标记为现实，伊马斯语中的过去已然事态有时被标记为非现实。从表达形式上看，现实/非现实在不同语言中不具有相同的语法地位，有些语言中现实/非现实的语法化程度低，但有表现实/非现实的词汇等手段，而有些语言中其语法化程度高，采用词缀语素来表达，成为形式上规约化的语法范畴。

不少学者将现实/非现实看作语气或情态范畴，赞同现实/非现实是跨语言中的有效范畴（Bhat 1999；Givón 2001；Palmer 2001；Timberlake 2007；Velupillai 2012）。反对该观点的学者主要有两派：第一，一些学者认为现实/非现实不应完全归入情态范畴（Bugenhagen 1993；Elliott 2000；

Pietrandrea 2012),但这些学者在跨语言现实/非现实的核心义上并没取得一致意见;第二,一些学者认为不同语言中现实/非现实的语义差异较大,缺少共同的核心义,不是跨语言中的有效范畴(Bybee et al. 1994;Bybee & Fleischman 1995;Bybee 1998;de Haan 2012)。

我们考察世界语言后发现,跨语言中现实/非现实倾向与时-体-情态关联,我们目前尚没发现现实/非现实与时-体-情态无关的语言(于秀金 2018;于秀金、吴春相 2022)。本章首先梳理以往对现实/非现实的争论,在此基础上试图建立跨语言现实/非现实与时-体-情态的范畴关联模式和标记方式,然后进一步构建跨语言现实/非现实与时-体-情态之间的显赫性逻辑格局,并对该逻辑格局进行初步验证。我们将现实/非现实以及时-体-情态均看作功能范畴,以便对比它们之间的显赫性差异。

8.2 跨语言现实/非现实范畴的争论

8.2.1 跨语言现实/非现实的语义内容争论

对于现实/非现实这对概念,Mithun(1999:173)这样定义:"现实"描述实现了的情状,已经发生或正在发生,可通过直接感知来认识,而"非现实"纯粹是在思想领域通过想象来认识的情状。用Comrie(1985:39—40)的话说是:"现实"是已经发生或正在发生的情状,"非现实"是现实之外的所有情状。

很多学者将现实/非现实看作语气或情态范畴(Bhat 1999;Givón 2001;Palmer 2001;Timberlake 2007;Velupillai 2012)。Bhat(1999:65)和 Palmer(2001:145)认为现实/非现实是跨语言语气范畴中的重要概念区分,从语法身份来看,现实/非现实的区分类似于陈述/虚拟的区别,语法地位不次于时-体范畴。Givón(2001:308)和 Timberlake(2007:326)的观点相似,认为非现实是一个"大情态"(mega-modality)概念,包括一些诸如意愿、能力、虚拟、允许和义务等具体的子情态。Velupillai(2012:214)则区分了语气、情态和式(mode)三个概念:语气是高层次的概念,表达命题真实与否,即现实/非现实性;情态是说话者对事件所持态度的语义标注(semantic label);式则是语气和情态的统称。

也有不少学者持不同意见，认为现实/非现实不应完全归入情态范畴（Bugenhagen 1993；Elliott 2000；Pietrandrea 2012）。Bugenhagen（1993）考察了新几内亚岛上七种南岛语系语言中非现实的语义，发现这些语言中的现实/非现实并不能简单地归为单一的情态范畴，但现实/非现实具有语义核心或原型语义，它们可归结为下表：

表 8-1　新几内亚南岛语言现实/非现实的原型语义（Bugenhagen 1993：37）

现　　实	非　　现　　实
正极性（positive polarity）	将来时（Future tense）
非将来时（Non-future tense）	假设性条件句（Hypothetical conditional clauses）
完成体（Perfect aspect）	反事实条件句（Counterfactual conditional clauses）
陈述性言语行为（Declarative speech acts）	want 的补语（Complement of 'want'）
	否定性目的句（Negative purpose clauses）（lest）

Bugenhagen（1993：35）指出，上表中现实/非现实的原型语义是这七种语言的大体倾向，尽管这些语言在谱系上具有亲密关系，但没有哪两种语言的非现实表达形式在语义上完全一致。Bugenhagen（1993）的这一发现与 van Gijn & Gipper（2009）的考察结果类似，后者考察了南美玻利维亚境内的尤拉卡雷语和其他六种语言中现实/非现实的语义，发现这些语言中现实/非现实的语义不完全相同，但有规律可循，如下图所示（van Gijn & Gipper 2009：174）：

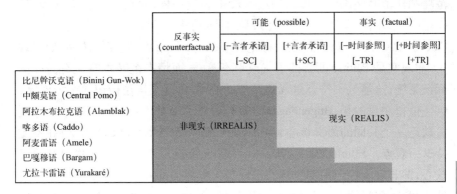

图 8-1　不同语言中现实/非现实的语义分布（SC=speaker commitment；TR=temporal reference）

在上图中,对于非现实的语义而言,比尼幹沃克语中只有"反事实"被标记为非现实,而中颇莫语、阿拉木布拉克语、喀多语和阿麦雷语四种语言中的非现实则包括"反事实"和"可能[-言者承诺]",巴嘎穆语中非现实则包括"反事实"和"可能[±言者承诺]",尤拉卡雷语中非现实比其他语言更广泛,涵盖了"反事实""可能[±言者承诺]"以及"事实[-时间参照]"四种语义。尽管图8-1中七种语言的非现实语义不完全相同,但遵守了以下蕴涵共性(van Gijn & Gipper 2009:176):

反事实<可能[-言者承诺]<可能[+言者承诺]<事实[-时间参照]<事实[+时间参照]

上述蕴涵共性等级的意思是,若一语言中非现实的语义涵盖右边的某一语义参项,则一定涵盖该参项左边的语义参项,但若一语言中非现实的语义涵盖左边的某一语义参项,则不一定涵盖该参项右边的语义参项。比如"事实[-时间参照]"在尤拉卡雷语中标记为非现实,则等级上其左边的三个语义参项一定也标记为非现实。

Elliott(2000)和Pietrandrea(2012)都用"事实状况"(reality status)作为现实/非现实这对概念的概括,主张事实状况是与情态范畴不同的语法范畴。Elliott(2000:67—75)认为情态是言者对于事态态度的表达,而事实状况指对真实或非真实世界的语法化表达,由此产生现实/非现实对立的语法范畴。在某些语言中,情态范畴和现实/非现实范畴之间在表达上可能有交互,即它们可能会使用同一形式系统来表达,如同某些语言中时范畴和体范畴使用同一形态句法手段来表达一样;而在另一些语言中,情态范畴和现实/非现实范畴会采取不同的表达手段,这种标记方式被Palmer(2001:145)称为"联用标记"(joint marking)。但我们认为,如果现实/非现实是Palmer所言的语气或情态范畴,而情态范畴本身又有另外的标记系统,这显然不符合语言的经济性原则,出现了语法标记的冗余现象。

值得注意的是,Bugenhagen(1993)曾认为新几内亚南岛语言中的非现实缺乏一个共同的语义核心,但Elliott(2000)和Pietrandrea(2012)并不支持这一观点。Elliott(2000:70—81)提出,跨语言中非现实有共同的语义核心,即非现实标记主要表达假设或想象世界而非真实世界中的非现实事件或状态,包括情态、否定和惯常等意义;Pietrandrea(2012:186)则认为非现实的共同语义核心是没有实现的事态,表示可感知的实际世界中不存在的意义。

国内也有学者赞同跨语言中的现实/非现实很难完全归为情态范畴，下表是彭利贞(2005：40)所总结的六种语言中现实/非现实的标记及其所表达的意义：

表 8-2　不同语言中现实/非现实的标记及其意义

语　言	现　实		非　现　实	
	形　式	意　义	形　式	意　义
缅甸语(Burmese)	句尾助词 te、th、á、ta、hta	具有现实和过去时间意义的现实事件	句 尾 助 词 me、má、hma	非现实事件，将来时间意义，或无时间限制
迪厄巴尔语(Dyirbal)	后缀-n(yu)	当前正在发生的情景；过去已经发生的情景	后缀-ny	将来可能、怀疑、感叹
海地语(Haitian)	前 缀 Ø、te(或 t)	确信：现在进行；近将来	ava (av、va、a)	将来不定事件、可能信(不完全相信)、惊异、意愿、祈使、劝告
克鲁语(Kru)	零形式 Ø	事件已经实现或正在发生	go、we	将来时间意义、习惯
鲁凯语(Rukai)	中缀-a-	过去事件或正在发生的事件	前缀 (a) y-及 其 变 体 nay-、y-	将来可能和意愿
斯拉南语(Sranan)	零形式 Ø、ben-	过去实现事件或过去完成事件	sa-	将来时间意义；怀疑、惊异、意愿等认识或道义意义

综上所述，我们认为，学界尽管对于能否将现实/非现实看作情态范畴仍有争论，但以往不少研究已经表明，跨语言中现实/非现实不能只看作情态范畴，尽管有的语言中现实/非现实更倾向为情态范畴，但个别语言现象不具有普遍性。从跨语言来看，现实/非现实所涵盖的语义内容较为广泛，除了情态意义外，往往还与时范畴和体范畴有关，比如根据 Mithun(1999：174)，美国俄勒冈州西南部的印第安土著语言塔克尔玛语中的每个动词都

有两个不同的词干形式,如"run"有"yowo-"和"yu-"两个形式,一个词干表达过去时/现在时/即时,另一个词干表达将来时/可能/推测/祈使,两个不同的词干在意义上实质是现实/非现实的对立,承载时和情态意义。其他语言中的现实/非现实可能更为复杂,因而这需要我们采取类型学的视角,来探索现实/非现实与时-体-情态之间的复杂关系。

8.2.2 现实/非现实可否作为跨语言有效范畴的争论

从世界语言来看,既然现实/非现实的语义内容往往与时-体-情态三个范畴相关,但究竟与时-体-情态中哪个范畴关联随语言不同而不同。现在问题是,跨语言中现实/非现实能否作为一个有效范畴进行对比研究?学界对于这个问题也有争论,主要有以下两种观点:

持否定意见的代表学者有 Bybee et al.(1994)、Bybee & Fleischman(1995)、Bybee(1998)和 de Haan(2012)。

Bybee et al.(1994:237—238)、Bybee & Fleischman(1995:9—10)及 Bybee(1998:264—267)提出,极少语言采用现实/非现实这种二分法,现实/非现实的语义从跨语言来看差异较大,缺少一个共同的核心语义,一种语言中的现实在另一种语言中可能被看作非现实,非现实标记和虚拟语气标记的共现从语义上看是一种标记冗余现象,因而现实/非现实的对立区分不应看作一个跨语言有效的独立语法范畴。de Haan(2012)考察了拉丁语、阿麦雷语、萨考语和穆尤渥语等语言中的现实/非现实意义,试图求证跨语言中现实/非现实究竟是否具有原型语义核心。de Haan(2012:129)所得结论支持 Bybee 等的主张,现实/非现实从跨语言看存在很多核心意义,在这些核心意义中,没有哪个意义比其他意义更具有压倒性优势而成为所有语言现实/非现实的核心意义,因而所谓现实/非现实范畴的核心语义和边缘语义是开放性的,目前尚不能证明现实/非现实是一个类型学视角下的有效范畴。

然而也有不少学者持肯定意见,支持现实/非现实范畴对立的存在,代表学者有 Givón(1994)、Mithun(1995)、Bhat(1999)和 Palmer(2001)。

这些持肯定意见的学者无一例外地将现实/非现实看作情态范畴,但他们的观点并不完全相同。Mithun(1995:170—174)通过对北美土著语言的考察,认为尽管现实/非现实标记对立有时也负载时、体、句子联结、从属和代词指称等意义,但它们本质上是情态范畴下的一对重要语法区分,和证据情态处于同一语法地位。Bhat(1999)和 Palmer(2001)基本上支持Mithun(1995)的观点,但没有采用情态这个概念,主张现实/非现实是语气范畴中的重要区分。Givón(1994:266—269)则阐释了现实/非现实与认识情态以及时-体之间的关系,提出非现实既属于认知交际范畴(cognitive-communicative)也属于语法类型范畴(grammatical-typological),现实/非现实是认识情态中的两个子范畴,因为认识情态可从交际角度进一步划分为预设(presupposition)、现实断言(realis assertion)、非现实断言(irrealis assertion)和否定断言(negative assertion)四个子范畴,认识情态和时-体范畴之间的关系具有高度的预期性,如下表:

表 8 - 3　时-体与认识情态子范畴之间的预期关系(Givón 1994:270)

时-体范畴	认识情态范畴
过去时/完整体(past/perfective)	现实(或预设)
完成体(perfect)	现实(或预设)
现在时-进行体(present-progressive)	现实
将来时(future)	非现实
惯常体(habitual)	非现实或现实

针对 Bybee et al.(1994)有关跨语言现实/非现实因缺少共同核心义等现象而不能成为有效范畴的论断,Givón(1994)和 Palmer(2001)进行了反驳。Givón(1994:322)认为,Bybee et al.(1994)实际上预设了情态范畴下的现实/非现实对立应该是一个二元的、离散的心智范畴,该预设与跨语言中的实际情况不吻合导致了他们的不妥论断,实际上情态范畴本身是一个非常复杂的"大范畴"(mega-category),而现实/非现实又是一个复杂的子范畴,在语法表征上它与其他语义或语用范畴都有交互现象,这种复杂性极易使人产生现实/非现实缺乏核心义的误解。Palmer(2001:188—191)则对 Bybee et al.(1994)的四个主要论断逐一进行了反驳,其观点可归结为下表:

平衡语种样本视阈下时-体范畴的类型与共性研究

表 8-4　Palmer(2001)对 Bybee et al.(1994)观点的反驳

Bybee et al.(1994)的观点	Palmer(2001)的反驳
① 现实/非现实作为二元对立的形态标记很少在语言中出现。	① 该论断是对 Foley(1986)的观点的解读,事实上并非如此。很多语言具有现实/非现实的形态对立,如 Roberts(1994)和 Bugenhagen(1993)所提及的语言。
② 非现实标记和虚拟标记从语义上看是冗余的,因为情态意义常常是由其他成分来表达的。	② 在联用或两者共现时会有冗余,但在非联用时不会出现冗余。非现实和虚拟标记有各自不同的意义,非现实可以区分过去-现在和将来,甚至可以区分现实将来和非现实将来,如南颇莫语(S. Pomo);而虚拟一般用来区别于陈述。
③ 不同语言中现实/非现实标记所表达的意义有很大区别,很难为它们归纳出一个核心意义。	③ 不同语言中现实/非现实的意义确实有较大差异,但不影响将它们看作一个有效范畴,正如 Givón(1994)所指出,Bybee et al.的界定过于极端化,从跨语言看,其他普遍认可的范畴也存在跨语言差异,如被动态。只能说现实/非现实比时或体等范畴更复杂,而不是否定它们作为一个范畴。
④ 现实/非现实的一些概念特征不妥,比如巴嘎穆语(Bargam)中将"过去惯常"看作非现实。	④ 该论断不具有挑战性,因为很多语言中将否定、疑问和条件句中的过去看作非现实,而只将过去中的简单动作行为看作现实,过去惯常并不是真实事件。此外,过去惯常的非现实性并不由过去决定,而是取决于惯常,正如 Givón(1994)所言,惯常是一个"混合型的情态"(hybrid modality),兼具现实和非现实的属性。

　　对于上述双方的观点,我们认为 Givón(1994)和 Palmer(2001)的反驳有一定道理,主要体现在他们的观点以更广泛的语言事实为基础,但我们不赞同他们将现实/非现实看作情态的一个子范畴的理论假设。我们的观点主要有如下四点:

　　第一,从类型学的角度看,现实/非现实应看作功能范畴,其跨语言语法化程度有别,这样不同语言中的现实/非现实范畴才具有对比的基础。

　　有的语言中现实/非现实语法化程度高,成为这些语言中形式上已经制度化的语法范畴;而有些语言中现实/非现实的语法化程度低,表达手段多样化,尚没有成为制度化的语法范畴。现实/非现实语法化程度高的语言有着广泛的分布,如印第安语系中的美洲土著语言(Mithun 1999)、南岛语系的新几内亚语言(Foley 1986；Bugenhagen 1993；Roberts 1994)、澳大利亚土著语言(Capell & Hinch 1970)、汉藏语系中的缅甸语(Myint 1994；Okell & Allott 2001)和嘉绒语(rGyalrong)(Sun 2007)等等。在这些语言中,现实/非现实对立采用语法化程度高的形态手段来表达。Bybee et al.(1994)否定将现实/非现实看作跨语言中有效范畴的理由不充分,一方面缺乏广泛的语言调查,另一方面对于跨语言中同一范畴的共性界定过于理想化。实际上,若换个视角来看,研究空间便可呈现出来,而不是武断地否定其作为一个范畴的有效性。

第二,跨语言中现实/非现实范畴的语义不完全一致不影响其作为跨语言有效范畴。

可以从两个角度来看这个问题:一、以往已达成共识的范畴很多在语义上也不完全一致,除了 Givón(1994)提及的被动态外,跨语言中时范畴和体范畴的语义内容也不一致。比如,不同语言对时间有不同的认知,或者说,对时间的划分不一样,有二分时、三分时以及多分时的类型。体范畴也很复杂,很多斯拉夫语中的起始事态被标记为完整体,这与英语和汉语有别。既然时-体范畴具有跨语言的不同类型,那么现实/非现实也可划分为不同的类型。二、虽然跨语言时-体范畴的语义不完全一致,但若进一步抽象的话,都与时间-事态有关,同理,Bybee et al.(1994)之所以会认为跨语言中现实/非现实的语义不完全一致的原因在于,跨语言中现实/非现实的语义内容没有得到进一步的抽象,也就是说,跨语言中现实/非现实的语义应该归纳抽象为一个共同的上位语义范畴。

第三,跨语言中现实/非现实是一个"大范畴",总体上倾向与时-体-情态有关,不能将其只归为情态范畴。

尽管 Givón(1994)和 Palmer(2001)反对 Bybee et al.(1994)的观点,但他们都有一个共同的预设性的假设:都将现实/非现实作为情态范畴下的子范畴来论证其是否能作为跨语言有效范畴。这种范畴层级假设导致了两个后果:一方面导致了 Bybee et al.(1994)不能为跨语言现实/非现实界定一个共同的核心义,因为很多语言的现实/非现实涉及时-体意义,而不仅仅是情态意义;另一方面使得 Givón(1994)和 Palmer(2001)的反驳有时实际上文不对题或者不具说服力。比如,Givón(1994：323—326)以跨语言被动态为例来反驳 Bybee et al.(1994)有关跨语言现实/非现实缺乏核心语义的论断,但论证过程却是证明跨语言中被动态在形态句法上具有多样性,而不是证明被动态在语义上的多样性;Palmer(2001:189)对 Bybee et al.(1994)有关非现实标记和虚拟标记从语义上看冗余观点的反驳也不妥,Palmer 提出在非现实标记和虚拟标记联用时会有冗余,但在非联用时不会出现冗余。这种观点称不上反驳,非联用或不共现时当然没有冗余,没有解释为何非现实标记和虚拟标记联用时有冗余,进一步讲,既然出现冗余,那么非现实就不应处理为有效范畴。若换个视角看,假如一语言中出现非现实标记和虚拟标记联用的情况,因为虚拟表达情态意义,那么该语言中的现实/非现实很可能与时-体范畴关联,而与情态无关,这样也就避免了 Bybee et al.(1994:10)所言的虚拟情态意义由其他标记表达而非现实标记冗余的情况。

第四,跨语言中现实/非现实与时-体-情态构成一个范畴化层级,现实/非现实是高层次范畴,时-体-情态是基本层次范畴。

范畴化是人类对客观世界中具体或抽象事物进行分类的认知活动,人类对客观世界的范畴化在现实/非现实范畴中会产生一个层级系统,现实/非现实是高层次范畴,时-体-情态是基本层次范畴。除了层次系统外,人类对客观世界的范畴化在现实/非现实范畴中还会有原型效应,也就是说,在现实/非现实显赫或凸显的语言中,现实/非现实的原型必然在时-体-情态三个范畴中产生,但原型究竟是时-体-情态中的哪个或哪几个范畴视具体语言不同而不同。

根据 Bhat(1999)和刘丹青(2011,2014),语言中的显赫或凸显范畴在表达手段上语法化程度高,并具有系统性和强制性。在现实/非现实显赫的语言中,现实/非现实范畴已成为形式上规约化的语法范畴。在现实/非现实不显赫的语言中,现实/非现实没有高度语法化的形态标记,表达手段呈多样化,现实/非现实没有成为形式上规约化的语法范畴。有以下两个问题需说明:

第一,原型成员只适用于显赫的现实/非现实,不显赫的现实/非现实谈不上具有原型成员。第二,在现实/非现实显赫的语言中,现实/非现实的原型一般是时-体-情态三个范畴中的不显赫范畴意义,但具体为哪个或哪几个不显赫范畴的意义视不同语言而不同。显赫现实/非现实的原型不能是时-体-情态中的显赫范畴意义,这是语言的经济性原则所致。换句话说,若高度语法化的现实/非现实标记和时-体-情态中某个或几个范畴的高度语法化标记在意义上相同的话,必然出现语言符号的冗余现象。

8.3 跨语言现实/非现实与时-体-情态的关联及标记方式

跨语言现实/非现实的范畴地位尚没有达成共识其实主要源于两个方面的问题:第一,以往研究对跨语言现实/非现实的语义内容界定过于狭窄;第二,世界语言中现实/非现实标记与时-体-情态标记之间的关系非常复杂,鲜有学者涉足这方面的研究,并且以往研究中尚存在对特定语言中现实/非现实标记的语义解读往往不妥或甚至误读的情况。

先看第一个问题。以往学者对现实/非现实的探讨大多采用如下模式:理论假设上将现实/非现实只看作情态范畴,研究路径上采取"自下而上"的研究模式,即描写多语种中现实/非现实的表达方式及其意义,试图寻求不同语言中现实/非现实的共同核心情态意义。但由于理论假设的不妥,Givón(1994)和 Palmer(2001)等学者即使主张跨语言现实/非现实范畴的存在,也没能归纳出令人信服的核心情态意义。Givón(1994:270)曾提出时-体范畴与现实/非现实范畴之间存在着预期关系,遗憾的是,他仍将现实/非现实归入认识情态范畴,没有进一步验证这种预期关系,忽略了跨语言时-体与现实/非现实之间的规律探寻。

我们所言的跨语言现实/非现实与时-体-情态倾向关联并不意味着世界任何语言中的现实/非现实与时-体-情态三个范畴都有关,而是指不同语言中现实/非现实标记所表达的意义在时-体-情态这三个范畴内具有不同的关联方式,即有的语言现实/非现实与时-体-情态这三个范畴都有关,有的语言现实/非现实与时-体-情态中的两个范畴有关,也有的语言现实/非现实只与时-体-情态中的一个范畴有关。或者说,跨语言中不同的关联模式均位于由时-体-情态三个范畴所构成的概念空间中,这种分布情况反映了人类语言中现实/非现实在概念层面上的共性,即个别语言现实/非现实的语义个性都分布在时-体-情态这个共性概念空间中。我们将世界语言现实/非现实与时-体-情态的逻辑可能关联方式表示为下图:

a. 与三个范畴 均关联 b. 与体-情态 关联 c. 与时-情态 关联 d. 与时-体 关联 e. 只与一个范畴 关联

图 8-2　世界语言现实/非现实与时-体-情态的逻辑可能关联方式

　　需说明的是,上图 8-2 中展示的只是世界语言中现实/非现实和时-体-情态之间在范畴意义或者概念语义上的关系,还没涉及语言标记之间的关系;图 8-2e 中实际上存在三种可能情况,即有的语言中现实/非现实只与时关联,有的只与体关联,也有的只与情态关联。

　　再看前文第二个有关语言标记的问题。从功能-类型的角度看,世界语言中存在现实/非现实范畴显赫和现实/非现实范畴不显赫两种类型的语言。在现实/非现实不显赫的语言中,现实/非现实没有高度语法化的形态标记,表达手段呈多样化,现实/非现实尚没有成为形式上的语法范畴。在现实/非现实显赫的语言中,现实/非现实标记语法化程度高且具系统性和强制性,现实/非现实范畴已成为形式上的语法范畴。在这两种不同类型的语言中,时-体-情态这三个范畴的显赫性均有四种可能情况,基于显赫性,我们将世界语言现实/非现实与时-体-情态的逻辑可能标记方式表示为下表:

表 8-5　世界语言中现实/非现实与时-体-情态的逻辑可能标记方式

现实/非现实	时-体-情态	标记方式(联用/非联用)
显赫	三个范畴均不显赫	非联用(只有现实/非现实标记)
	一个范畴显赫	联用(现实/非现实标记与时-体-情态中一个显赫范畴的标记)
	两个范畴显赫	联用(现实/非现实标记与时-体-情态中两个显赫范畴的标记)
	*三个范畴均显赫	*联用(现实/非现实标记与时-体-情态中三个显赫范畴的标记)

现实/非现实	时-体-情态	标记方式(联用/非联用)
不显赫	＊三个范畴均不显赫	＊非联用(无显赫范畴的标记)
	一个范畴显赫	非联用(只有时-体-情态中一个显赫范畴的标记)
	两个范畴显赫	联用(时-体-情态中两个显赫范畴的标记)
	三个范畴均显赫	联用(时-体-情态中三个显赫范畴的标记)

在上表中,有两种标记方式在世界语言中应该不存在或者非常罕见:

第一,当一语言中现实/非现实显赫时,时-体-情态三个范畴也均显赫,即现实/非现实标记和时-体-情态三个范畴的标记均高度语法化且联用共现。这种情况几乎不可能存在的原因是,既然现实/非现实的语义内容与时-体-情态关联,它们的标记联用就出现了语法标记的冗余现象。具体而言,跨语言中显赫的现实/非现实在语义上可能表达时-体-情态中的一个、两个或三个范畴,若时-体-情态三个范畴均显赫,显赫现实/非现实的标记就没有必要存在。也就是说,当一语言中现实/非现实显赫时,时-体-情态三个范畴要么均不显赫,要么时-体-情态中最多两个范畴显赫。

第二,当一语言中现实/非现实不显赫时,时-体-情态三个范畴也均不显赫,即出现了无显赫范畴标记的非联用现象。这种情况也不大可能存在。Bhat(1999:103)曾指出,或许有语言时-体-情态三个范畴均不显赫,而"方位"(location)或者"视点"(viewpoint)等范畴更为显赫,但尚未找到这类语言。我们认为,即使存在这类语言,其更为显赫的方位或视点范畴等更应归入体的语义内容,还是脱离不了时-体-情态范畴。时-体-情态是人类语言信息交流中的基本内容,其中至少有一个范畴在历时上一般是初始概念,具体为哪个范畴视语言族群的认知、文化或环境而定,经过历时演变往往语法化程度较高而成为显赫范畴。也就是说,从共时角度看,在现实/非现实不显赫的语言中,时-体-情态中至少有一个范畴显赫,如在英语、法语等印欧语言中,相比体和情态范畴,时范畴更为显赫;尼日尔-刚果语系中很多班图语的时-体两个范畴均显赫,而情态为非显赫范畴,如下例(Nurse 2008:14—15):

（1）a. 基库尤语

tw-a-hanyok-aga.

1p-PST-run-IMPRFV

We were running.

b. 雅穆巴萨语

a mba ŋá a gá lé a de dúé.

3s PST do 3s PRF be 3s NEG sell

He hadn't sold yet.

以往跨语言现实/非现实的研究中,不显赫的现实/非现实比显赫的现实/非现实在形-义关系上更难达成共识,主要在于两个因素:第一,研究者受本语言族群认知范畴化的限制,在一种语言中被认为是现实的事态很可能在另一语言中被认为是非现实事态。比如,Palmer(2001:2)指出,有的语言把命令式看作现实,也有语言把命令式看作非现实。第二,由于不显赫现实/非现实的语法化程度低,不同语言中现实/非现实的表达手段呈多样化,很难归纳出具有跨语言普遍性的表达规律。比如,英语是一种时显赫而现实/非现实不显赫的语言,Givón(1994:269—277)提出英语采用动词补语(want/plan/decide 等动词的不定式宾语或宾语从句)、非陈述性言语行为、状语从句、情态副词等多种手段来表达非现实。但其他语言不一定也采用这些表达手段。因而在现实/非现实不显赫的语言中,时-体-情态三个范畴之间的关系研究更具类型学价值。

根据上表 8-5,在现实/非现实显赫的语言中,时-体-情态的显赫性则有以下可能:一、时-体-情态三个范畴均不显赫,没有专门形态标记,如下例(2)巴布亚语中的马纳姆语;二、时-体-情态中一个或两个范畴显赫,有专门形态标记,如下例(3)巴布亚语中的阿麦雷语。

（2）马纳姆语(Bugenhagen 1993:9—11)

a. 现实表达

a₁. u-nóʔu.   a₂. úra i-pura-púra.

1SG.REAL-jump   rain 3SG.REAL-come-RED

I jumped.   It is raining.

a₃. ʔi-zen-zéŋ.

1PL.EXCL.REAL-chew betel-RED

We（habitually）chew betel-nuts.

b. 非现实表达

b₁. úsi   né-gu   mi-ásaʔ-i.

loincloth   POSS-1SG   1SG.IRR-wash-3SG.OBJ

I wish wash my loincloth.

b₂. go-moanáʔo！

2SG.IRR-eat

Eat！

b₃. ŋáu   u-rére   nóra   boʔaná-be   go-púra.

1SG.IRR 1SG-want   yesterday   SIM-FOC   2SG-come

I wish you had come yesterday.

（3）阿麦雷语（Roberts 1990：371—372）

a. 现实表达

a₁. Ho   bu-busal-en   age   qo-in.

pig   SIM-run out-3SG.DS.REAL   3PL   hit-3PL.REM.PST

They killed the pig as it ran out.

a₂. Ho   bu-busal-en   age   qo-ig-a.

pig   SIM-run out-3SG.DS.REAL   3PL   hit-3PL-TOD.PST

They killed the pig as it ran out.

a₃. Ho   bu-busal-en   age   qo-lo-ig.

pig   SIM-run out-3SG.DS.REAL   3PL   hit-HAB.PST-3PL

They used to kill the pig as it ran out.

a₄. Ho   bu-busal-en   age   qo-igi-na.

pig   SIM-run out-3SG.DS.REAL   3PL   hit-3PL-PRS

They are killing the pig as it runs out.

b. 非现实表达

b₁. Ho   bu-busal-eb   age   qo-qag-an.

pig   SIM-run out-3SG.DS.IRR   3PL   hit-3PL-FUT

They will kill the pig as it runs out.

b₂. Ho   bu-busal-eb   age   qo-ig-a.

pig   SIM-run out-3SG.DS.IRR   3PL   hit-3PL-IMP

Kill the pig as it runs out.

b₃. Ho   bu-busal-eb   age   qo-u-b.

pig   SIM-run out-3SG.DS.IRR   3PL   hit-CONTR-3PL

They would/should have killed the pig as it ran out.

b₄. Ho   bu-busal-eb   cain   qo-wain.

pig   SIM-run out-3SG.DS.IRR   PROH   hit-NEG.FEM.3PL

Don't kill the pig as it runs out.

在上例(2)马纳姆语中,时-体-情态意义由高度语法化的现实/非现实标记承载,时-体-情态三个范畴没有高度语法化的形态标记,这表明现实/非现实显赫,而时-体-情态三个范畴均不显赫。值得注意的是,马纳姆语中显赫现实/非现实的语义内容涵盖时-体-情态三个范畴的意义,在标记方式上是非联用。(2a₁)—(2a₃)中的现实标记分别表过去时-完成体、现在时-进行体、现在时-惯常体,而(2b₁)—(2b₃)中的非现实标记则表能动情态(意愿)和道义情态(祈使)。

在上例(3)阿麦雷语中,除了现实/非现实标记呈二元形态对立以外,过去时(远过去/今天过去)、现在时、将来时和道义情态(祈使/义务/禁止)的标记也高度语法化为形态标记,是一种典型的标记联用现象。那么现实/非现实标记表什么意义?在以往的研究中,当现实/非现实显赫时,现实/非现实的语义内容界定没有达成共识,其中有一个重要原因是,学者们的界定标准不同,有的学者甚至出现了误读现象,如 Roberts(1990:375)将上例(3)阿麦雷语中现实/非现实的语义归结为下表:

表 8-6   阿麦雷语中现实/非现实的意义

现 实	非 现 实
惯常过去时(habitual past tense)	将来时(future tense)
远过去时(remote past tense)	祈使语气(imperative mood)
昨天过去时(yesterday's past tense)	劝告语气(hortative mood)
今天过去时(today's past tense)	禁止语气(prohibitive mood)
现在时(present tense)	反事实语气(counterfactual mood)
	担忧语气(用于否定将来时)(apprehensive mood)

Roberts(1990)有关现实/非现实的理论体系比较混乱,主要存在以下两方面问题:

第一,Roberts(1990:363)提出,阿麦雷语等一些巴布亚语中的现实/非现实情态与时-语气两个范畴互动,时和语气是现实/非现实情态的两个子范畴。该论断有两方面不妥:一方面,割裂了情态和语气的联系,情态是功能范畴,语气是形式上的语法范畴,但语气的语义仍被包含在情态这个功能范畴中。若从功能-类型的角度看,语气实际上是语法化程度较高的情态。另一方面,将现实/非现实只看作情态范畴,并且误将时范畴界定为情态范畴的子范畴。

第二,Roberts(1990)对现实/非现实意义的界定不妥。他误将高度语法化的时标记和情态标记所赋予句子的意义归结为现实/非现实的意义,也就是说,上表8-6中现实/非现实的意义并不是依据现实/非现实标记直接得出的,而是将句中与现实/非现实标记联用的时标记和情态标记的意义作为现实/非现实标记的意义。比如在前文例(3)阿麦雷语中,$(3a_1)$—$(3a_4)$中现实标记"-en"的意义就是与之共现的时标记"-in、-a、-lo、-na"分别所表达的远过去时、今天过去时、惯常过去时和现在时,而$(3b_1)$—$(3b_4)$中非现实标记"-eb"的意义则是与之共现的时-情态标记"-an、-a、-u、cain"分别所表达的将来时、祈使、反事实和禁止。这种现实/非现实的意义界定显然是一种间接解读,这种间接解读违反了语言的经济性原则,即表8-6中现实/非现实范畴有关时-情态的意义已由高度语法化的时-情态标记承载("-in/-a/-lo/-na"和"-an/-a/-u/cain"),而高度语法化的现实/非现实标记"-en"和"-eb"也表达这些意义,从而导致了语法标记的冗余现象。换句话说,即使现实/非现实标记不存在,也完全不影响时-情态意义的表达,或者极端点说,如果认为现实/非现实标记"-en"和"-eb"表达时和情态意义,那么它们没有必要存在。

现在问题是,阿麦雷语中现实/非现实范畴和时-情态范畴均为显赫范畴,那么现实/非现实究竟表达什么意义?既然时-情态意义已由高度语法化的时-情态标记表达,根据前文图8-2中有关跨语言现实/非现实与时-体-情态的关联方式,那么阿麦雷语中现实/非现实标记最可能只表达体意义,因为该语言中不同的体意义尚未完全语法化,这种推理可从前文例(3)中得到验证。从所表达的事态的阶段或状况角度看,$(3a_1)$—$(3a_4)$中的现实标记"-en"表达"已然或现实事态",强调已发生或正发生的事态,主要包括完成/进行/惯常等体意义,而(3b$_1$)—(3b$_4$)中的非现实标记"-eb"则表达"未然或非现实事态",强调还没有发生的事态,主要包括未完成/未进行/未惯常等体意义。

若从原型范畴化理论(prototype categorization)(Lakoff 1987;Taylor 2002)角度看,阿麦雷语中现实/非现实标记的原型意义是体意义,而该语言中体本身的范畴化程度低。这种现实/非现实标记的意义解读视角一方面遵守了语言的经济性原则,避免了指鹿为马的意义界定现象,另一方面说明阿麦雷语言族群对时和情态意义比较敏感,而对体意义不敏感,事态只有现实/非现实或者已然/未然的大致区分,没有对事态的阶段或状况进一步细分。从语言表达上看,阿麦雷语中体本身并没有专门的表达手段,更谈不上具有高度语法化的形态语素。

8.4 跨语言现实/非现实与时-体-情态的显赫性逻辑格局

无论是将现实/非现实只看作情态范畴还是认为现实/非现实不是跨语言有效范畴的学者们均没能得出上一节我们关于跨语言现实/非现实与时-体-情态的关联及标记方式的论断,前者忽略了现实/非现实与时-体的关联,后者则忽略了个别语言现实/非现实的语义都分布在时-体-情态这个共性概念空间中。跨语言现实/非现实与时-体-情态关联的忽略是以往研究无法找出现实/非现实的核心意义的症结所在。

针对Bybee et al.(1994)有关跨语言现实/非现实缺乏核心语义因而不是有效范畴的论断,Givón(1994:320)曾提出用范畴的原型视角来看待现实/非现实范畴。其基本思路为,尽管跨语言中现实/非现实涵盖的语义内容广泛,但不同语言中现实/非现实范畴的核心原型意义不一定完全相同,有些语义内容在有的语言中是现实/非现实范畴的核心原型意义,而在有的语言中则是现实/非现实范畴的边缘意义。这种思路可以在一定程度上解释不同语言中现实/非现实范畴的类型变异,但由于Givón(1994)将现实/非现实只看作情态范畴,导致的后果是,现实/非现实的核心原型意义只能是情态意义。这种结果显然不符合跨语言事实,如前文例(2)马纳姆语和例(3)阿麦雷语中的现实表达与情态并无任何关系。

尽管 Givón(1994)有关现实/非现实范畴的情态原型视角具有局限性,但现实/非现实的原型概念对于我们探索现实/非现实与时-体-情态之间的关联规律具有启发性。严格来讲,前文表8-5中有关世界语言现实/非现实与时-体-情态的逻辑可能标记方式还不精细,尚需进一步细化的内容体现在两方面:第一,当现实/非现实显赫或者不显赫时,时-体-情态显赫或者不显赫是如何布局的? 第二,当现实/非现实显赫时,现实/非现实的原型意义是什么? 因此,若要细致刻画现实/非现实与时-体-情态之间的关联规律,三个参数之间的关系尤为重要,即现实/非现实的显赫性、时-体-情态的显赫性和显赫现实/非现实的原型意义。

上述两个问题其实并不复杂。第一个问题可根据前文表8-5中的情况,将现实/非现实和时-体-情态显赫或者不显赫的组配进行穷尽式排列。比如,当现实/非现实显赫且时-体-情态中的一个范畴也显赫时,有时显赫、体显赫和情态显赫三种可能;而当现实/非现实显赫且时-体-情态中的两个范畴也显赫时,则有时-体显赫、时-情态显赫和体-情态显赫三种可能。第二个问题稍微复杂些。当现实/非现实显赫时,现实/非现实的原型意义需根据时-体-情态的显赫性来决定。比如,当现实/非现实显赫且时也显赫时,现实/非现实的原型意义则有体-情态、体、情态三种可能;而当现实/非现实显赫且体也显赫时,现实/非现实的原型意义则有时-情态、时、情态三种可能。也就是说,当现实/非现实显赫且时-体-情态中的一个范畴也显赫时,现实/非现实的原型意义应为除了时-体-情态中那个显赫范畴之外的非显赫范畴意义。依据上述思路,基于不同语言中显赫现实/非现实具有原型差异的事实,我们将世界语言中(非)现实-时-体-情态之间的显赫性逻辑格局归结为下表:

表8-7　世界语言中基于(非)现实原型的(非)现实-时-体-情态的显赫性逻辑格局

联用/非联用		参　　数		
		现实/非现实的显赫性	时-体-情态的显赫性	显赫现实/非现实的原型意义
非联用	(1)	显赫	均不显赫	时-体-情态
	(2)	显赫	均不显赫	体-情态

续　表

联用/非联用		参　　数		
		现实/非现实的 显赫性	时-体-情态的 显赫性	显赫现实/非现实 的原型意义
非联用	（3）	显赫	均不显赫	时-情态
	（4）	显赫	均不显赫	时-体
	（5）	显赫	均不显赫	时
	（6）	显赫	均不显赫	情态
	（7）	显赫	均不显赫	体
联用	（8）	显赫	时显赫	体-情态
	（9）	显赫	时显赫	体
	（10）	显赫	时显赫	情态
	（11）	显赫	体显赫	时-情态
	（12）	显赫	体显赫	时
	（13）	显赫	体显赫	情态
	（14）	显赫	情态显赫	时-体
	（15）	显赫	情态显赫	时
	（16）	显赫	情态显赫	体
	（17）	显赫	时-体显赫	情态
	（18）	显赫	时-情态显赫	体
	（19）	显赫	体-情态显赫	时
非联用	（20）	不显赫	时显赫	无
	（21）	不显赫	体显赫	无
	（22）	不显赫	情态显赫	无

联用/非联用		参　数		
		现实/非现实的显赫性	时-体-情态的显赫性	显赫现实/非现实的原型意义
联用	(23)	不显赫	时-体显赫	无
	(24)	不显赫	时-情态显赫	无
	(25)	不显赫	体-情态显赫	无
	(26)	不显赫	时-体-情态显赫	无

上表 8 - 7 中现实/非现实的显赫性、时-体-情态的显赫性和显赫现实/非现实的原型意义三个参数之间的逻辑格局共有 26 种组配方式。可以预测,世界语言中(非)现实-时-体-情态之间的关系应该全部出现在这 26 种组配方式中,但不同语言可能具有不同的组配方式。上表中有以下两方面内容需说明:

第一,在现实/非现实显赫且时-体-情态显赫与否也相同的不同语言中,现实/非现实的原型意义也可能不同。但不同语言的共性是,现实/非现实的原型意义均为时-体-情态三个范畴中不显赫的范畴意义,这种推理源于语言的经济性原则,如表 8 - 7(1)—(19)中的组配方式。

第二,在现实/非现实不显赫的语言中,现实/非现实的范畴化程度低,不同语言可能具有不同的现实/非现实的概念意义,并且表达手段呈多样化,在这种情况下无法断定现实/非现实的原型意义,因而表 8 - 7(20)—(26)组配方式中现实/非现实的原型意义为无。

下面考察不同语言中(非)现实-时-体-情态之间的显赫性情况,初步检验一下上表 8 - 7 中的组配方式是否具有跨语言普适性。

8.5　非联用中的显赫现实/非现实与时-体-情态

非联用标记方式中现实/非现实显赫而时-体-情态均不显赫,现实/非现实标记独立使用。前文例(2)中的马纳姆语属于这种情况,具体为表8-7(1)中的组配方式,其显赫现实/非现实的原型是时-体-情态意义。马纳姆语与汉藏语系中的缅甸语的组配方式相同,缅甸语中有两组语法化程度较高的附加在动词上的助词或功能词,分别表达现实和非现实,如下例:

(4)缅甸语(Okell 1969:355,424)

    a. mǎne²hpañ   sá-me.   b. moù   ywa-nei-te.

       tomorrow   begin-IRR   sky   rain-stay-REAL

       We shall begin tomorrow.   It is/was raining.

    c. hpwíñ-htà-ta.   d. màcìthì   sà-hpù-me   htiñ-te.

       open-put-REAL   tamarind   eat-ever-IRR   think-REAL

       I did open it.   I think he must have eaten tamarinds before.

    上例(4)中只有现实标记"-te(-ta)"和非现实标记"-me",而没有时-体-情态标记,正是时-体-情态标记的缺失使得很多学者对缅甸语中现实/非现实标记的意义没有达成共识。Allott(1965:267)认为缅甸语中现实标记"-te"和非现实标记"-me"分别表达"实现"(realized)和"未实现"(unrealized)的事态意义(体),Okell(1969:355)则认为它们分别表达"非将来/将来"的时意义,而Comrie(1985:51)则与Givón(2001)和Palmer(2001)等学者的观点类似,将它们仅看作情态标记。我们认为这些学者的观点均有偏颇,从例(4)中可看出,现实标记"-te(-ta)"与时-体意义关联(非将来-进行/完成),而非现实标记"-me"则与时-体-情态均关联(将来-未完成-意愿/推测),显然现实/非现实的原型意义是时-体-情态。缅甸语属于表8-7(1)中(非)现实-时-体-情态的组配方式。新几内亚南岛语系中的沃凯奥语和布齐意普语也属于这种组配方式,这两种语言中的现实/非现实标记已高度语法化为动词的前缀,其原型意义涵盖时-体-情态三个范畴,如:

(5)沃凯奥语(Exter 2012:182)

    a. o-lako.   b. go-lako.

       1SG.REAL-go   1SG.IRR-go

       I go./I went.   I must go./I want to go./I will go.

（6）布齐意普语（Conrad & Wogiga 1991：18）

    a. n-a-gak.

    3SG.MAS. SUBJ-REAL-die

    He died.

    b. kaman   ch-ú-naki.

    tomorrow   3PL.MIX.SUBJ-IRR-come

    They will come tomorrow.

    马纳姆语、缅甸语、沃凯奥语和布齐意普语使用非联用标记方式，现实/非现实独立标记时-体-情态三个范畴的意义。有的语言尽管也采用非联用标记方式，但显赫现实/非现实只表达时-体-情态中的两个范畴意义，如巴布亚语言中的特瓦语采用表8－7（2）中（非）现实-时-体-情态的组配方式，该语言中现实有显性标记，非现实无标记，现实/非现实的原型是体-情态意义，而时意义在现实/非现实中不作区分，如下表：

表8－8 特瓦语中现实/非现实的意义（Klamer 2012：223）

	现　实	非　现　实
事态状况（体）	想象（imaginary）	真实/事实（real/factual）
	假设（hypothetical）	实现（actualized）
	非预设（not presupposed）	预设（presupposed）
言语行为/语气	祈使（imperative）	陈述（declarative）
	劝告（hortative）	禁止（prohibitive）
	意图（intentional）	疑问（interrogative）
	义务（obligational）	
	条件（conditional）	
	忧虑（apprehensional）	
	祈愿（optative）	

续　表

	现　实	非　现　实
时	现在（present）	现在（present）
	过去（past）	过去（past）
	将来（future）	将来（future）

巴布亚安甘语言（Angan）中的安嘎塔哈语则采用表8－7(4)中的组配方式，时-体-情态均不显赫，显赫现实/非现实的原型是时-体意义，如下例(7)：

(7) 安嘎塔哈语（Roberts 1990：385）

　　a. tehoáah-one-hé　　　　　　nanatáisée.

　　　 I make fire-SIM.REAL-DS　　 he is eating

　　　 While I am making a fire he is eating.

　　b. tehoáas-ane-hé　　　　　　nantáisée.

　　　 I make fire-SIM.IRR-DS　　 he will eat

　　　 When I make a fire he will eat.

Roberts(1990：385)认为(7a)中的现实标记"-one"和(7b)中的非现实标记"-ane"分别表达非将来时和将来时，但其实还遗漏了体意义。可以确认的是，现实标记"-one"和非现实标记"-ane"与情态意义无关，因为它们出现在从句中动宾短语之后，而与主句的动宾短语无关，尤其是(7b)中隐含情态意义的"nantáisée"（"he will eat"）并没有非现实标记"-ane"。其实现实标记"-one"表非将来-已然（现在-进行），非现实标记"-ane"则表将来-未然，因而安嘎塔哈语现实/非现实的原型是时-体意义。

在现实/非现实显赫而时-体-情态均不显赫的语言中，也有的语言现实/非现实的原型只是时-体-情态中一个范畴的意义，如下例(8)北美印第安语中的萨利希语（Salish/Upper Chehalis）：

（8）萨利希语（Kinkade 1998：239）

    a. míłta   n-q'i   s-$^?$ íln'.

        not   1SG.POSS-REAL   SUBJ/NOM-sing

        I can't sing.（I don't sing）

    b. míłta   n-q'ał   s-$^?$ íln'.

        not   1SG.POSS-IRR   SUBJ/NOM-sing

        I can't sing.（I won't sing）

    萨利希语采用表8－7（6）中的组配方式，显赫现实/非现实的原型是情态意义。根据 Kinkade（1998：239），（8a）中现实标记"-q'i"表达将来事态会确定发生，（8b）中非现实标记"-q'ał"则表达纯粹假想中的将来事态，两句中的时-体意义相同，不同的只是情态意义，也就是说，现实标记"-q'i"和非现实标记"-q'ał"更强调情态意义的差异。

8.6　联用中的显赫现实/非现实与时-体-情态

    联用中的显赫现实/非现实是指除了现实/非现实显赫外，时-体-情态三个范畴中至少有一个范畴也显赫，出现现实/非现实标记和时-体-情态中显赫范畴标记联用的情况，如前文例（3）中的阿麦雷语属于表8－7（18）中的组配方式，即现实/非现实和时-情态均为显赫范畴，而显赫现实/非现实的原型意义是体意义。

    巴布亚语中的安雅姆语采用表8－7（8）中的组配方式，即现实/非现实和时均显赫，采用高度语法化的动词后缀，现实/非现实的原型是体-情态意义，如：

（9）安雅姆语（Roberts 1990：382）

    a. E   tabir   yans-eqn-a-m …

       1SG   dishes   wash-SIM.REAL-REM.PST-1SG.REAL.DS

       While I washed the dishes…

b. A   wan-oqn-i-m   naŋgi   b-q-ab.

3SG   work-SIM.IRR.FUT-3SG.IRR.DS   3PL   come-FUT-3PL

He will be working when they come.

在联用方式中,也有的语言现实/非现实和体范畴显赫,而时-情态范畴不显赫,现实/非现实的原型是时-情态意义,采用表 8-7(11)中的组配方式,如下例:

(10) 科罗语(Kemp 2014：24)

a. I   ∅   lisi   Luwe.

3SG   REAL   see   Luwe

He saw Luwe.

b. ha   you   k-u   lisi   Luwe.

PROSP   1SG.SUBJ   IRR-1SG   see   Luwe

I'll see Luwe.

c. I   pi   ki   los   me   pwan.

3SG   PROX-3SG   IRR-3SG   fall come   down

He is about to fall down. (He wants to fall down.)

科罗语是位于巴布亚-新几内亚大陆北部的一种南岛语系语言,Kemp(2014：40)提出,科罗语中非现实标记"k-"不表达未实现的事态,而表达"时间的不确定性"(temporal non-specificity)。我们认为时间的不确定性其实包含时和情态两部分语义,这可从上例(10)中得到体现。现实采用零标记∅,如(10a);而非现实标记采用联用方式,与体标记共现,如(10b)(10c)。(10b)(10c)中的事态尽管均为未然,但体标记不同,(10b)用表展望性的体标记(prospective),而(10c)则用表即将发生的体标记(proximative)。(10a)的时意义为过去,(10b)(10c)则为非过去,因而(10b)(10c)中语法化程度更高的非现实标记"k-"的原型是非过去时和不确定性两部分意义。

在联用方式中,有的语言除了现实/非现实显赫外,时-体-情态三个范畴中也有两个范畴显赫,也就是说,显赫现实/非现实的原型只是时-体-情态中一个不显赫的范畴意义,如下例美洲加利福尼亚北部的中颇莫语:

（11）中颇莫语（Mithun 1995：370,378—379）

    a. té·nta=lil   wá-·n-hi   ʔa· qó=be-w=ʔkʰe.

       town=to   go-IMPRF-SS.IRR 1.AG toward=carry-PRF=FUT

       I'll bring it back on my way to town.

    b. maʔá qa·-wá-·č'-in   hlá-·ʔw-ač'=kʰe.

       food bit-go-IMPRF.PL-SS.SIM.REAL   walk.PL-around-IMPRF.PL=FUT

       We'll go around eating.

上例（11）中颇莫语的现实/非现实和时－体均有显性的形态标记，那么现实/非现实的原型是不显赫的情态意义，即采用表8－7(17)中的组配方式。尽管（11a）（11b）都是将来时，但（11a）采用非现实标记，而（11b）则用现实标记。根据 de Haan(2012：120)，现实和非现实标记的选择依赖于说话者对未然事态是否能实现的自信程度，非现实标记表自信程度低，现实标记表自信程度高，现实/非现实标记显然表情态意义。美洲土著语喀多语也采用表8－7(17)中的组配方式，其现实/非现实标记的原型也是情态意义，如下例：

（12）喀多语（Chafe 1995：354,358）

    a. sahʔ-yi=bahw-nah?   b. dikat-yahʔ-yi=bahw-nah?

       2.AG.IRR-see-PRF   What?-2.AG.REAL-see-PRF

       Have you seen him?   What have you seen?

    c. ci-yi=bahw-ʔaʔ.   d. ci-yi=bahw-čah.

       1.AG.REAL-see-FUT   1.AG.REAL-see-FUT.INTENTION

       I'll look at it.   I'm going to look at it.

上例（12）喀多语中，时和体均以高度语法化的动词后缀来表达，而现实/非现实则以动词前缀来表达。（12a）和（12b）的体意义均为完成体，在时意义上也并无差异，但（12a）用非现实标记，而（12b）用现实标记，现实/非现实标记承载情态意义，即（12a）中说话者对"看见"事态的发生持不肯定态度，而（12b）则表说话者对"看见"事态的发生持肯定态度。值得注意的是，喀多语中将来时可用现实标记，如（12c）（12d），两句的体均为未然，但两句的时意义略有差异，后者更强调意愿/意图，已由时标记表达，现实标记主要承担说话者表达未然事态肯定发生的情态意义。

　　巴布亚境内的伊马斯语中将来时也可以被标记为现实,不过伊马斯语与喀多语对现实性的认知有差异,前者中的现实性是对时间的认知,而后者中的现实性则是对事态是否肯定发生的认知。伊马斯语中现实/非现实和时均显赫,确定的过去、现在和将来均被认为是现实,而不确定的过去和将来被认为是非现实。在标记方式上比较特别,现实性标记和时标记呈互补分布,两者不能共现,如下例:

　　(13) 伊马斯语(Foley 1991: 238)

　　　　a. tan　　impa-ampu-mpi-awl-k.
　　　　　 there　3DU.S-float-SEQ-take-IRR
　　　　　 They both drifted there.

　　　　b. impa-mpu-yakal-irm-tay-ŋcut.
　　　　　 3DU.O-3PL.A-CONT-stand-see- REM.PST
　　　　　 They stood watching them both.

　　　　c. ama　patn　　　　　wayk-k.
　　　　　 1SG　betelnut.V.SG　buy-IRR
　　　　　 I want to/will buy betelnut.

　　　　d. patn　　　　　　　na-ka-wayk-kt.
　　　　　 betelnut.V.SG　V.SG.O-1SG.A-buy-REM.FUT
　　　　　 I will buy betelnut after tomorrow.

　　(13a)(13b)均为过去时,但(13a)过去时不确定,标记为非现实,(13b)过去时确定,标记为远过去时;(13c)(13d)均为将来时,但(13c)将来时不确定,标记为非现实,(13d)将来时确定,标记为远将来时。也就是说,伊马斯语中并没有现实标记,现实标记被时间确定的时标记替代,而所有时间不确定的事态只被标记为非现实,并没有时标记。严格来讲,伊马斯语中只有非现实显赫,非现实的原型是时和情态意义,在有非现实标记的句中,时-体-情态均不显赫。因此,伊马斯语实际上采用表 8-7(3)中的组配方式。

　　现实/非现实的原型只是时-体-情态中一个不显赫的范畴意义并不意味着时-体-情态中必须有两个范畴显赫,如下例(14)澳大利亚西部的土著语言内基纳语中除了现实/非现实显赫外,只有时范畴显赫,但现实/非现实的原型主要是体意义,而与情态意义无关联,采用表 8 - 7(9)中的组配方式。

（14）内基纳语（Stokes 1982：248）

    a. yi-∅-ma-ny   burrula-ŋana.

       3SG-REAL-go-PST$_2$ Derby-ALL

       He went to Derby.

    b. marlu   wa-la-ma-na   burrula-ŋana.

       NEG   3SG-NONFUT.IRR-go-PST   Derby-ALL

       He didn't go to Derby.

    内基纳语中现实采用零形态标记∅,如(14a),非现实用动词前缀"la",如(14b),(14a)(14b)在时意义上无差异,均为过去时,由动词后缀表达。(14b)的否定意义由功能词"marlu"表达,因而两句的现实/非现实标记与情态意义无关,现实和非现实的差异主要在于体意义,现实表已然,非现实表未然。

    在联用方式中,有的语言采用表 8 - 7(19)中的组配方式,即除了现实/非现实显赫外,体和情态两个范畴也显赫,而时范畴不显赫,现实/非现实的原型是时意义。比如,下例(15)埃塞俄比亚南部的一种奥莫语(Omotic)——舍寇语的现实/非现实意义由句尾助词或功能词表达,而体意义和情态意义(祈使)则由动词后缀表达,现实/非现实的对立体现为将来时/非将来时的对立。

（15）舍寇语（Mauri & Sansò 2012：100）

    a. shima   ish-tag-a-me.

       day.after.tomorrow   3PL-go-IMPRF-IRR

       They will go the day after tomorrow.

    b. k'áy-ē,   gob   sats'-á-ke.

       rise-IMP, sky   become.light-3SG.MAS-REAL

       Stand up, it has become light/the sun came up.

8.7 现实/非现实不显赫与联用/非联用中的时-体-情态

本节考察现实/非现实不显赫、而时-体-情态三个范畴中至少一个范畴显赫的语言,这种情况下很难讨论跨语言现实/非现实的原型,因为非显赫的现实/非现实缺乏标记,对现实/非现实的认知会因语言族群差异而有别,所以忽略。时-体-情态中的联用指至少有两个范畴显赫,两个以上显赫范畴的语法化程度较高的标记共现联用,时-体-情态中的非联用指只有一个范畴显赫,该显赫范畴的语法化程度较高的标记独立呈现。

先看现实/非现实不显赫而时-体-情态三个范畴中只有时显赫的语言,即采用表8-7(20)中的组配方式。南美洲玻利维亚境内的尤拉卡雷语中的现实/非现实、体和情态均是非显赫范畴,时范畴则为完全语法化了的显赫范畴,体现为将来时/非将来时的二元时对立,将来时用动词后缀"-shta"来表达,非将来时用零形态∅,如下例(16):

(16)尤拉卡雷语(van Gijn & Gipper 2009:157)

    a. tishilë   bobo-y   ti-tib   talipa.

       now   hit/kill-1SG.SUBJ 1SG-pet chicken

       I just killed my chicken.

    b. tishilë   mi-la-bobo-shta-tu.

       now   2SG-AFO-hit/kill-FUT-1PL.SUBJ

       Now we are going to kill him (to your detriment).

尤拉卡雷语中将来时/非将来时的二元时并不罕见,很多北美印第安土著语如霍皮语、拉科塔语、霍卡克语等都采用将来时/非将来时的对立。还有的时显赫的语言采用过去时/非过去时的二元时对立,如 Bhat(1999)所考察的印度境内的卡拉达语。Chung & Timberlake(1990)所考察的澳大利亚境内的伊丁语(Yidiŋ)也是采用过去时/非过去时的二元时对立的时显赫语言。

（17）卡拉达语（Bhat 1999：17）

　　a. avanu　　manege　　ho:-d-a.

　　　he　　　　home　　　　go-PST-MAS.3SG

　　　He went home.

　　b. avanu　　manege　　ho:gu-tt-a:ne.

　　　he　　　　home　　　　go-NONPST-MAS.3SG

　　　He goes home（habitual）/He will go home.

　　英语是现实/非现实、体和情态都不显赫而时显赫的语言,也采用表 8 - 7(20)中的组配方式。这里有以下两个问题需说明:

　　第一,以往研究中不少学者将英语等很多印欧语言的时归为过去/非过去的对立,认为非过去时采用零形态∅,如 Hewson & Bubenik(1997)对印欧语系中 12 个语族语言的时-体系统进行了考察,发现 9 个语族的语言在形态上采用过去时/非过去时的二元时对立。我们认为该观点很值得怀疑,至少英语不是如此,如在上例(17)卡拉达语这种典型的过去时/非过去时对立的语言中,非过去时只有一个形态标记,可表达现在时和将来时,也就是说,(17b)中的非过去时是有歧义的。而英语中的零形态∅不论添加在普通动词上还是助动词"will"上,一般都不会产生歧义,因而 will 可看作语法化程度低于过去时的将来时表达手段。

　　第二,英语传统语法中的虚拟语气作为一种情态,常常表示非现实意义,用过去时形式来表达。Joos(1964)、Steele(1975)、Bybee & Fleischman(1995)和 Bhat(1999)等学者都尝试进行解释:Joos(1964：121—122)认为过去时与非现实具有"距离性"的共同特征,它们在概念意义上关联;Steele(1975：217)提出过去时与现在时分离,因而也将非现实与现实分离;Bybee & Fleischman(1995：506—508)认为过去时的情态表示事件没有完成;Bhat(1999：144)则提出用过去时表示情态是时显赫语言的特点。我们认为,从概念之间关联的角度讲,不能说过去时与非现实在意义上有关,Bhat(1999)的观点更接近真相,但仍没能解释充分。根据刘丹青(2011,2014)所倡导建立的语言库藏类型学中有关显赫范畴及其扩张的理念,显赫范畴往往具有向其他范畴扩张的倾向,英语中用过去时形式来表达情态可以认为是显赫的时向非显赫的情态扩张所致,具体表现为,用过去时为原型义的表达手段来表达情态范畴义。需注意的是,过去时形式向情态的扩张过程在历时上已发生,只是在共时上有体现。

在现实/非现实不显赫而时范畴显赫的语言中,很多语言的时标记出现在主要谓语动词或助动词上,但不少美洲土著语言不仅主要谓语动词或助动词带有时标记,名词性成分上也有时标记,不同语言中两者的时标记可能是同一语素,也可能是不同语素,如下例(18)和(19):

(18)瓜拉尼语(Nordlinger & Sadler 2004:781)

    a. O-va-ta   che-róga-kue-pe.

       3SG-move-FUT   1SG-house-PST-in

       He will move into my former house.

    b. A-va-va'ekue   hóga-rã-pe.

       1SG-move-PST   3SG.house-FUT-in

       I have moved into his future house.

(19)哈尔魁梅林语(Nordlinger & Sadler 2004:782)

    a. Éwe-lh   kw'étslexw   the-l   sí:lá:-lh.

       NEG.be-PST   see   the.FEM-my   grandparent-PST

       He didn't see my late grandmother.

    b. El-' éliyemet-tsel-cha   the-l   sí:lá:-lh.

       RED-dream.about-1SG.SUBJ-FUT   the.FEM-my   grandparent-PST

       I'll be dreaming about my late grandmother.

在上例瓜拉尼语(18a)(18b)中,动词上的将来时后缀不同于名词上的将来时后缀,动词上的过去时后缀也有别于名词上的过去时后缀,动词和名词上的时标记采用两套不同的系统;而在哈尔魁梅林语例(19a)中,否定助动词和名词上的过去时后缀均为"-lh",与(19b)中名词上的过去时后缀相同。值得注意的是,(19b)中动词上带有将来时后缀"-cha",这表明,主要谓语动词或助动词的时和名词的时尽管在时概念上不同,但在标记的使用上相互独立,并不呈互补分布,可以共现。

下面再看现实/非现实、时和情态均不显赫而体显赫的语言,即采用表8-7(21)中的组配方式,印度境内的印地语属于这类语言,如下例:

(20)印地语(Bhat 1999:44,128)

      a. mai a:-ta:.   b. mai a:-ya:.

        I   come-IMPRF   I   come-PRF

I come. / I would come.　　　　I came.

c. hãs-te　　　　hue　　　　d. soy-a:　　　　hua:

　　laugh-IMPRF　be　　　　　sleep-PRF　　be

　　the laughing one　　　　　　the one who has slept

　　根据 Bhat(1999：43—44)，印地语中除了作为动词后缀的体标记外，还有表达时的助动词，但时助动词不是必要语法成分，如(20a)(20b)；此外，非限定动词或非主要谓语动词也带体标记，如(20c)(20d)，这种情况是体显赫的语言所具有的"渗透性"(pervasiveness)所导致的，渗透性的概念与刘丹青(2011,2014)所言的显赫范畴所具有的扩张性异曲同工。印度境内的另一种语言——旁遮普语也是体显赫而现实-时-情态均不显赫的语言，体标记也具有向非限定性动词或形容词渗透的倾向，如下例(21)：

　　(21) 旁遮普语(Bhat 1999：127)

　　　　a. sau-ndi:　　　　kuRi:

　　　　　sleep-IMPRF　　girl

　　　　　sleeping girl(in the action of sleeping)

　　　　b. su-tti:　　　　kuRi:

　　　　　sleep-PRF　　girl

　　　　　sleeping girl(in the state of sleeping)

　　这里谈及体显赫的语言，我们简要讨论一下汉语采取表8-7中哪一种方式。汉语中时和情态两个范畴都不显赫无可争议，问题在于现实/非现实和体两个范畴的显赫性如何。我们认为，相比较而言，汉语是现实/非现实显赫而时-体-情态均不显赫的语言，现实/非现实的原型是时-体-情态意义，汉语采用表8-7(1)中的组配方式，有以下证据：

　　第一，"了/着"缺乏强制性和系统性。吴福祥(2005：237)曾指出，汉语完成体和进行体是语法化程度较低的语法范畴，汉语完成体和进行体不是强制性范畴，体标记"了/着"不能强制性使用。也就是说，无"了/着"的很多结构也表达完成体/未完成体或进行体(如"我们刚刚到机场/老王已经离世/角落里哗啦啦地响/正下雨呢")。

　　第二，汉语中完成体/未完成体的语法化程度低。未完成体从概念上涵盖了起始、进行、反复和惯常等体意义,汉语中并没有未完成体的专有标记,反而表达手段多样化;而在含有动词词尾"了"的句中,由于动词内在情状的影响,很多时候也不表完成体(如"我养了一条宠物蛇/她戴了一条金项链")。正是由于这些问题,刘勋宁(1988,1990,2002)认为词尾"了"是"实现体"的标记,与句尾"了"的功能一样,都与"事实"有关,主张在核心意义下实现多个"了"的合并。石毓智(1992)则认为词尾"了"和句尾"了"表示实现体,而"着"和"过"分别表持续体和终结体。金立鑫(2002,2003,2004)则进一步指出,"实现"是"了/着/过"的共同核心意义,但它们在不同的句法条件下(如与不同内在情状类型的动词搭配)会产生不同的变体,即"起始/持续/结束/完成"等不同的体意义。

以上学者所提出的"实现"概念极具概括意义,揭示了"了/着/过"在体意义表达上的真实身份。需说明的是,若将"现实"仅局限于体,那么"现实"在体的概念意义上大致与"实现"相当。但是我们从跨语言的角度将"现实"看作涵盖时-体-情态的概念,这也符合"了/着/过"所能表达的意义;除了体意义外,它们在中性语境下的独立小句中也能表达时意义,句尾语气助词"了₃"也能表达情态意义(如"这本书太难了!")。我们将"了/着/过"看作"现实"的显性标记,而不是体的标记,因为它们不能独立表达某种特定的体意义,这与完成体/未完成体显赫的语言不同。在中性语境下的独立小句中,汉语非现实主要用情态副词"将会/将要/必须"、情态助动词"会/要/应该/可以"和非陈述性言语行为(如祈使语气)来表达,情态副词、助动词及祈使语义往往负载时和情态意义及未完成体意义,因而汉语非现实仍与时-体-情态有关。

第三,以往已有研究表明,汉语中现实和非现实的对立是一个重要的范畴区分。王晓凌(2007)提出汉语中的事件可分为现实和非现实。张雪平(2008,2009,2012)试图构建汉语中的现实/非现实范畴,主张现实/非现实是汉语中的语义语法范畴。张立飞、严辰松(2010)从现实/非现实角度解释否定词"不/没/别"的语义差异,"没"否定的句子是现实的,而"不"否定的句子属于非现实的认识模式,"别"否定的句子则属于非现实的意愿模式。周韧(2015)则从现实/非现实角度考察汉语副词的分布,发现汉语近义副词的使用中存在大量现实性和非现实性的对立。于秀金(2016b,2017b)从现实/非现实的对立来看待汉语时-体-情态在表征形式上的纠缠问题。

以往有学者所言的汉语的体显赫(孙英杰2006;尚新2014b)基本上是

将汉语的体与时进行比较而得出的结论,但从语法化程度的角度看,汉语的体其实与英语的体在语法化程度上大致相当,句子的体都受到不同内在情状类型的动词的影响。综上所述,汉语中的现实/非现实可看作一个比体以及时-情态更显赫的功能范畴,其原型涵盖时-体-情态三个范畴的意义。

下面再看现实/非现实、时和体均不显赫而情态显赫的语言,即采用表8-7(22)中的组配方式。根据 Koshal(1979),汉藏语系藏缅语族中的拉达克语中的情态系统很发达,认识情态和证据情态已经成为规约化的语气,表达手段语法化为动词后缀,如下表 8-9,其中我们根据 Palmer(2001)的情态类型对情态意义进行了分类:

表8-9 拉达克语中动词后缀所表达的情态意义(Koshal 1979：193)

情 态 类 型	动词后缀	情 态 意 义
认识情态	ok	推导性事态(inferred event)
	cen	可能性事态(probable event)
	ənok	概述性事态(generic event)
证据情态	ət	报道性事态(reported event)
	duk, ruk	观测性事态(observed event)
	ərək	经历性事态(experienced event)

上表8-9中并没有涵盖拉达克语所有的情态意义,表中的各种情态意义还有更进一步的意义区分,比如推导性情态还有听觉和猜测等的下位意义区分,如:

(22) 拉达克语(Koshal 1979：193)

    a. dolmə   yoŋ-thig-rək.

       Dolma   come-INFER-SOUND

       Dolma is coming.

    b. khoe ŋe kəne pene   khyer-thig-yot.

       he   me from money   take-INFER-OBSERVED

       He might have taken money from me.

c. kho i-khəŋpe nəŋŋə duk-thik-son.

   he   this-house in   live-INFER-UNOBSERVED

   He might have lived in this house.

d. ə-pumo   rdemo   yot-thig-duk.

   that-girl beautiful be-INFER-GUESSED

   That girl might be beautiful.

上述例子涉及现实/非现实不显赫而时-体-情态中只有一个范畴显赫的语言,即时-体-情态中的非联用标记方式,但世界语言中也存在现实/非现实不显赫而时-体-情态中有两个范畴显赫的语言,即时-体-情态中的联用标记方式。非洲尼日尔-刚果语系中的很多班图语中时和体两个范畴均显赫,即采用表8-7(23)中的组配方式,但是显赫时和体的标记方式因语言不同而不同,有的班图语中时-体词缀均出现在动词的同一边,有的班图语中时-体词缀则分列动词的两边,如下列四种班图语:

(23) 班图语(Nurse 2008:14,38,146)

   a. 帕尔语(Pare)

      n-é-kí-na-ra-ima.

      1SG-PST-aspect$_1$-aspect$_2$-aspect$_3$-stem

      I also used to till.

   b. 莱嘎语(Lega)

      tw-ǎ-bolot-ag-elɛ́.

      1PL-PST-pull-IMPRF-P$_2$

      We were pulling.

   c. 米约尔尼尔语(Myene)

      my a-yɛn-áɣ-í.

      I   PST-see-IMPRF-FV

      I was seeing.

   d. 卢巴语(Luba)

      w-aa-dí   u-ki-dy-á.

      3SG-PST-be 3SG-PERSIST-eat-FV

      He was still eating.

在现实/非现实不显赫的语言中,除了时-体两个范畴均显赫的语言外,还有些语言时-情态两个范畴显赫,而体范畴不显赫,即采用表 8－7 (24)中的组配方式:下例(24)澳大利亚土著语言内雅姆巴语中除了时后缀外,表达感知型证据情态的附着词也是必要语法成分;下例(25)南美土著语言图尤卡语中时和可视型证据情态均用动词后缀来表达。

(24)内雅姆巴语(Donaldson 1980:275)

    a. ŋindu-gara   girambiyi.

       you.NOM-SENS.EVID   sick.PST

       One can see you were sick.

    b. gabuga:-gara-lu   ŋamumiyi.

       egg.ABS-SENS.EVID-3ERG   lay.PST

       It laid an egg by the sound of it.

(25)图尤卡语(Barnes 1984:260)

    a. díiga   apé-wi.

       soccer   play.3SG.PST-VIS

       (I saw) He played soccer.

    b. díiga   apé-ti.

       soccer   play.3SG.PST-NONVIS

       (I heard but didn't see) He played soccer.

由于语料所限,目前只能对前文表 8－7 中(非)现实-时-体-情态之间的显赫性逻辑格局在世界语言中进行初步验证,已得到验证的显赫性组配方式及其语言如下表 8－10 所示:

表 8－10   已验证/未验证的(非)现实-时-体-情态的
显赫性组配与语言(与表 8－7 中序号一致)

现实/非现实的显赫性	时-体-情态的显赫性	显赫现实/非现实的原型意义	语言及其来源		
(1) 显赫	均不显赫	时-体-情态	汉语	汉藏语系	—
			缅甸语	汉藏语系	Okell (1969:355, 424)

平衡语种样本视阈下时-体范畴的类型与共性研究

现实/非现实的显赫性	时-体-情态的显赫性	显赫现实/非现实的原型意义	语言及其来源		
（1）显赫	均不显赫	时-体-情态	马纳姆语	南岛语系	Bugenhagen （1993：9—11）
			沃凯奥语	南岛语系	Exter （2012：182）
			布齐意普语	巴布亚新几内亚语	Conrad & Wogiga （1991：18）
（2）显赫	均不显赫	体-情态	特瓦语	巴布亚新几内亚语	Klamer （2012：223）
（3）显赫	均不显赫	时-情态	伊马斯语	巴布亚新几内亚语	Foley （1991：238）
（4）显赫	均不显赫	时-体	安嘎塔哈语	巴布亚新几内亚语	Roberts （1990：385）
（6）显赫	均不显赫	情态	萨利希语	印第安语系	Kinkade （1998：239）
（8）显赫	时显赫	体-情态	安雅姆语	巴布亚新几内亚语	Roberts （1990：382）
（9）显赫	时显赫	体	内基纳语	澳大利亚土著语	Stokes （1982：248）
（11）显赫	体显赫	时-情态	科罗语	南岛语系	Kemp （2014：24）
（17）显赫	时-体显赫	情态	中颇莫语	印第安语系	Mithun （1995：370，378—379）
			喀多语	印第安语系	Chafe （1995：354，358）
（18）显赫	时-情态显赫	体	阿麦雷语	巴布亚新几内亚语	Roberts（1990：371—372）
（19）显赫	体-情态显赫	时	舍寇语	闪-含语系	Mauri & Sansò （2012：100）

现实/非现实的显赫性	时-体-情态的显赫性	显赫现实/非现实的原型意义	语言及其来源		
(20) 不显赫	时显赫	—	英语	印欧语系	—
			尤拉卡雷语	印第安语系	van Gijn & Gipper (2009：157)
			卡拉达语	达罗毗荼语系	Bhat(1999：17)
			伊丁语	澳大利亚土著语	Chung & Timberlake (1990：205)
			瓜拉尼语	印第安语系	Nordlinger & Sadler (2004：781)
			哈尔魁梅林语	印第安语系	Nordlinger & Sadler (2004：782)
(21) 不显赫	体显赫	—	印地语	印欧语系	Bhat(1999：44, 128)
			旁遮普语	印欧语系	Bhat(1999：127)
(22) 不显赫	情态显赫	—	拉达克语	汉藏语系	Koshal(1979：193)
(23) 不显赫	时-体显赫	—	帕尔语	尼日尔-刚果语系	Nurse(2008：14)
			莱嘎语	尼日尔-刚果语系	Nurse(2008：38)
			米约尔尼尔语	尼日尔-刚果语系	Nurse(2008：38)
			卢巴语	尼日尔-刚果语系	Nurse(2008：146)
(24) 不显赫	时-情态显赫	—	内雅姆巴语	澳大利亚土著语	Donaldson(1980：275)
			图尤卡语	印第安语系	Barnes(1984：260)
(5) 显赫	均不显赫	时	待验证	—	—

平衡语种样本视阈下时–体范畴的类型与共性研究

现实/非现实的显赫性	时–体–情态的显赫性	显赫现实/非现实的原型意义	语言及其来源		
（7）显赫	均不显赫	体	待验证	—	—
（10）显赫	时显赫	情态	待验证	—	—
（12）显赫	体显赫	时	待验证	—	—
（13）显赫	体显赫	情态	待验证	—	—
（14）显赫	情态显赫	时–体	待验证	—	—
（15）显赫	情态显赫	时	待验证	—	—
（16）显赫	情态显赫	体	待验证	—	—
（25）不显赫	体–情态显赫	—	待验证	—	—
（26）不显赫	时–体–情态显赫	—	待验证	—	—

上表 8－10 中共涉及 31 种语言,这些语言中(非)现实–时–体–情态之间的显赫性状况涵盖了逻辑上的 16 种组配方式,逻辑上的另外 10 种组配方式目前限于语料尚没有得到验证。在已验证的 16 种组配方式中,现实/非现实显赫的语言涵盖汉藏语系、南岛语系、印第安语系、闪–含语系、巴布亚新几内亚语和澳大利亚土著语言,我们目前尚没有在印欧、乌拉尔、阿尔泰和高加索等语系中发现现实/非现实显赫的语言,不过这些现实/非现实不显赫的语言中,时–体–情态中通常有一个或以上的范畴显赫,这也符合我们关于(非)现实–时–体–情态之间显赫性格局中的组配方式。

8.8　小　结

学界对于跨语言中现实/非现实范畴尚没有达成共识,主要存在两个方面的争论：一是对跨语言中现实/非现实范畴的语义内容的争论，二是对跨语言中现实/非现实的范畴地位的争论。我们首先梳理了这两个方面的争论内容，认为争论双方的观点均有偏颇，然后提出跨语言中现实/非现实范畴与时-体-情态三个范畴的关联模式以及显赫性逻辑格局，并对显赫性逻辑格局中的组配方式进行了验证。

第一，在跨语言现实/非现实的语义内容争论方面：以 Bhat(1999)、Givón(2001)和 Palmer(2001)等为代表的学者将其归为情态范畴；而以 Roberts(1990)、Bugenhagen(1993)、Elliott(2000)和 Pietrandrea(2012)为代表的学者则认为跨语言中现实/非现实涵盖的内容广泛，不应完全归入情态范畴。然而，支持后一种观点的学者内部意见并不一致，Bugenhagen(1993)认为不同语言中现实/非现实缺乏一个共同的语义核心，但 Elliott(2000)和 Pietrandrea(2012)认为现实/非现实有核心意义，可是他们提出的核心意义也不相同。尤为值得注意的是，不少学者如 Roberts(1990)在归纳现实/非现实的意义时违背了语言的经济性原则，将其他语法化程度高的时-体-情态标记的意义归为同样语法化程度高的现实/非现实标记的意义。

第二，在跨语言现实/非现实的范畴定位方面：Givón(1994)、Mithun(1995)、Bhat(1999)和 Palmer(2001)支持现实/非现实范畴对立的存在，只不过将现实/非现实归为情态范畴；而以 Bybee et al.(1994)和 de Haan(2012)为代表的学者提出，现实/非现实的语义从跨语言来看差异较大，缺少一个共同的核心语义，现实/非现实的对立不应看作一个跨语言有效的独立语法范畴。

我们发现，跨语言中现实/非现实可以作为一个独立的有效范畴，但是有两点值得注意：一是不同语言中现实/非现实的语法化程度有别。有的语言中现实/非现实的语法化程度高，从而成为形式上规约化的语法范畴；而有的语言中现实/非现实语法化程度低，表达手段多样化。二是不同语言中现实/非现实的语义内容确有不同，但总体上与时-体-情态关联。尽管不同语言中现实/非现实与时-体-情态的关联模式不同，但我们可以说，跨语言中不同的关联模式均位于由时-体-情态三个范畴所构成的概念空间中，这反映了人类语言中现实/非现实在概念层面上的共性，即个别语言现实/非现实的个性都分布在时-体-情态这个共性概念空间中。

我们根据现实/非现实与时-体-情态的关联模式，构建了世界语言中现实/非现实与时-体-情态的显赫性逻辑格局，逻辑上包含 26 种现实/非现实与时-体-情态的组配方式,其中 16 种组配方式得到验证,另外 10 种组配方式由于语料限制尚待验证。研究中主要有以下发现:

第一,在现实/非现实显赫的语言中,一个跨语言倾向是,显赫现实/非现实的原型意义倾向是时-体-情态三个范畴中非显赫范畴的意义,这符合语言符号的经济性原则。如果将显赫现实/非现实的原型意义归结为时-体-情态三个范畴中显赫范畴的意义,则出现了语言符号的冗余现象。也就是说,由于时-体-情态三个范畴中一个或两个显赫范畴的标记的存在,即使现实/非现实标记不存在,也完全不影响时-体-情态中显赫范畴的意义表达,如果认为现实/非现实标记表达时-体-情态中显赫范畴的意义,那么现实/非现实标记就没有必要存在。因而,显赫现实/非现实的标记应该是表达时-体-情态三个范畴中不显赫范畴的意义。

第二,在现实/非现实不显赫的语言中,时-体-情态三个范畴中必然有至少一个范畴显赫,时-体-情态是人类语言信息交流中的基本内容,其中至少有一个范畴经过历时演变而成为语法化程度较高的显赫范畴。现实/非现实不显赫也就意味着现实/非现实不具有原型意义,这也符合认知范畴化的理论假设,当一个范畴不显赫时,其所有内部成员往往是模糊存在的,很难将某个成员定为该范畴的原型成员或典型成员。

第三,英语是现实/非现实和体-情态均不显赫而时显赫的语言,但英语不是过去/非过去的二分时语言。典型的过去/非过去的二分时语言中用同一标记表现在时和将来时,具有歧义现象,但英语中不存在这一情况。所谓零形态∅既表现在又表将来的说法不妥,英语中的零形态∅不论添加在普通动词还是助动词"will"上,一般都不会产生歧义,"will"可看作语法化程度低于过去时的将来时表达手段。因而英语其实是三分时语言,将来时用词汇手段表达,过去时用屈折形态表达,现在时用零形态∅表达。

第四,汉语是现实/非现实显赫而时-体-情态均不显赫的语言,这一观点与以往不少学者认为汉语是体显赫的语言不同,其实汉语中句子体的语法化程度大致与英语的句子体相当,英汉句子体都是多形式表达的功能范畴,均没有形成形式上规约化的语法范畴。语法化程度、强制性和系统性是评估一个功能范畴是否显赫的重要标准。汉语中完成体/未完成体的语法化程度低,所谓体助词"了/着"缺乏强制性和系统性,无"了/着"的很多结构也表达完成体/未完成体或进行体。此外,以往不少学者从现实/非现实或实现/未实现的角度合理地分析了汉语中的体、否定词和时间副词,从多个方面很大程度上佐证了现实/非现实是汉语中一个有效的显赫范畴。

第九章

结　论

9.1　本研究的主要发现和创新

　　本研究基于所选取的 155 种语种样本,探讨了世界语言中时-体的类型和共性。时-体的类型方面主要包括时-体的语言表达类型和时-体的范畴类型,并在该视角下探讨了英语和汉语的时-体范畴类型。在时-体的共性方面,主要研究了跨语言时-体范畴与其他范畴(如情态、现实/非现实)之间的共性关系。本研究所构建的跨语言时-体-情态的范畴化层级是跨语言时-体-情态范畴的共性表现,在该层级上,时-体-情态是基本层次的范畴,该层级包含了层级关系和原型效应两个方面的内容,现实/非现实和有界/无界是时-体-情态的两个上位范畴,这两个上位范畴因语言差异而有别。该层级能够较好地解释包括英语和汉语在内的世界语言中时-体-情态的复杂形-义对应关系。总体而言,本研究在世界语言的时-体类型和共性方面获得了一些发现和创新,主要表现在以下七方面:

　　(一)时-体的语言表达类型

　　学界以往的诸多研究常将时-体限定为语法化程度较高

的形态语素,该视角一方面无法对用形态语素和非形态语素所表达的时-体进行对比研究,另一方面也难以揭示世界语言时-体表达的隐性规律。在所观察的 14 个语系的 78 种语言样本中,时-体的编码类型主要包括词缀、功能词、助动词、音调、逆被动态和非词缀语素等。在倾向性上,不论 VO 语序语言还是 OV 语序语言,时-体词缀语素倾向使用后缀;由于时-体功能词涉及更多的词类,其在世界语言中的使用比时-体助动词更普遍。尽管时-体的跨语言编码呈多样性,但从编码方式与其所表达时-体意义二者间的关系来看,象似性认知原则起了重要的驱动作用。

(二) 时范畴的类型

世界语言的时范畴可分为时范畴显赫和时范畴不显赫两种类型。时范畴显赫的语言指某种语言中时的表达手段语法化程度较高,采用形态语素或屈折语素来表达。在时范畴显赫的语言中,时范畴共有一分时、二分时、三分时、多分时四种类型,其中三分时语言一般是过去时/现在时/将来时并存,多分时语言通常指某种语言中的时范畴以现在时为轴心,有多个过去时和多个将来时的时间区间切分,一分时和二分时从跨语言来看,则有多种可能。在时范畴不显赫的语言中,时没有采用形态语素来表达,而是通过体、情态范畴的表达手段、时间词或其他词汇等方式来表达。

英语的时不属于以往诸多学者所主张的过去时/非过去时的二分时,英语的现在时形式没有同典型过去时/非过去时的语言那样既表现在时又表将来时,英语是过去时/现在时/将来时的三分时语言,将来时形式没有过去时形式的语法化程度高。汉语是时范畴不显赫的语言,除了时间名词外,时意义寄生在一些语法化程度较高的多功能形式上,这些多功能形式通常可表体义或情态义。在显赫时范畴的语言中,显赫的时具有向其他范畴扩张的倾向,显赫时范畴的扩张方式有两种:第一,表时手段不仅可出现在限定性动词上,还可出现在非限定性动词、否定词和名词性成分上;第二,有些语法手段的原型义是时,但该表时意义的手段也承载了其他范畴义,如情态义或体义。

(三) 体范畴的类型

国内外学界体范畴研究领域尽管成果斐然,但忽略了体具有跨语言的类型差异,导致了将相同的体概念应用于所有语言的泛用现象。不同语言族群描述事态的阶段或状况时,并不采取完全相同的参照视点。体范畴有空间视点体和时间视点体两种类型,前者以俄语、芬兰语和捷克语为代表,后者以英语和汉语为代表。这两种体类型在认知范畴化原型、体范畴层级、体范畴的显赫性、体-时共现限制等方面具有跨语言的显著差异。第一,从认知范畴化原型上看,空间视点体是以空间原型为认知参照视点的体,而时间视点体是以时间原型为认知参照视点的体。第二,从体的层级上看,俄语、芬兰语及捷克语中的完整体/非完整体是一个"上位体"概念,"下位体"则由起始、进行/持续(动作/状态)、惯常和反复等体义组成。英汉语中的上位体可抽象为"实现/未实现",是言者对事态在时间上实现与否的反映,在体的层级性上,起始体、进行体和完成体是实现体,将起始体、将进行体和将完成体是未实现体。第三,在体范畴的显赫性方面,俄语、芬兰语及捷克语是体显赫的语言,但英语和汉语均是体范畴不显赫的语言。第四,在体-时共现的限制方面,俄语、芬兰语和捷克语中没有"完整体-现在时"的匹配,而英语和汉语则没有"实现体-将来时"的匹配。不同体类型语言有不同的时间认知模式,选择时间域还是空间域中的静态参照物是造成体类型差异的认知动因。

(四)跨语言时-体-情态的范畴化层级

本研究所构建的跨语言时-体-情态的范畴化层级是世界语言中时-体-情态范畴的共性空间,包含层级关系和原型效应两个方面的内容。该层级可解释两个方面的问题:世界语言中的时-体-情态在语言表达上并非界限分明,倾向纠缠在一起;世界语言可划分为时空原型为有界/无界的语言和时空原型为现实/非现实的语言。

从层级关系上看,时-体-情态是基本层次的范畴,时-体-情态以家族相似性的名义聚合在现实/非现实、有界/无界的系统下,原因是,时-体-情态在范畴关系上具有倾向性蕴涵关系。以现实/非现实为时空原型的语言表现为:将来时蕴涵非现实,已终结/正进行/持续的事态蕴涵现实,预期/预测/假设认识情态蕴涵非现实。以有界/无界为时空原型的语言则表现为:现在时蕴涵无界,完整事态蕴涵有界,不确定性认识情态蕴涵无界。

从原型效应上看,在时空原型为有界/无界的语言中,完整体/非完整体比时-情态更易成为显赫范畴,因为体更倾向是有界/无界的原型。具有这种范畴化的语言如印欧语系东/西斯拉夫语族的俄语、捷克语和波兰语,乌拉尔语系的芬兰语、爱沙尼亚语和匈牙利语,南岛和高加索等语系的部分施-通格语言。以现实/非现实为高层次范畴的语言如印欧语系的英语、法语、荷兰语等,汉藏语系的汉语、缅甸语、泰语等,玻利维亚境内的尤拉卡雷语,巴西境内的泰雷诺语和巴布亚境内的阿麦雷语、伊马斯语等。在时空原型为现实/非现实的语言中,时-体-情态的显赫性情况比较复杂。当现实/非现实为非显赫范畴时,其下位范畴层级上时-体-情态中的任何范畴在不同语言中都可能成为显赫范畴,该显赫范畴就是现实/非现实的原型。当现实/非现实本身显赫时,有以下两种可能:第一,时-体-情态中的任何范畴都不显赫,现实/非现实的原型是时-体-情态中的一个或多个范畴;或者说,当时-体-情态均不显赫时,现实/非现实倾向显赫。第二,时-体-情态中也有范畴显赫,现实/非现实的原型是时-体-情态中不显赫的范畴。显赫现实/非现实的原型不可能是时-体-情态中的显赫范畴,这是语言的经济性原则所致。

（五）对情态屈折语假设所持的英语二分时论的反驳

从跨语言时-体-情态的范畴关联视角对情态屈折语假设所持的英语二分时论观点进行检验,结果不支持该假设。具体结论如下:第一,从共时角度上看,情态屈折语假设中"隐性情态屈折语和二分时论并存"违背语言经济性原则,"显性情态屈折语和二分时论并存"无法涵盖"will/shall"有将来时-将行体(言者预期/预测是非命题内容)和现在时-将行体(述谓主体意愿/意图属于命题内容)两种解读。第二,从语法化角度上看,述谓主体意愿/意图历时上是动词的词汇引申义,实为动词的内在情状,可演变为将来意义(将行体),但言者预期/预测是由将来时演变而来的认识情态,将来意义(将行体)不可能源于言者预期/预测。这符合世界语言时-体-情态的语法化规律和英语中显赫时的历时扩张倾向。第三,从跨语言上看,现实/非现实不是单一情态范畴,其与时-体-情态在显赫性上呈不均衡分布;在现实/非现实范畴化程度高的语言中,现实/非现实标记倾向呈互补分布。英语中现实/非现实的范畴化程度低,若说"will/shall"是非现实的专有标记而现实标记却阙如,也不支持英语无将来时。

（六）汉语的时-体-情态系统

从跨语言时-体-情态的范畴化层级角度看,汉语是时空原型为现实/非现实的语言,现实/非现实的下位范畴是时-体-情态。本研究提出了不同于以往研究的观点:汉语是时-体-情态三个范畴均不显赫,而它们的上位范畴现实/非现实显赫的语言。现实/非现实在汉语中是一个显赫范畴,主要体现为已然/未然的对立,而时-体-情态三个范畴都不显赫,表现是典型的时-体助词与作为结果补语、动相补语和语气助词的其他语素具有同形异质性,量范畴和领属/存在范畴是汉语显赫现实/非现实进行扩张的非原型范畴。

在汉语中性语境下的独立小句中,时-体-情态三个范畴都不显赫,而现实/非现实是显赫范畴,体现在四个方面:第一,在"了$_1$"和"了$_4$"的分化、"着$_1$"和"着$_3$"的分化中,现实已然/非现实未然起了驱动作用。第二,尽管"了$_3$/了$_4$/着$_2$/着$_3$"都可出现在非现实事态句中,但非现实性并不由它们来表达。第三,从"了/着/过"在历时中的不同语法身份和语法意义来看,"了$_1$/了$_2$/着$_1$/过$_{1-2}$"与"了$_3$/了$_4$/着$_2$/着$_3$/过$_3$"应看作"了/着/过"的不同语素,在论证相关问题时应该加以区分。助词"了$_1$/了$_2$/着$_1$/过$_{1-2}$"与"了$_3$/了$_4$/着$_2$/着$_3$/过$_3$"在共时上的并存很大程度上干扰了学界对汉语时-体问题的研究。第四,时-体助词与作为结果补语、动相补语和语气助词的同形异质语素纠缠在一起也说明了现代汉语并不是体显赫的语言。从某种程度上讲,时-体助词这个概念更恰当,它们只对时-体表达有辅助作用,并非特定时-体意义的显性专有标记。

(七)跨语言现实/非现实与时-体-情态的显赫性格局

跨语言现实/非现实是一个有效范畴:第一,不同语言中现实/非现实的语义内容不同,但总体上与时-体-情态关联,尽管不同语言中现实/非现实与时-体-情态的关联模式不同,然而跨语言中不同的关联模式均位于由时-体-情态三个范畴所构成的概念空间中,这反映了人类语言中现实/非现实在概念层面上的共性,即个别语言现实/非现实的个性都分布在时-体-情态这个共性概念空间中。第二,不同语言中现实/非现实的语法化程度有别,有的语言中现实/非现实的语法化程度高,从而成为形式上规约化的语法范畴,而有的语言中现实/非现实语法化程度低,表达手段多样化。

本研究根据现实/非现实与时-体-情态的关联模式,构建了世界语言中现实/非现实与时-体-情态的显赫性逻辑格局,逻辑上包含 26 种现实/非现实与时-体-情态的组配方式,其中 16 种组配方式得到验证,另外 10 种组配方式由于语料限制尚待验证。具体发现:第一,在现实/非现实显赫的语言中,显赫现实/非现实的原型意义倾向是时-体-情态三个范畴中非显赫范畴的意义,这符合语言符号的经济性原则。如果将显赫现实/非现实的原型意义归结为时-体-情态三个范畴中显赫范畴的意义,则出现了语言符号的冗余现象。第二,在现实/非现实不显赫的语言中,时-体-情态三个范畴中必然有至少一个范畴显赫,时-体-情态是人类语言信息交流中的基本内容,其中至少有一个范畴经过历时演变而成为语法化程度较高的显赫范畴。第三,英语是现实/非现实和体-情态均不显赫而时显赫的语言,汉语是现实/非现实显赫而时-体-情态均不显赫的语言。这一观点与以往不少学者认为汉语是体显赫的语言不同,其实汉语中句子体的语法化程度大致与英语的句子体相当,英汉句子体都是多形式表达的功能范畴,均没有形成形式上规约化的语法范畴。

9.2 本研究的局限性和研究前景

本研究基于平衡语种样本对时-体范畴的类型和共性的探讨只是尝试性和探索性的,所得结论是开放性的,由于跨语言时-体在形义关系上的复杂性、所选取语种样本的数量较大以及笔者本身和引用著作原作者对各语种的熟悉度有限,本研究所提出的理论假设、讨论过程和研究结果难免会存在一定的局限性或不足,这些局限性或不足是我们下一步研究的方向或研究前景。归纳起来,局限性或不足主要体现为两点:

(一)语种样本中的标注问题

本研究的语种样本主要来自各语言的描写语法著作、语言类型学著作和网络资源,在这些语种样本中,有的语言有标注,有的语言没有标注。有标注的语言大多采用莱比锡标注法,但由于引用著作原作者和笔者对取样语言的熟悉度有限以及不同作者对同一语言的标注有差异等原因,有些语言的标注在将来的研究中需进一步斟酌。比如,毛利语中的"ka"既可表示将来时,也可表示接下来发生的事件或状态,后者与时无关,如"Ka mutu te pōhiri, ka kai rātou."("When the welcome ceremony was over, they ate.")。Haspelmath(1997)在引用 Bauer(1993)时仍将其错误地标示为"TNS"(tense)。再如,Dixon(1972)将迪厄巴尔语中的动词后缀"ɲu"和"ɲ"看作非将来时和将来时的标志,而 Comrie(1985)将它们分别看作现实和非现实的情态表达语素。在体范畴的研究中也存在标注的问题,有的引用著作原作者不区分完整体/非完整体和完成体/未完成体,慎重起见,本研究没有提及一些语言中的体范畴类型。

(二)现实/非现实范畴的语义内容问题

现实/非现实与时-体-情态的关系探讨是本研究探索跨语言时-体共性的重要内容。现实/非现实的范畴地位和语义内容在国外学界一直有争论:有的学者将现实/非现实看作情态;有的学者将其看作将来时/非将来时;有的学者则主张现实/非现实不是类型学中的有效范畴;有的学者(如

Roberts 1990）甚至对现实/非现实出现了误读现象,将高度语法化的时标记和情态标记所赋予句子的意义归结为现实/非现实的意义,导致了语言符号的冗余现象。本研究发现,现实/非现实的语义内容跨语言倾向与时-体-情态有关,具体与时-体-情态中的哪(几)个范畴有关视不同语言而有别。由于不同语言中现实/非现实的复杂性,本研究对不同语言中现实/非现实与时-体-情态的关联问题目前尚未能作出跨语言上的类型区分,即哪些语言的现实/非现实只与时有关,哪些语言只与体有关,哪些只与情态有关,哪些与时-体有关,哪些与时-情态有关,等等。世界语言中是否存在现实/非现实与除时-体-情态以外的其他语义内容有关? 这些问题是下一步研究着重解决的问题。

在将来的研究中,笔者将针对以上这些局限性和研究前景,深入研究,充分论证,力求在本研究领域中作出新的贡献。

参考文献

蔡维天.2010.谈汉语模态词其分布与诠释的对应关系[J].中国语文(3)：208－221.

曹广顺.2009.试论汉语动态助词的形成过程[A].冯力，杨永龙，赵长才(主编)，汉语时体的历时研究[C].北京：语文出版社，30－40.

陈立民.2002.汉语的时态和时态成分[J].语言研究(3)：14－31.

陈 平.1988.论现代汉语时间系统的三元结构[J].中国语文(6)：401－421.

陈前瑞.2008.汉语体貌研究的类型学视野[M].北京：商务印书馆.

陈前瑞，张华.2007.从句尾"了"到词尾"了"——《祖堂集》《三朝北盟会编》中"了"用法的发展[J].语言教学与研究(3)：63－71.

陈前瑞，王继红.2012.从完成体到最近将来时——类型学的罕见现象与汉语的常见现象[J].世界汉语教学(2)：158－174.

陈前瑞等(译).2017.语法的演化[M].北京：商务印书馆.

戴耀晶.1997.现代汉语时体系统研究[M].杭州：浙江教育出版社.

方 梅.2005.篇章语法与汉语篇章语法研究[J].中国社会科学(6)：165－172.

房玉清.1992.动态助词"了""着""过"的语义特征及其用法比较[J].汉语学习(1)：14－20.

冯 力，杨永龙，赵长才(主编).2009.汉语时体的历时研究[C].北京：语文出版社.

高名凯.1986.汉语语法论[M].北京：商务印书馆.

龚千炎.1995.汉语的时相时制时态[M].北京：商务印书馆.

郭 锐.1997.过程和非过程——汉语谓词性成分的两种外在时间类型[J].中国语文(3)：162－175.

何 伟.2005.再谈英语时态的种类[J].外语教学(6)：54－56.

何 伟.2010.语法体和时态在体现形式上的对应[J].外语学刊(2)：45－50.

候瑞芬.2016.再析"不""没"的对立与中和[J].中国语文(3)：303－314.

胡建华,石定栩.2006,量化副词与动态助词"了"和"过"[A].中国语文杂志社(编),语法研究和探索(十三)[C].北京：商务印书馆,185－195.

金理新.2005.上古汉语形态研究[M].合肥：黄山书社.

金立鑫.1998.试论"了"的时体特征[J].语言教学与研究(1)：105－119.

金立鑫.2002.词尾"了"的时体意义及其句法条件[J].世界汉语教学(1)：34－43.

金立鑫.2003."S 了"的时体意义及其句法条件[J].语言教学与研究(2)：38－48.

金立鑫.2004."着""了""过"时体意义的对立及其句法条件[A].《第七届国际汉语教学讨论会论文选》编辑委员会(编),第七届国际汉语教学讨论会论文选[C].北京：北京大学出版社,377－388.

金立鑫.2005."没"和"了"共现的句法条件[J].汉语学习(1)：25－27.

金立鑫.2008a.试论行为类型、情状类型及其与体的关系[J].语言教学与研究(4)：1－9.

金立鑫.2008b.对 Reichenbach 时体理论的一点补充[J].中国语文(5)：433－440.

金立鑫.2009."时""体"范畴的本质特征及其蕴含共性[A].程工,刘丹青(编),汉语的形式与功能研究[C].北京：商务印书馆,322－345.

金立鑫.2011.什么是语言类型学[M].上海：上海外语教育出版社.

金立鑫,邵菁.2010.Charles N.Li 等"论汉语完成体标记词'了'的语用驱动因素"中某些观点商榷[J].当代语言学(4)：319－325.

金立鑫,于秀金.2012.左右分枝结构配置的功能分析[J].外语教学与研究(4)：496－509.

金立鑫.于秀金.2015.关于时体类型的思考[J].中国语文法研究(4)：1－18.

柯 航.2007.现代汉语单双音节搭配研究[D].中国社会科学院研究生院语言系博士学位论文.

孔令达.1986.关于动态助词"过₁"和"过₂"[J].中国语文(4)：272－276.

李临定.1990.现代汉语动词[M].北京：中国社会科学出版社.

李仕春,艾红娟.2008.山东莒县方言动词的合音变调[J].语言科学(4)：394－397.

李铁根.1999.现代汉语时制研究[M].沈阳：辽宁大学出版社.

李铁根.2002."了"、"着"、"过"与汉语时制的表达[J].语言研究(3)：1－13.

李兴亚.1989.试说动态助词"了"的自由隐现[J].中国语文(5)：334－340.

林新年.2004.《祖堂集》动态助词研究[D].厦门大学博士学位论文.

刘丹青.2011.语言库藏类型学构想[J].当代语言学(4)：289－303.

刘丹青.2012.汉语的若干显赫范畴：语言库藏类型学视角[J].世界汉语教学(3)：291－305.

刘丹青.2014.论语言库藏的物尽其用原则[J].中国语文(5)：387－401.

刘丹青,2018,寄生范畴：源于语法库藏限制条件的语义范畴[J].中国语文(6)：643－656.

刘公望.1988.现代汉语的时体助词"的"[J].汉语学习(4)：20－23.

刘一之.2001.北京话中的"着(.zhe)"字新探[M].北京：北京大学出版社.

刘月华.1988.动态助词"过₂ 过₁ 了₁"用法比较[J].语文研究(1)：6－16.

刘勋宁.1988.现代汉语词尾"了"的语法意义[J].中国语文(5)：321－330.

刘勋宁.1990.现代汉语句尾"了"的语法意义及其与词尾"了"的联系[J].世界汉语教学(2)：80－87.

刘勋宁.2002.现代汉语句尾"了"的语法意义及其解说[J].世界汉语教学(3)：70－79.

卢小群,李蓝(主编).2014.汉语方言时体问题新探索[C].北京：中央民族大学出版社.

陆丙甫.2006.论形式和功能的统一是语法分析的根本基础[J].外国语(3)：36－51.

陆俭明.1999."着"字补议[J].中国语文(5)：331－336.

吕叔湘.1982.中国文法要略[M].北京：商务印书馆.

吕叔湘(主编).1984.现代汉语八百词[Z].北京：商务印书馆.

吕叔湘.2002.吕叔湘全集·第一卷·中国文法要略[M].沈阳：辽宁教育出版社.

马庆株.1988.自主动词和非自主动词[J].中国语言学报(3)：160－191.

马希文.1983.关于动词"了"的弱化形式/.lou/[J].中国语言学报(1)：1－14.

梅祖麟.1994.唐代、宋代共同语的语法和现代方言的语法[J].中国境内语言暨语言学(2)：61－97.

木村英树.2003."的"字句的句式语义及"的"的功能扩展[J].中国语文(4)：303－314.

潘寿君.2014.中日"时""体""态"对比研究[M].北京：中国传媒大学出版社.

彭利贞.2005.现代汉语情态研究[D].复旦大学博士学位论文.

尚　新.2007.英汉体范畴对比研究——语法体的内部对立与中立化[M].上海：上海人民出版社.

尚　新.2014a.从动词类型学到体算子情态论——英美语言学传统中的体态理论演进管窥[M].外国语(3)：30－40.

尚　新.2014b.英汉时体类型与翻译策略[M].上海：上海人民出版社.

沈家煊.2005.不对称和标记论[M].南昌：江西教育出版社.

石毓智.1992.论现代汉语的"体"范畴[J].中国社会科学(6)：183－201.

石毓智.2002.现代汉语语法系统的建立——动补结构的产生及其影响[M].北京：北京语言大学出版社.

石毓智.2004.汉语的领有动词与完成体的表达[J].语言研究(2)：34－42.

石毓智,白解红.2007.将来时的概念结构及其词汇来源[J].外语教学与研究(1)：33－42.

石毓智,姜炜.2010.英语进行体向主观化功能的扩展[J].外语与外语教学(1)：48－51.

宋玉柱.1981.关于时间助词"的"和"来着"[J].中国语文(4)：271－276.

苏政杰.2010.结构助词"的"的语法化历程[J].汉语学报(1)：23－35.

孙英杰.2006.现代汉语体系统研究[D].北京语言大学博士学位论文.

唐正大.2018.关中方言的将来时间指称形式——兼谈时体情态的共生与限制[J].方言(2)：236－246.

王灿龙.2006.关于"没(有)"跟"了"共现的问题[J].世界汉语教学(1)：41－50.

王和玉,温宾利.2015.英语将来事态句的最简句法分析[J].外语教学与研究(4)：483－495.

王维贤.1991."了"字补议[A].中国语文杂志社(编),语法研究和探索(五)[C].北京：商务印书馆,197－214.

王文斌.2013.论英语的时间性特质与汉语的空间性特质[J].外语教学与研究(2)：163－173.

王文斌.2015.从"形动结构"看行为动作在汉语中的空间化表征[J].外语教学与研究(6)：803－813.

王晓凌.2007.论非现实语义范畴[D].复旦大学博士学位论文.

汪有序.1987.怎么教"不、没、了、过、着"[J].世界汉语教学(2)：6－12.

吴安其.1997.汉藏语使动和完成体前缀的残存与同源的动词词根[J].民族语文(6)：21－32.

吴安其.2002.汉藏语同源研究[M].北京：中央民族大学出版社.

吴福祥.1995.否定副词"没"始见于南宋[J].中国语文(2)：153.

吴福祥.2001/2002.南方方言几个状态补语标记的来源[J].方言(4/1)：344－354，24－34.

吴福祥.2004.也谈持续体标记"着"的来源[J].汉语史学报(1)：17－26.

吴福祥.2005.汉语体标记"了、着"为什么不能强制性使用[J].当代语言学(3)：237－250.

吴福祥.2009.重谈"动+了+宾"格式的来源和完成体助词"了"的产生[A].冯力,杨永龙,赵长才(主编),汉语时体的历时研究[C].北京：语文出版社,150－165.

吴为善.2011.汉语韵律框架及其词语整合效应[M].上海：学林出版社.

向　熹.2010.简明汉语史(下)(修订本)[M].北京：商务印书馆.

杨国文.2011."动词+结果补语"和"动词重叠式"的非时态性质[J].当代语言学(3)：217－225.

杨永龙.2009.不同的完成体构式与早期的"了"[A].冯力,杨永龙,赵长才(主编),汉语时体的历时研究[C].北京：语文出版社,180－211.

于秀金.2013a.基于S-R-E的时体统一逻辑模型的构建[J].外国语(1)：32－44.

于秀金.2013b.类型学视野下的英汉时体研究——时体共性与ERS时体结构[D].上海外国语大学博士学位论文.

于秀金.2014.英汉语中的现时相关性与时间距离性[J].外语教学与研究(3)：337－350.

于秀金.2016a.跨语言时-体的编码类型与认知理据[J].北京第二外国语学院学报(4)：40－59.

于秀金.2016b.汉语(非)现实范畴的显赫性与扩张性——跨语言原型范畴化视角[J].外语教学与研究(5)：680－692.

于秀金.2017a.跨语言体范畴的类型与认知动因[J].天津外国语大学学报(3)：19－29.

于秀金.2017b.跨语言时-体-情态的范畴化、显赫性及扩张性——库藏类型学视角[J].中国语文(6)：670－692.

于秀金.2018.跨语言(非)现实与时-体-情态的范畴关联及显赫性格局[J].外国语(3)：9－22.

于秀金,高婧瑄,金立鑫.2021.英语的时范畴是二分时抑或三分时？——跨语言显赫时的类型与扩张视角[J].外语教学理论与实践(3)：35－46.

于秀金,金立鑫.2015.俄汉时体的类型学蕴涵共性假设[J].外国语(2)：25－39.

于秀金,吴春相.2017.已然/未然范畴下时体助词的同形异质性[J].汉语学习(3)：22－32.

于秀金,吴春相.2022.语言类型学中现实/非现实的原型范畴化与显赫性[J].外语研究(3)：30－36.

于秀金,张辉.2017.情态屈折语假设与二分时非兼容的跨语言视角[J].现代外语(2)：157－167.

袁毓林.1991.祈使句式和动词的类[J].中国语文(1)：10－20.

袁毓林.1992.祈使句式"V+着！"分析[J].世界汉语教学(4)：269－275.

袁毓林.2003.从焦点理论看句尾"的"的句法语义功能[J].中国语文(1)：3－16.

张　斌.2000.现代汉语[M].上海：华东师范大学出版社.

张济卿.1998a.论现代汉语的时制与体结构（上）[J].语文研究(3)：17－25.

张济卿.1998b.论现代汉语的时制与体结构（下）[J].语文研究(4)：18－26.

张家骅.2004.现代俄语体学[M].北京：高等教育出版社.

张家骅.2006.俄语棱镜下的汉语体范畴[J].外语学刊(2)：58－64.

张　黎.1996."着"的语义分布及其语法意义 [J].语文研究(1)：6－12.

张立飞,严辰松.2010.现实与非现实：现代汉语否定词语法意义的语义基础[J].外国语文(4)：34－40.

张万禾,石毓智.2008.现代汉语的将来时范畴[J].汉语学习(5)：27－34.

张雪平.2008."非现实"研究现状及问题思考[J].解放军外国语学院学报(5)：13－19.

张雪平.2009.非现实句和现实句的句法差异[J].语言教学与研究(6)：25－32.

张雪平.2012.现代汉语非现实句的语义系统[J].世界汉语教学(4)：449－462.

赵元任.1979.汉语口语语法[M].吕叔湘译.北京：商务印书馆.

周　韧.2015.现实性和非现实性范畴下的汉语副词研究[J].世界汉语教学(2)：167－183.

朱德熙.1982.语法讲义[M].北京：商务印书馆.

左思民.1999.现代汉语中"体"的研究[J].语文研究(1)：9－20.

Abraham, P. T. 1978. *Relative Clauses in Malayalam* [M]. Annamalainagar: Annamalai University.

Allott, A. 1965. Categories for the description of the verbal syntagma in Burmese [J]. *Lingua* 15: 283－309.

Anderson, S. R. & E. L. Keenan. 1990. Deixis [A]. In T. Shopen (ed.), *Language Typology and Syntactic Description, Vol. 3* [C]. Cambridge: Cambridge University Press, 259－309.

Authier, G. 2012. The detransitive voice in Kryz [A]. In G. Authier & K. Haude(eds.), *Ergativity, Valency and Voice* [C]. Berlin: Muton de Gruyter, 133－163.

Barnes, J. 1984. Evidentials in the Tuyuca verb [J]. *International Journal of American Linguistics* 50: 255－271.

Bhat, D. N. S. 1999. *The Prominence of Tense, Aspect, and Mood* [M]. Amsterdam: John Benjamins.

Binnick, R. I. 1991. *Time and the Verb: A Guide to Tense and Aspect* [M]. Oxford: Oxford University Press.

Binnick, R. I. (ed.) 2012. *The Oxford Handbook of Tense and Aspect* [C]. Oxford: Oxford University Press.

Bittner, M. 2005. Future discourse in a tenseless language [J]. *Journal of Semantics* 12: 339－388.

Bohnhoff, L. E. 1986. Yạg Dii (Duru) pronouns [A]. In U. Wiesemann (ed.), *Pronominal Systems* [C]. Tübingen: Gunter Narr, 103－129.

Botne, R. 2012. Remoteness distinctions [A]. In R. I. Binnick (ed.), *The Oxford Handbook of Tense and Aspect* [C]. Oxford: Oxford University Press, 536－562.

Bugenhagen, R. D. 1993. The semantics of irrealis in the Austronesian languages of Papua New Guinea [A]. In G. P. Reesink (ed.), *Topics in Descriptive Austronesian Linguistics* [C]. Leiden: Rijksuniversiteit te Leiden, 1－39.

Bybee, J. L. 1985. *Morphology: A Study of the Relation between the Meaning and Form* [M]. Amsterdam/Philadelphia: John Benjamins.

Bybee, J. L. 1998. 'Irrealis' as a grammatical category [J]. *Anthropological Linguistics* 40: 257 – 271.

Bybee, J. & Ö. Dahl. 1989. The creation of tense and aspect systems in the languages of the world [J]. *Studies in Language: International Journal Sponsored by the Foundation 'Foundations of Language' (SLang)* 13: 51 – 103.

Bybee, J., R. Perkins & W. Pagliuca. 1994. *The Evolution of Grammar: Tense, Aspect, and Modality in the Language of the World* [M]. Chicago: The University of Chicago Press.

Bybee, J. L. & S. Fleischman (eds.). 1995. *Modality in Grammar and Discourse* [C]. Amsterdam/Philadelphia: John Benjamins.

Capell, A. & H. E. Hinch. 1970. *Maung Grammar: Texts and Vocabulary* [M]. The Hague and Paris: Mouton.

Carlson, R. 1994. *A Grammar of Supyire* [M]. Berlin: Mouton de Gruyter.

Chafe, W. 1995. The realis-irrealis distinction in Caddo, the Northern Iroquoian Languages, and English [A]. In J. L. Bybee & S. Fleischman (eds.), *Modality in Grammar and Discourse* [C]. Amsterdam/Philadelphia: John Benjamins, 349 – 365.

Chao, Y. R. 1968. *A Grammar of Spoken Chinese* [M]. Berkeley: University of California Press.

Childs, G. T. 1995. *A Grammar of Kisi, a Southern Atlantic Language* [M]. Berlin: Muton de Gruyter.

Chung, S. & A. Timberlake. 1990. Tense, aspect, and mood [A]. In T. Shopen (ed.), *Language Typology and Syntactic Description, Vol. 3: Grammatical Categories and the Lexicon* [C]. Cambridge: Cambridge University Press, 202 – 259.

Comrie, B. 1976. *Aspect* [M]. Cambridge: Cambridge University Press.

Comrie, B. 1985. *Tense* [M]. Cambridge: Cambridge University Press.

Conrad, R. J. & K. Wogiga. 1991. *An Outline of Bukiyip Grammar* [M]. Canberra: The Australian National University.

Coon, J. 2013. *Aspects of Split Ergativity* [M]. New York: Oxford University Press.

Cooreman, A. 1994. A functional typology of antipassives [A]. In B. Fox & P. J. Hopper (eds.), *Voice: Form and Function* [C]. Amsterdam: John Benjamins, 49 – 88.

Croft, W. 2008. *Typology and Universals* [M]. Beijing: Foreign Language Teaching and Research Press.

Croft, W. 2012. *Verbs: Aspect and Causal Structure* [M]. New York: Oxford University Press.

Crowell, T. 1979. *A Grammar of Bororo* [D]. Ithaca: Cornell University dissertation.

Dahl, Ö. 1981. On the definition of the telic-atelic (bounded-unbounded) distinction [A]. In P. Tedeschi & A. Zaenen(eds.), *Syntax and Semantics, Vol. 14: Tense and Aspect* [C]. New York: Academic Press, 79 – 90.

Dahl, Ö. 1984. Temporal distance: remoteness distinctions in tense-aspect systems [A]. In B. Butterworth, B. Comrie & Ö. Dahl (eds), *Explanations for Language Universals* [C]. Berlin: Mouton, 105 – 122.

参考文献

Dahl, Ö. 1985. *Tense and Aspect System* [M]. Bath, UK.: The Bath Press.

Dahl, Ö. (ed.). 2000. *Tense and Aspect in the Languages of Europe* [C]. Berlin: de Gruyter.

Declerck, R. 1991. *Tense in English: Its Structure and Use in Discourse* [M]. London and New York: Routledge.

Declerck, R. 2006. *The Grammar of the English Verb Phrase, Volume 1: The Grammar of the English Tense System* [M]. Berlin/London: Mouton de Gruyter.

Dickey, S. M. 2000. *Parameters of Slavic Aspect* [M]. Stanford, California: CSLI Publications.

Dik, S. C. 1997. *The Theory of Functional Grammar, Part 1: The Structure of the Clause*, 2nd edition [M]. Berlin/New York: Mouton de Gruyter.

Dixon, R. M. W. 1972. *The Dyirbal Language of North Queensland* [M]. Cambridge: Cambridge University Press.

Dixon, R. M. W. 1977. *A Grammar of Yidiɲ* [M]. Cambridge: Cambridge University Press.

Dixon, R. M. W. 1994. *Ergativity* [M]. Cambridge: Cambridge University Press.

Dol, P. 2007. *A Grammar of Maybrat: A Language of the Bird's Head Peninsula, Papua Province, Indonesia* [M]. Canberra: The Australian National University.

Donaldson, T. 1980. *Ngiyambaa: The Language of the Wangaaybuwan* [M]. Cambridge: Cambridge University Press.

Donohue, M. 1999. *A Grammar of Tukang Besi* [M]. Berlin: Mouton de Gruyter.

Downing, A. & P. Locke. 2006. *English Grammar: A University Course* [M]. Abingdon and New York: Routledge.

Dowty, D. 1977. Towards a semantic analysis of verb aspect and the English imperfective progressive [J]. *Linguistics and Philosophy* 1: 45–77.

Dryer, M. S. 1992. The Greenbergian word order correlations [J]. *Language* 68: 81–138.

Dryer, M. S. 2009. The branching direction theory revisited [A]. In S. Scalise, E. Magni & A. Bisetto(eds.), *Universals of Language Today* [C]. Berlin: Springer, 185–207.

Ekdahl, M. & J. E. Grimes. 1964. Terêna verb inflection [J]. *International Journal of American Linguistics* 30: 261–268.

Elliott, J. R. 2000. Realis and irrealis: Forms and concepts of the grammaticalisation of reality [J]. *Linguistic Typology* 4: 55–90.

Evans, V. & M. Green. 2006. *Cognitive Linguistics: An Introduction* [M]. Edinburgh: Edinburgh University Press.

Everett, C. 2006. *Gestural, Perceptual, and Conceptual Patterns in Karitiana* [D]. Houston: Rice University dissertation.

Exter, M. 2012. 'Realis' and 'irrealis' in Wogeo: A valid category? [A]. In N. Evans & M. Klamer (eds.), *Melanesian Languages on the Edge of Asia: Challenges for the 21st Century* [C]. Honolulu, Hawaii: University of Hawaii Press, 174–190.

Filip, H. 1999. *Aspect, Eventuality Types and Nominal Reference* [M]. New York: Routledge, Taylor and Francis Group.

Firestone, H. L. 1965. *Description and Classification of Sirionó* [M]. London: Mouton de

Gruyter.

Fleischman, S. 1982. The past and the future: Are they coming or going? [A]. In M. Macaulay(ed.), *Proceedings of the Eighth Annual Meeting of the Berkeley Linguistic Society* [C]. Berkeley: Berkeley Linguistics Society, 322 - 334.

Fleischmann, S. 1983. From pragmatics to grammar: Diachronic reflections on complex pasts and futures in Romance [J]. *Lingua* 60: 183 - 214.

Foley, W. A. 1986. *The Papuan Languages of New Guinea* [M]. Cambridge: Cambridge University Press.

Foley, W. A. 1991. *The Yimas Language of New Guinea* [M]. Stanford: Stanford University Press.

Fortescue, M. 1984. *West Greenlandic* [M]. London: Croom Helm.

Fried, R. W. 2010. *A Grammar of Bao'an Tu, a Mongolic Language of Northwest China* [D]. Buffalo: State University of New York at Buffalo dissertation.

Giannakidou, A. 2014. The futurity of the present and the modality of the future: A commentary on *Broekhuis and Verkuyl* [J]. *Natural Language & Linguistic Theory* 32: 1011 - 1032.

van Gijn, R. & S. Gipper. 2009. Irrealis in Yurakaré and other languages: On the cross-linguistic consistency of an elusive category [A]. In L. Hogeweg, H. de. Hoop & A. Malchukov (eds.), *Cross-linguistic Semantics of Tense, Aspect and Modality* [C]. Amsterdam/Philadelphia: John Benjamins, 155 - 178.

Gillian, C. R. 1997. *Aspect and Predication* [M]. Oxford: Clarendon Press.

Givón, T. 1991. Isomorphism in the grammatical code: Cognitive and biological considerations [J]. *Studies in linguistics* 15: 85 - 114.

Givón, T. 1994. Irrealis and the subjunctive [J]. *Studies in Language* 18: 265 - 337.

Givón, T. 2001. *Syntax: An Introduction, Vol. 1* [M]. Amsterdam: John Benjamins.

Guirardello, R. 1999. *A Reference Grammar of Trumai* [D]. Houston: Rice University dissertation.

de Haan, F. 2012. Irrealis: Fact or fiction? [J]. *Language Sciences* 34: 107 - 130.

Hafford, J. A. 2014. *Wuvulu Grammar and Vocabulary* [D]. Mānoa: The University of Hawai'i dissertation.

Haiman, J. 1983. Iconic and economic motivation [J]. *Language* 59: 781 - 819.

Hale, K. 1970. The passive and ergative in language change: The Australian case [A]. In S. A. Wurm and D. Laycock (eds.), *Pacific Linguistic Studies in Honor of Arthur Capell* [C]. Canberra: ANU, 757 - 781.

Haspelmath, M. 1997. *From Space to Time: Temporal Adverbials in the World's Languages* [M]. München/ Newcastle: Lincom Europa.

Haspelmath, M. 2006. Universals of word order [OL]. http://email. eva. mpg. de/-haspelmt/6.WordOrder.pdf.(访问日期：2017 年 6 月 2 日。)

Hatav, G. 2012. Bound tenses [A]. In R. I. Binnick (ed.), *The Oxford Handbook of Tense and Aspect* [C]. Oxford: Oxford University Press, 611 - 637.

Haude, K. 2011. Tense marking on dependent nominals in Movima [A]. In R. Musan & M. Rathert (eds.), *Tense across Languages* [C]. Berlin: de Gruyter, 189 - 206.

Heine, B. 1997. Grammaticalization theory and its relevance to African linguistics [A]. In

R. Herbert (ed.), *African Linguistics at the Crossroads: Papers from Kwaluseni* [C]. Cologne: Köppe, 1 – 15.

Heine, B. 2002. On the role of context in grammaticalization [A]. In I. Wischer & G. Diewald (eds.), *New Reflections on Grammaticalization* [C]. Amsterdam/ Philadelphia: John Benjamins, 83 – 101.

Hengeveld, K. 1989. Layers and operators in Functional Grammar [J]. *Journal of Linguistics* 25: 127 – 157.

Hengeveld, K. 2011. The grammaticalization of tense and aspect [A]. In H. Narrog & B. Heine (eds.), *The Oxford Handbook of Grammaticalization* [C]. Oxford: Oxford University Press, 577 – 591.

Hewson, J. 2012. Tense [A]. In R. I. Binnick (ed.), *The Oxford Handbook of Tense and Aspect* [C]. Oxford: Oxford University Press, 507 – 535.

Hewson, J. & V. Bubenik. 1997. *Tense and Aspect in Indo-European Languages: Theory, Typology, Diachrony* [M]. Amsterdam: John Benjamins.

Higginbotham, J. 2006. The anaphoric theory of tense [A]. In M. Gibson & J. Howell (eds.), *Proceedings from Semantics and Linguistic Theory 16* [C]. Ithaca: CLC Publications, Cornell University, 59 – 76.

Higginbotham, J. 2009. *Tense, Aspect, and Indexicality* [M]. New York: Oxford University Press.

Hopper, P. J. 1982. Aspect between discourse and grammar: An introductory essay for the volume [A]. In P. J. Hopper(ed.), *Tense-Aspect: Between Semantics & Pragmatics* [C]. Amsterdam/Philadelphia: John Benjamins, 3 – 18.

Hopper, P. J. & S. A. Thompson. 1980. Transitivity in grammar and discourse [J]. *Language* 56: 251 – 299.

Hornstein, N. 1981. The study of meaning in natural language: Three approaches to tense [A]. In N. Hornstein and D. Lightfoot (eds.), *Explanation in Linguistics* [C]. London: Longman, 116 – 151.

Hornstein, N. 1993. *As Time Goes By: Tense and Universal Grammar* [M]. Cambridge MA: The MIT Press.

Hu, J. H., H. H. Pan & L. J. Xu. 2001. Is there a finite-nonfinite distinction in Chinese [J]. Linguistics 39: 1117 – 1148.

Huddleston, R. 1984. *Introduction to the Grammar of English* [M]. Cambridge: Cambridge University Press.

Hutchinson, J. 1976. *Aspects of Kanuri Syntax* [D]. Bloomington: Indiana University dissertation.

Israel, M. 1979. *A Grammar of the Kuvi Language* [M]. Trivandrum: Dravidian Linguistics Association.

Jelinek, E. & F. Escalante. 1988. Verbless possessive sentences in Yaqui [A]. In W. Shipley (ed.), *In Honor of Mary Haas* [C]. Berlin: Mouton de Gruyter, 411 – 429.

Jendraschek, G. 2014. Future tense, prospective aspect, and irrealis mood as part of the situation perspective: Insights from Basque, Turkish, and Papuan [A]. In P. De Brabanter, M. Kissine & S. Sharifzadeh (eds.), *Future Times, Future Tenses* [C]. Oxford: Oxford University Press, 138 – 164.

Jensen, J. T. 1977. *Yapese Reference Grammar* [M]. Honolulu: University Press of Hawaii.

Johnson, M. 1981. A unified temporal theory of tense and aspect [A]. In P. J. Tedeschi & A. Zeanen (eds.), *Syntax and Semantics, Vol. 14* [C]. New York: Academic Press, 145–171.

Joos, M. 1964. *The English Verb: Form and Meanings* [M]. Madison and Milwaukee, Wisc.: The University of Wisconsin Press.

Kalmar, I. 1977. The antipassive in Inuktitut [J]. *Etudes Inuit* 1: 129–142.

Kemp, J. C. 2014. Irrealis as verbal non-specificity in Koro [A]. In H. Leung, Z. O'Hagan, S. Bakst, A. Lutzross, J. Manker, N. Rolle, & K. Sardinha (eds.), *Proceedings of the Fortieth Annual Meeting of the Berkeley Linguistics Society* [C]. Berkeley: BLS, 20–41.

Kinkade, M. D. 1998. Is irrealis a grammatical category in Upper Chehalis? [J]. *Anthropological Linguistics* 40: 234–244.

Kiparsky, P. 1998. Partitive Case and Aspect [A]. In M. Butt & W. Geuder(eds.), *The Projection of Arguments: Lexical and Compositional Factors* [C]. Stanford: CSLI Publications, 265–307.

Klamer, M. 2012. Reality status in Teiwa [J]. *Language Sciences* 34: 216–228.

Klein, W. 1994. *Time in Language* [M]. London/New York: Routledge.

Koshal, S. 1979. *Ladakhi Grammar* [M]. Delhi: Motilal Banarsidass.

Krämer, M. & Wunderlich, D. 1999. Transitivity alternations in Yucatec and the correlation between aspect and argument roles [J]. *Linguistics* 37: 431–479.

Krishnamurti, B. 1969. *Konda or Kubi: A Dravidian Language* [M]. Hyderabad: Tribal and Cultural Research Institute.

Kuteva, T. 1998. On identifying an evasive gram: Action narrowly averted [J]. *Studies in Language* 22: 113–160.

Laka, I. 2006. Deriving split ergativity in the progressive: The case of Basque [A]. In A. Johns, D. Massam & J. Ndayiragije (eds.), *Ergativity: Emerging Issues* [C]. Dordrecht: Springer, 173–195.

Lakoff, G. 1987. *Woman, Fire and Dangerous Things: What Categories Reveal about the World* [M]. Chicago: The University of Chicago Press.

Langacker, R. W. 1987. *Foundations of Cognitive Grammar: Theoretical Prerequisites* [M]. Stanford: Stanford University Press.

Langacker, R. W. 2002. *Concept, Image, Symbol: The Cognitive Basis of Grammar*, 2nd edition [M]. Berlin: Mouton de Gruyter.

Langacker, R. W. 2008. *Cognitive Grammar: A Basic Introduction* [M]. Oxford: Oxford University Press.

Lecarme, J. 1999. Nominal tense and tense theory [A]. In F. Corblin, C. Dobrovie-Sorin & J. M. Marandin(eds.), *Empirical Issues in Formal Syntax and Semantics* 2 [C]. The Hague: Thesus, 333–354.

Li, C. N. and S. A. Thompson. 1981. *Mandarin Chinese: A Functional Reference Grammar* [M]. Berkeley and Los Angeles: University of California Press.

Lin, J. W. 2000. On the temporal meaning of the verbal-le in Chinese [J]. *Language and*

平衡语种样本视阈下时-体范畴的类型与共性研究

Linguistics 1: 109 - 133.

Lin, J. W. 2003. Temporal reference in Mandarin Chinese [J]. *Journal of East Asian Linguistics* 12: 254 - 311.

Lin, J. W. 2006. Time in language without tense: The case of Chinese [J]. *Journal of Semantics* 23: 1 - 53.

Lin, J. W. 2012. Tenselessness [A]. In R. I. Binnick (ed.), *The Oxford Handbook of Tense and Aspect* [C]. Oxford: Oxford University Press, 669 - 695.

Lyons, J. 1968. *Introduction to Theoretical Linguistics* [M]. Cambridge: Cambridge University Press.

Lyons, J. 1977. *Semantics* [M]. Cambridge: Cambridge University Press.

Malchukov, A. L. 2009. Incompatible categories: Resolving the "present perfective paradox" [A]. In L. Hogeweg, H. de Hoop & A. Malchukov(eds.), *Cross-Linguistic Semantics of Tense, Aspect and Modality* [C]. Amsterdam: John Benjamins, 13 - 32.

Mani, I., J. Pustejovsky & R. Gaizauskas. 2005. *The Language of Time: A Reader* [M]. New York: Oxford University Press.

Marchese, L. 1986. *Tense, Aspect and the Development of Auxiliaries in Kru Languages* [M]. Dallas: SIL.

Matthews, P. H. 1997. *Oxford Concise Dictionary of Linguistics* [Z]. New York: Oxford University Press.

Mauri, C. & A. Sansò. 2012. What do languages encode when they encode reality status? [J]. *Language Sciences* 34: 99 - 106.

Michaelis, L. A. 1998. *Aspectual Grammar and Past-time Reference* [M]. London/New York: Routledge.

Miljan, M. 2008. *Grammatical Case in Estonian* [D]. Edinburgh: University of Edinburgh dissertation.

Milner, G. 1974. It is aspect (not voice) which is marked in Samoan [J]. *Oceanic Linguistics* 12: 621 - 639.

Mithun, M. 1995. On the relativity of irreality [A]. In J. L. Bybee & S. Fleischman (eds.), *Modality in Grammar and Discourse* [C]. Amsterdam/Philadelphia: John Benjamins, 367 - 388.

Mithun, M. 1999. *The Languages of Native North America* [M]. Cambridge: Cambridge University Press.

Mueller, N. 2013. *Tense, Aspect, Modality, and Evidentiality Marking in South American Indigenous Languages* [M]. Utrecht: LOT.

Myint, S. 1994. A semantic study of deictic auxiliaries in Burmese [J]. *Linguistics of the Tibeto-Burman Area* 17: 125 - 139.

Nedjalkov, I. 1997. *Evenki* [M]. London: Routledge.

Nordlinger, R. & L. Sadler. 2004. Nominal tense in crosslinguistic perspective [J]. *Language* 4: 776 - 806.

Nurse, D. 2008. *Tense and Aspect in Bantu* [M]. Oxford: Oxford University Press.

Okell, J. 1969. *A Reference Grammar of Colloquial Burmese* [M]. London: Oxford University Press.

Okell, J. & A. Allott. 2001. *Burmese/Myanmar Dictionary of Grammatical Forms* [M].

Richmond: Curzon.

Olsen, M. B. 1994. *A Semantic and Pragmatic Model of Lexical and Grammatical Aspect* [D]. Evanston, Illinois: Northwestern University dissertation.

Owens, J. 1985. *A Grammar of Harar Oromo (Northeastern Ethiopia)* [M]. Hamburg: Buske.

Palmer, F. R. 2001. *Mood and Modality* [M]. Cambridge: Cambridge University Press.

Parker, S. 1999. On the behavior of definite articles in Chamicuro [J]. *Language* 75: 552 – 562.

Parsons, T. 1990. *Events in the Semantics of English: A Study in Subatomic Semantics* [M]. Cambridge: The MIT Press.

Patard, A. 2014. When tense and aspect convey modality: Reflections on the modal uses of past tenses in Romance and Germanic languages [J]. *Journal of Pragmatics* 71: 69 – 97.

Payne, D. L. & T. Payne. 1990. Yagua [A]. In D. C. Derbyshire & G. K. Pullum (eds.), *Handbook of Amazonian Languages, Vol. 2* [C]. Berlin: de Gruyter, 249 – 474.

Pietrandrea, P. 2012. The conceptual structure of irreality: A focus on non-exclusion-of-factuality as a conceptual and a linguistic category [J]. *Language Sciences* 34: 184 – 199.

Primus, B. 2011. Case-marking typology [A]. In J. J. Song(ed.), *The Oxford Handbook of Linguistic Typology* [C]. Oxford: Oxford University Press, 303 – 321.

Reh, M. 1996. *Anywa Language: Description and Internal Reconstructions* [M]. Köln: Rüdiger Köppe.

Reichenbach, H. 1947. *Elements of Symbolic Logic* [M]. New York: Macmillan Co.

Roberts, J. R. 1990. Modality in Amele and other Papuan languages [J]. *Journal of Linguistics* 26: 363 – 401.

Roberts, J. R. 1994. The category 'irrealis' in Papuan medial verbs [J]. *Notes on Linguistics* 67: 5 – 41.

Romaine, S. 1999. The grammaticalization of the proximative in Tok Pisin [J]. *Language* 75: 322 – 346.

Romero-Figueroa, A. 1997. *A Reference Grammar of Warao* [M]. Munich: Lincom Europa.

Rothstein, S. 2004. *Structuring Events* [M]. Malden/Oxford: Blackwell.

Routamaa, J. 1994. *Kamula Grammar Essentials*. Manuscript.

Sabel, J. 2002. Endemic tense-agreement effects in Malagasy [R]. Paper presented at the Austronesian Formal Linguistics Association 9, Cornell University.

Silverstein, M. 1976. Hierarchy of features and ergativity [A]. In R. M. W. Dixon (ed.), *Grammatical Categories in Australian Languages* [C]. Canberra: Australian Institute of Aboriginal Studies, 112 – 171.

Singler, J. 1990. *Pidgin and Creole Tense-Mood-Aspect Systems* [M]. Amsterdam: John Benjamins.

Šmelev, A. & A. Zaliznjak. 2006. Aspect, modality and closely related categories in Russian [R]. Paper presented at the Inaugural Meeting of the Slavic Linguistic Society in Bloomington, IN.

Smith, C. S. 1991. *The Parameter of Aspect* [M]. Dordrecht: Kluwer.

Smith, C. S. 2005. Time with and without tense [R]. Paper presented at *The International Round Table on Tense and Modality*, Paris.

Snyman, J. W. 1970. *An Introduction to the ! Xu (! Kung) Language* [M]. Capetown: A. A. Balkema.

Soga, M. 1983. *Tense and Aspect in Modern Colloquial Japanese* [M]. Vancouver: University of British Columbia Press.

Spreng, B. 2012. *Viewpoint Aspect in Inuktitut: The Syntax and Semantics of Antipassives* [D]. Toronto: University of Toronto dissertation.

Stassen, L. 2009. *Predicative Possession* [M]. New York: Oxford University Press.

Steele, S. 1975. Past and irrealis: Just what does it all mean? [J]. *International Journal of American Linguistics* 41: 200 – 217.

Stokes, B. 1982. *A Description of Nyigina, a Language of the West Kimberley, Western Australia* [D]. Australian National University dissertation.

Sulkala, H. & M. Karjalainen. 1992. *Finnish* [M]. London: Routledge.

Sun, J. T. S. 2007. The irrealis category in rGyalrong [J]. *Language and Linguistics* 8: 797 – 819.

de Swart, H. & H. Verkuyl. 1999. *Tense and Aspect in Sentence and Discourse* [M]. Utrecht, Netherlands: Utrecht University.

Tamm, A. 2009. The Estonian partitive evidential: Some notes on the semantic parallels between aspect and evidential categories [A]. In L. Hogeweg, H. de. Hoop & A. Malchukov (eds.), *Cross-linguistic Semantics of Tense, Aspect and Modality* [C]. Amsterdam/Philadelphia: John Benjamins, 365 – 401.

Taylor, J. 2002. *Cognitive Grammar* [M]. Oxford: Oxford University Press.

Terrill, A. 1999. *A Grammar of Lavukaleve: A Papuan Language of the Solomon Islands* [D]. Canberra: Australian National University dissertation.

Thelin, N. B. (ed.) 1990. *Verbal Aspect in Discourse: Contributions to the Semantics of Time and Temporal Perspective in Slavic and Non-Slavic Languages* [C]. Amsterdam/ Philadelphia: John Benjamins.

Thieroff, R. 1995. *Tense Systems in European Languages II* [M]. Tübingen: Max Niemeyer.

Thieroff, R. & J. Ballweg. 1994. *Tense Systems in European Languages* [M]. Tübingen: Max Niemeyer.

Thompson, E. 2005. *Time in Natural Language: Syntactic Interfaces with Semantics and Discourse* [M]. Berlin: de Gruyter.

Timberlake, A. 2007. Aspect, tense, mood [A]. In T. Shopen (ed.), *Language Typology and Syntactic Description, Vol. 3* [C]. Cambridge: Cambridge University Press, 280 – 333.

Tonhauser, J. 2011. Temporal reference in Paraguayan Guaraní: A tenseless language [J]. *Linguistics and Philosophy* 34: 257 – 303.

Trask, R. L. 1979. On the origins of ergativity [A]. In F. Plank (ed.), *Ergativity: Towards a Theory of Grammatical Relations* [C]. London: Academic Press Inc, 385 – 404.

Trask, R. L. 1999. *Language: The Basics* (2nd edn.) [M]. London: Routledge.

Travis, L. 1991. Inner aspect and the structure of VP [R]. Paper presented at NELS 22. McGill University, Toronto, Canada.

Ultan, R. 1978. The nature of future tenses [A]. In J. H. Greenberg (ed.), *Universals of Human Language, Vol. 3* [C]. Stanford: Stanford University Press, 83 – 125.

Ungerer, F. & H. J. Schmid. 2001. *An Introduction to Cognitive Linguistics* [M]. Beijing: Foreign Language Teaching and Research Press.

Velupillai, V. 2012. *An Introduction to Linguistic Typology* [M]. Amsterdam/Philadelphia: John Benjamins.

Velupillai, V. 2016. Partitioning the timeline: A cross-linguistic survey of tense [J]. *Studies in Language* 40: 93 – 136.

Vendler, Z. 1967. Verbs and times [A]. In Z. Vendler(ed.), *Linguistics in Philosophy* [C]. Ithaca: Cornell University Press, 199 – 220.

Vet, C. & C. Vetters(eds.). 1994. *Tense and Aspect in Discourse* [C]. Berlin: Mouton de Gruyter.

Voorhoeve, C. 1965. *The Flamingo Bay Dialect of the Asmat Language* [M]. The Hague: M. Nijhoff.

Watkins, L. J. 1984. *A Grammar of Kiowa* [M]. Lincoln: University of Nebraska Press.

Whaley, L. J. 2009. *Introduction to Typology* [M]. Beijing: World Publishing Corporation.

Yule, G. 2004. *Explaining English Grammar* [M]. Oxford: Oxford University Press.

参考文献